男女共同参画政策

——行政評価と施設評価——

内藤 和美　編著
山谷 清志

晃洋書房

はじめに

　本書は，2009年から「男女共同参画政策の推進に向けた評価に関する調査研究会」として重ねてきた研究会活動の中から生まれた．研究会の活動は，特定非営利活動法人参画プラネット（渋谷典子代表理事）が，当時指定管理を受託していた名古屋市男女平等参画推進センターの事業として，山谷清志教授を講師に，講演会「評価システムを学ぶ――評価をいかし，よりよい社会をつくる――」（2009年5月30日）を開催したことに端を発する．以来，男女共同参画政策と男女共同参画拠点施設の，より有効で効率的な評価のシステムや手法の開発への関心を同じくする行政／NPOの実務家と研究者が研究会を重ねることとなった．2011-13年度には，研究者メンバーが研究担当者，実務家メンバーが研究協力者となって，「男女共同参画政策の推進に向けた評価に関する調査研究」（科学研究費補助金　基盤研究（C）課題番号　235103520001）に取り組んだ．男女共同参画政策の評価に関する実証研究が極めて少ないことに突き動かされ，地方自治体の男女共同参画計画と男女共同参画拠点施設の評価の実態と課題を明らかにすることを目的に実施した調査研究である．この研究の成果を皆さまに届け，手にして頂くにあたって，研究成果とともに実務家メンバーの課題認識や関連の蓄積を併せて届けてこそ活用の幅が拡がり，もとより実務家と研究者が共にしてきた当研究会の発信にふさわしいと考えた．かくして誕生したのが本書である．

　本書は，密に関連し合う10章と巻末資料から成っている．まずはじめの4章について．第1章「男女共同参画社会形成政策」（内藤和美）と第2章「自治体の『男女共同参画』推進事業は効果があるのか――組織・構成員の力学に着目して――」（桂容子）は，男女共同参画政策を総説し，現場でのその執行運用を論じる．第3章「女性関連施設とその変遷――男女共同参画施設と婦人教育施設――」（伊藤静香）と第4章「男女共同参画センターにおける相談事業」（気賀沢葉子）は，男女共同参画拠点施設を歴史的に総説し，その事業の一大分野

相談事業を論じる．続く6つの章は，評価に焦点を当て，男女共同参画政策／行政／拠点施設の評価を論じる．すなわち，第5章「男女共同参画政策に関わる評価の諸問題」（山谷清志）で評価と課題を総説し，第6章「地方自治体における男女共同参画政策の評価」（高橋由紀）は前述した共同研究の質問紙調査の結果と先進事例を論じ，第7章「男女共同参画政策におけるパフォーマンス評価の課題──地方自治体における施設評価と行政評価──」（橋本圭多）は，パフォーマンス（業績）測定を実質とする"評価"の困難を，第8章「NPO評価と行政評価の相剋──指定管理者制度と市民参加──」（林やすこ）は事例を通じて行政評価とNPO評価併用の可能性／有用性を，第9章「自治体市場化における公務との均等待遇と評価──NPO活動を手がかりに──」（渋谷典子）は公務とその評価に係るアクターを，第10章「男女共同参画推進と評価──静岡市女性会館の指定管理者としての経験から──」（松下光恵）は，"される評価"から"する評価"の創出事例を論じる．そして，巻末資料「科学研究費補助金 基盤研究（C）課題番号 235103520001 平成23〜25年度『男女共同参画政策の推進に向けた評価に関する調査研究』の結果より」は，前述した共同研究の事例研究の主な結果をまとめたものである．

本書が，ジェンダー（性別の社会的意味や作用）／男女共同参画推進，評価，政策，行政，拠点施設，NPO等に関わる方々，これらを学ぶ方々，関心をもつ方々に広く読まれ，役に立つことを願ってやまない．

2015年3月

編著者 内藤和美

目　次

はじめに

第1章　男女共同参画社会形成政策 …… 1

1　男女共同参画政策の対象課題　(1)
2　男女共同参画政策の特徴と目的　(4)
3　根拠法規　(7)
4　男女共同参画政策の分類　(8)
5　男女共同参画政策の構造と形式　(10)
6　政策手段　(11)

第2章　自治体の「男女共同参画」推進事業は効果があるのか …… 13
　　　　――組織・構成員の力学に着目して――

はじめに　(13)
1　男女共同参画を推進するための組織体制　(14)
2　男女共同参画推進事業の実務現場　(21)
3　事例に見る現場の
　　パワーポリティクスと組織への影響　(26)
おわりに　(34)

第3章　女性関連施設とその変遷 …… 36
　　　　――男女共同参画施設と婦人教育施設――

はじめに　(36)
1　用語と女性関連施設の分類について　(36)
2　現在の設置状況　(40)

3　明治期から戦前まで　(41)
　　　　　——第1期，第2期　女性関連施設の草創——
　4　戦後から1975年　(42)
　　　　　——第3期　民間設立の婦人会館——
　5　国連婦人の10年の期間　(45)
　　　　　——第4期　政府・自治体設立の婦人会館——
　6　女性の地位向上をめざして　(46)
　　　　　——第5期　公設民営の女性センター——
　7　男女共同参画社会の形式　(47)
　　　　　——第6期，第7期　男女共同参画と指定管理者制度——
　8　現在の男女共同参画拠点施設を取り巻く状況　(48)
　おわりに　(48)

第4章　男女共同参画センターにおける相談事業　……………… 53

　はじめに　(53)
　1　現在の相談実施状況　(54)
　2　変遷する相談事業　(55)
　3　センターで行う意義　(58)
　4　相談事業の充実に向けて　(65)
　5　「見える」化した評価　(68)
　おわりに　(70)

第5章　男女共同参画政策に関わる評価の諸問題　……………… 71

　はじめに　(71)
　1　3種類の評価　(73)
　2　「政策」評価の基本　(84)
　3　評価のための思考ツール　(88)
　4　評価の現実課題　(92)
　おわりに　(94)

目　次　v

第 6 章　地方自治体における男女共同参画政策の評価 …………98

はじめに　(98)
1　地方自治体における男女共同参画政策の評価の現状　(100)
2　男女共同参画政策の評価の先進事例　(106)
　　──ヒアリング調査から──
おわりに　(113)

第 7 章　男女共同参画政策における
　　　　　パフォーマンス評価の課題 ……………………………117
　　　　　──地方自治体における施設評価と行政評価──

はじめに　(117)
1　男女共同参画政策の評価における
　　計画と拠点施設の位置づけ　(118)
2　評価と測定の相補性　(126)
おわりに　(133)

第 8 章　NPO 評価と行政評価の相剋 ………………………………138
　　　　　──指定管理者制度の市民参加──

はじめに　(138)
1　NPM と行政評価　(140)
2　アカウンタビリティ概念の変遷　(145)
　　──政策志向型へ──
3　政策志向型評価と業績測定型評価の関係　(149)
おわりに　(159)

第 9 章　自治体市場化における公務との均等待遇と評価 ………162
　　　　　──NPO 活動を手がかりに──

はじめに　(162)
1　国と自治体の市場化の動き　(163)

2　自治体アウトソーシングと男女共同参画センター　（*170*）
        3　自治体アウトソーシング　（*177*）
            ──実践事例からみえてくる成果と課題──
        4　公務との均等待遇とNPO　（*182*）
            ──労働法からのアプローチ──

第10章　男女共同参画推進と評価　……………………………　189
        ──静岡市女性会館の指定管理者としての経験から──

    はじめに　（*189*）
        1　静岡市における男女共同施策の取り組み　（*190*）
        2　静岡市における指定管理者評価　（*192*）
        3　される評価からする評価へ　（*197*）
    おわりに　（*206*）

巻末資料　（*209*）
おわりに　（*229*）
参考文献　（*233*）
索　　引　（*245*）

第1章

男女共同参画社会形成政策

　本章ではまず本書がその評価に焦点をあてている男女共同参画社会形成政策（ジェンダー平等政策とも言える．以下，男女共同参画政策）について概説し，読者の本書理解に供したい．

1　男女共同参画政策の対象課題

　男女共同参画社会基本法（1999年）の前文と基本理念とくに第3条〜第6条をも踏まえ，男女共同参画政策の標的である公共課題は，次のような3層構造を為すものと捉えられる．

(1)　第1層：性別分業

　日本社会に，男女共同参画社会形成という課題を設定せしめている最も根本的・核心的な問題は，性別分業，すなわち，性別によって行動を分ける慣習・通念である．日本社会にみられる性別分業は，歴史的経緯の上に，戦後日本国憲法下でも慣習・通念として踏襲され，高度経済成長期（1955〜1973年）に言わば戦後版として再編され構造化された性別分業である．「戦後版として再編」とは，たとえば，社会的労働・公共社会の運営は男性／私生活（家庭内）労働は女性という性別分業は，戦前とくに明治民法「家制度」（1898〜1946年）下では，男女を法律上別扱いする法制度制度に組み込まれ，それらと一体化したものとして存在した．その点で，戦前「家制度」下の性別分業は，言わば，統治の装置という性質をもっていた．基本的人権の尊重を原則とする日本国憲法（1947年）の施行によって，男女平等が保障され，「家制度」は廃止された．「家

制度」に組み込まれたものとして存在した性別分業は，制度廃止とともに流動化し，消滅してもよかったはずである．結果はそうならず，もはや「法制度」上強いられたものでなく，「統治の装置」という性格も持ち得ないながら，高度経済成長の過程で，いわば「経済装置」という性格を帯びた「慣習」として再編され再生した，という意味である．以来，「経済装置という性格を帯びた慣習」として日本社会に構造化された性別分業は，今日なお2様の形で具現している．

　1つは，「社会的労働は主に男性／家事労働は主に女性」という分業慣習である．ここで社会的労働は，社会的分業に組み込まれて行われる，つまり政治や経済活動の中で行われる労働，家事労働は，社会的分業の外（プライベートな領域）で，個人・家族等特定の人たちの肉体的・精神的能力の再生産のために行われる労働である．再生産には，個々人の能力の日々の再生産と，世代的再生産の両面がある．

　さらに，社会的労働の中に，もう1つの性別分業慣習があった．社会的労働の中核・基幹部分（基幹労働）は男性／周辺的補佐的部分（周辺労働）は女性，という分業である．男性と結びつけられてきた基幹労働は，長期安定雇用／長時間労働／熟練形成で特徴づけられる，すなわち正社員・正職員型の労働である．一方，多くの女性たちがそこに身をおいてきた周辺労働は，短期または不安定雇用／熟練は限定的，という特徴をもっていた．"短期"は，学校卒業後出産・育児期までの若年短期雇用，"不安定は"主婦のパートタイム労働が典型的である．

　「社会的労働は男性／家事労働は女性」，「基幹労働は男性／周辺労働は女性」，いまだ現実と言わざるを得ない2つの性別分業は，互いに再生産し合う関係にある．等しく教育を受け，能力を開発したにもかかわらず，それを社会で発揮する局面で女性がなぜ周辺化，二流化されるのか？　ひとえに，女性に慣習・通念上家事労働が女性の役割になっているからである．なぜ女性にのみ若年短期就労が見られるのか——育児期に退職するから，なぜその後多くの女性がパートタイマー等非正規就労になるのか——家庭責任と両立可能な働き方だから……．逆に，社会的労働の場で周辺化され，能力発揮機会の獲得・活用に制約があったことが，女性たちを家庭へ地域へと追いやってきた面がある．

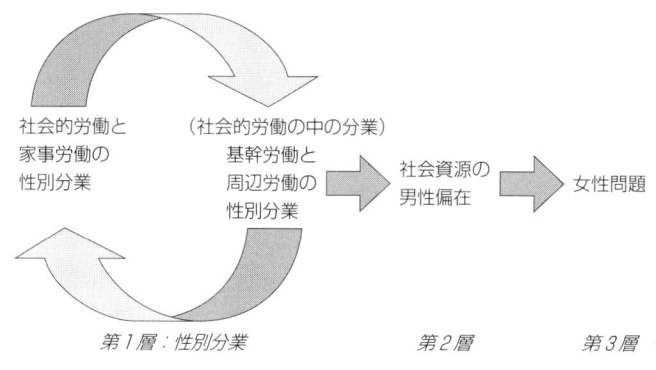

図1-1　男女共同参画政策の対象課題の3層構造
(出所)　筆者作成．

　こうした再生産関係を成して日本社会に根深く構造化された性別分業慣習のために，人々の生き方・あり方，すなわち能力の開発発揮機会の獲得と活用のしかたが強く性別の影響を受ける状態になっている．日本社会にどのような性別を帯びて生まれるかで人生はかなり違うものになった．人が事実上性別という"生まれ"から自由でなかった．性別分業慣習の問題はここにある．

(2)　第2層：社会資源の男性偏在
　再生産関係を成して日本社会に根深く構造化された性別分業はまた，社会資源を男性に偏在させ続けてきた．社会資源とは，たとえば経済力，意思決定(権力)，情報等人間が社会で利用できるものを言う．資源を持っていれば，いろいろなことができる．つまり，社会資源とは社会的な力であり，男性中心社会，男性優位社会と言われてきたのは，この資源偏在のことである．社会的労働の中核部分を男性に，社会的労働の周辺と外を女性に割り当てる前述性別分業慣習は，社会資源すなわち社会的力の男性偏在を必然する：社会資源は社会的労働からしか生まれないからである．
　現在，たとえば意思決定は，衆議院議員9.5％（2014年），参議院議員24.2％（2013年），国の地方機関課長・本省課長補佐相当職以上5.3％（2013年），国の本省課室長相当職以上3.0％（2013年），都道府県の本庁課長相当職以上6.8％，民間企業課長相当職以上7.5％（2013年）という偏り方である［内閣府男女共同参

画局 2014a].

(3) 第3層：女性問題

そして，社会資源（社会的力）の男性偏在が生んできたのが「女性問題」である．女性問題とは，生物学的にではなく社会的に「女性に分類される」，正確には「男性に分類されない」ことに伴って生じる困難や不利益，と言える．たとえば，基幹労働市場で職やチャンスを得にくく経済的に不利になりがち，意思決定から排除され従属的な立場に置かれがち，暴力の対象になりやすい等があげられる．

2 男女共同参画政策の特徴と目的

(1) 特　　徴

国内政策は一般に，秩序構成的政策（憲法，統治機構，選挙，人権保障，国・地方自治体関係，教育政策等），秩序規制的政策（規制政策），財調達政策（税政策），生産促進政策（産業政策），分配的政策（財政金融政策），再分配政策（社会保障・社会福祉政策，労働政策），計画立案政策（社会計格・国土計画・環境政策等），情報管理的政策（危機管理政策等）等に類型化される．

男女共同参画政策は，秩序構成的政策に属する．秩序構成的政策には，他類型に比べて特徴的な点がある．ニーズ（需要），利用可能な資源（供給）等とともに，規範の要請を強く受けるということである．男女共同参画政策の場合は，日本国憲法とくに第14条，女子に対するあらゆる形態の差別の撤廃に関する条約等に具現した規範である．

(2) 目　　的

a　法律の定義

男女共同参画政策は，前項で，3階層に整理したような課題を解決し，性別について公正な社会，すなわち，性別にかかわりなく，誰もが個人として尊重され，社会生活上・私生活上の能力の開発・発揮の機会が実質的に獲得・活用できる社会を形成することである．

法律には次のように規定されている．

［男女共同参画社会基本法］
第2条
1 男女共同参画社会の形成
　男女が，社会の対等な構成員として，自らの意思によって社会のあらゆる分野における活動に参画する機会が確保され，もって男女が均等に政治的，経済的，社会的及び文化的利益を享受することができ，かつ，共に責任を担うべき社会を形成することをいう．

b　平等概念を用いて

　政府が初めて「男女共同参画」という語を使用したのは，1990年代半ばのことである．日本国憲法第14条で法の下の平等が保障されて以来それまで，この理念はしばしば「男女平等」という語で表されてきた．男女平等，正確には「性別に関する平等」と，新語である男女共同参画はどのような関係にあるのだろうか？　性別に関する平等（以下，男女平等）とは，性別にかかわらず等しく人権が尊重されるということだ．字句通りには「共同参画」は，共に，参画すなわち意思決定に関与する，という意味であるから，論理的には，男女共同参画は，男女平等を実現するための手段と解される．男女共同参画を通じて男女平等を実現する，あるいは男女平等を実現するために男女共同参画を進める，ということである．しかし，前記男女共同参画社会基本法第2条1項の「1男女共同参画社会の形成」の定義内容は，「均等に政治的，経済的，社会的及び文化的利益を享受することができる」ことを含み，ここに定義された理念は，男女平等と同義と解される．ちなみに，男女共同参画社会基本法は，Basic Act for Gender-Equal Society，内閣府男女共同参画局は Gender Equality Bureau Cabinet Office と，"男女共同参画"英語は，Gender Equality と英語表記されている．

　平等概念を用いて，男女共同参画政策の目的・使命を表し直すと，「性別について，条件の平等の保障のうえに，実質的な機会の平等を確保することによって，結果の平等を実現すること」と言える．

　社会的に追求されるべき平等は，大きく3段階，正確には4段階に整理される．

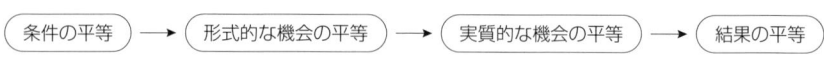

図 1 - 2　男女平等の 4 段階

(出所)　筆者作成．

　第 1 段階，最も基本的な段階の平等は「条件の平等」である．これは，「形式的平等」とも「法のもとの平等」とも言われる．国から法律上異なって扱われないというこことである．性別に関する条件の平等は，1947年，日本国憲法第14条によって保障され，女性に参政権もなかった戦前のように国から性別によって違って扱われることはなくなった．

　大きくは 3 段階，正確には 4 段階と前述したが，大きく分けての 2 つ目の段階はたとえば，教育，就労，政治参加等社会的な機会を獲得し，それを活用することにおける平等，「機会の平等」である．そしてこの機会の平等が「形式的な機会の平等」（第 2 段階）と「実質的な機会の平等」（第 3 段階）に区別されるのである．

　第 2 段階，形式的な機会の平等は，「条件の平等」が保障されることによって，ほぼ自動的に拓かれる．例として，民法第750号「夫婦の氏」を挙げる．「夫婦は婚姻の際に定めるところに従い，夫または妻の氏を称す」という条項である．法律上結婚をすると，いずれかが改氏して一方に氏を揃えなければならないが（このこと自体はここでは問わないこととする），どちらに揃えてもいいよい，という内容である．これによって確保されたのは，形式的な機会の平等である．それ以前は「家」制度があり，氏は「家」の名であり，婚姻は女性の「家」籍の移動であったから，ごく一部の例外を除いて女性が改氏した．1947年に民法が改正されて「家」制度が廃止され，第750条が設けられた．それから70年近くを経た現在なお，法律上結婚する夫婦の95％以上が夫側の氏を選択しており，「どちらに揃えてもよい」状態とは程遠い．法制度が180度変わり，条件の平等ひいては形式的な機会の平等は確保されたが，それらが保障されていなかった時代と現実はほとんど変わっていないのである．

　そこで重要なのが，第 3 段階，「実質的な機会の平等」である．民法第750条の例で，法制度が180度変わったなか，人々の選択は"変わらず"何の影響を受けているのだろうか？　法律にまさる力で，人々の選択を方向づけ続けてい

るのは，慣習，通念である．法制度だけでなく，慣習，通念に影響・左右されず，個々人が実質的にひとしくさまざまな社会的機会を得たり活用したりできるようにすることが「実質的な機会の平等」の確保である．夫婦の氏の例に即すと，婚姻の際，どちらの氏を選ぶのが妥当かを話し合い，性別とは関係なく状況に応じて選択する，というような状態である．

　条件の平等と，形式的な機会の平等は，立法が可能にする．実質的な機会の平等を可能にするのは，行政，そして産・学・民のさまざまな活動である．

　慣習，通念が流動化し，実質的な機会の平等が確保されることによって可能になるのが，最終段階「結果の平等」である．結果の平等とは，結果が同じになるということではない．結果は，個性と環境と状況によって異なるが，結果の違いが性別の影響を受けない，ということである．

　われわれは，性別について平等・公正な社会の形成において，4段階のどこに在るだろうか？　なお第3段階，実質的な機会の平等の確保の格闘中，に違いない．

3　根拠法規

　根拠法規は，国際法では，女子に対するあらゆる形態の差別に関する条約（1979年），国内法では，男女共同参画社会基本法（1999年），地方自治体の男女共同参画推進条例である．

　基本法とは，重要な政策分野についての国の目標や理念を示し，政策目標実現のための施策項目を掲げ，必要な個別法の制定を誘導し，施策実施のための機構や活動を定める法律である．たとえば，教育基本法，環境基本法，農業基本法，障害者基本法，国土強靭化基本法，中小企業基本法，災害対策基本法，原子力基本法，がん対策基本法等々．1999年に男女共同参画社会基本法が制定されたということは，日本国憲法第14条（法の下の平等）から50年余を経て「男女共同参画社会形成」が国政上の重要課題と位置づけられ，法的行政的取り組みが実質化したことを意味する．

　男女共同参画社会基本法の最大の積極的特徴は，「男女が，互いにその人権を尊重しつつ責任も分かち合い，性別にかかわりなく，その個性と能力を十分

に発揮することができる」社会（前文），「男女の個人としての尊厳が重んぜられること，男女が性別による差別的取扱いを受けないこと，男女が個人として能力を発揮する機会が確保されることその他の男女の人権が尊重されることを旨と」する社会（第3条）の形成を最上位の政策目標に設定したことである．換言すると，男女共同参画社会基本法を以て初めて，日本は，性別に関する機能平等論を完全に克服したと言える．機能平等論とは，人種，性別等属性によって異なる社会的役割があることを認める平等論，性別について言うと，女性の家庭責任を是認する／前提とする平等論である．たとえば，男女雇用機会均等法（1986年）の前身である勤労婦人福祉法（1972年）は，育児休業を女性の勤労者にのみ認めていた．

男女共同参画社会基本法は，前述第3条（男女の人権の尊重　第1の基本理念）以下，第4条（社会における制度又は慣行についての配慮　第2の基本理念），第5条（政策等の立案及び決定への共同参画　第3の基本理念），第6条（家庭生活における活動と他の活動の両立　第4の基本理念），第7条（国際的協調　第5の基本理念）の5つの基本理念を掲げている．最上位の総論が第3条，この課題への取り組みにおける国連をはじめとする国際社会との協調を謳ったのが第7条，第4条，第5条，第6条の3つが，具体的な政策課題と言える．第4条（社会における制度又は慣行についての配慮）は，性別分業の流動化・克服である．つまり，課題化されているのは，分業，両立，意思決定の脱・性別の影響，といえる．

4　男女共同参画政策の分類

「（広義の）男女共同参画政策」は，政策の策定・施策の立案および進捗管理の観点から，3つに分類できる．

「（広義の）男女共同参画政策」はまず，政策目的によって2つに大別できる．1つは，「男女共同参画を主目的とする政策」，もう1つは，たとえば，少子化対策，子育て支援，高齢者福祉，経済成長，地域活性化，農業再生，防災減災等々主目的は他の課題への対応にあるが，目的追求の手段として，あるいは施策の実施方法や実施過程や結果や効果・影響が深く「男女共同参画社会と関連する政策」である．後者はたとえば少子化に歯止めをかけるために雇用機会・

```
┌─ 男女共同参画を主目的とする政策 ┬─ (狭義の) 男女共同参画政策〔原因解消のための枠組み〕
│                              └─ 女性問題対応政策〔結果対処のための枠組み〕
└─ 男女共同参画と関連する政策
```

図1-3　(広義の) 男女共同政策の分類

(出所)　筆者作成.

家庭責任両面で男女共同参画を進める（手段），本来税負担の公平化を旨に導入された所得税法「配偶者控除」が女性の主婦化 and/or 家計補助的労働緑化を助長してきてしまった（影響）というように，政策目的によるこの2分類は，とくに施策の進捗管理上決定的に重要である．実施前・中・後を通じて，「男女共同参画を主目的とする政策」のもとの施策・事業は，実施内容—実施結果—成果そのものを確認・検証していくことになる．一方，「男女共同参画と関連する政策」のもとの施策・事業は，実施内容—実施結果—成果の，男女共同参画社会形成との関連を見ていく（図1-3）．

「男女共同参画を主目的とする政策」はさらに，課題対応の枠組み（何に対応するためにどのような輪郭で手段をパッケージするのか）によって2種を区別することができる．1つは，前項で3階層に整理した対象課題のうち，とくに，より原因系である第1階層（性別分業）と第2階層（社会資源の男性偏在）の流動化・解消のための枠組みによる政策である．これを「狭義の男女共同参画政策」としておく．もう一方は，より結果系である第3階層（女性問題）に対処する枠組みによる「女性問題対応政策」である．もとより，日本の男女共同参画政策は，国際婦人年（1975年）に総理府に置かれた婦人問題担当室を所管として「婦人問題」対応という枠組みで始まった．第1層・第2層をも課題化した「狭義の男女共同参画政策」は男女共同参画社会基本法（1999年）を以て初めて設定されたパラダイムである．現在は，「(狭義の) 男女共同参画政策」によって，問題の原因の解消に取り組みつつ，いまだそれが完全に解体されていないためになお産み出されている困難・不利益に対処する「女性問題対応政策」を併用していくことが必要な段階と言える．こうした課題対応のパラダイムによる分類は，政策の策定，施策の立案に欠かせない．

5　男女共同参画政策の構造と形式

(1)　構　　造

　男女共同参画政策は，あらゆる分野の政策と共通に，意図—政策—施策—事業—事務プログラム，といった階層をなして構成される．政策は，一定の意図を実現するために設定される一連の体系的な行動の大綱と方針，施策は，政策を行うに際して実地に採る活動群，事業は，施策を構成する個々の具体的な活動な手段，事務プログラムは，事業を構成する，それ自体は社会的意味をもたない定型的活動である．

(2)　形　　式

　これも他の政策分野と同様，男女共同参画政策は，議会で制定される「法規」，議会で議決される「計画」，「予算」，地方自治体の長が定める「告示」，行政委員会の定める「規程」，行政機関の内部規律である「要綱」等の形式で公示される．

　男女共同参画社会基本法は，男女共同参画社会形成のための総合的な施策を策定・実施する国（第8条）と地方自治体（第9条）の責務を定めた．そして，総合的な施策の実施の具体的な形として「男女共同参画計画」（以下，計画）の策定を国（第13条）と都道府県（第14条）に義務づけ，市町村（第14条の3）にその努力を義務づけた．なぜ総合的な施策の実施が求められ，なぜそれが他の公示形式でなく，計画なのか——男女共同参画政策の標的である，性別分業慣習と，その結果である，社会資源の男性偏在は，歴史的経緯を経て日本社会に根深く構造化されており，個別単発の対策で解消され得るものではない．こうした，社会に深く構造化された問題に挑むには，総合的な対策，すなわち，目的の追求に役立ち得る種々の個別対策を，相乗的・相加的に作用するよう，階層関係・順序・関連性等を踏まえて体系的に組み立て，全体として成果を上げようとする取り組みが必要である．「現状が望ましい水準を達していないという認識に基づき，具体的事象に基づく現状認識と，利用可能な行財政上の能力を踏まえて為される，一定期間内に努力すれば達成可能と考えられる具体的な

第1章　男女共同参画社会形成政策　11

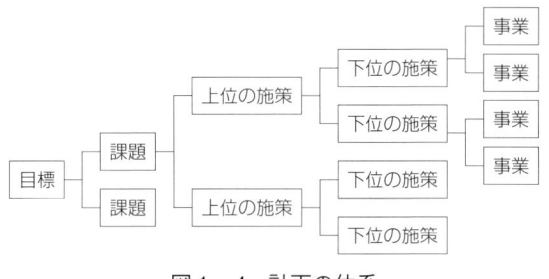

図1-4　計画の体系

（出所）筆者作成．

目標と，その実現のための相互に関連し合う行動群の提案」[西尾 1994：294]である計画は，文字通り総合的対策だからである（図1-4）．目標とは，一定期間後の，特定の対象に対する意図の実現の状態を操作的に定義し，数値的に表現した基準ないし水準である（いつまでに何をどうするのか）．

6　政策手段

一般に，政策手法は，規制手法，経済手法，情報・機会手法に大別される．日本の男女共同参画政策の政策手法には，他の政策分野や他国のジェンダー関

表1-1　政策手法の3類型とその特徴

	規制手法	経済手法	情報・機会手法
行動の動機	合法的ルールの遵守またはルールの逸脱に対する罰則の回避	自己利益に基づく経済計算（損得勘定またはコスト意識）	認識，信念，価値観
手法の性質	法規に基づく行動の規制（禁止，制限）及び規則による誘導	正または負の物的誘因の直接的提供	知識の形成，情報の提供，相談
強制力の程度	強い	中間的	弱い
具体例	禁止，義務付け，ポジティブ・アクション，免除または適用除外許認可	現金給付，現物給付，金銭的誘導または負の誘因の提供	メディアを通じた情報提供，学習機会の提供，相談機会の提供
需要との対応	ゼロ需要	潜在需要	顕在需要

（出所）日高 [2002] に基づき筆者作成．

連政策［柴山・中曽 2004］と比べて，選択される手法が，ポジティブ・アクションをはじめとする規制手法，補助金投入などの経済手法に比べて，情報・機会手法に集中しているという特徴がある．ポジティブ・アクションとは，「社会的・構造的な差別によって不利益を被っている者に対して，一定の範囲で特別の機会を提供することなどにより，実質的な機会均等を実現することを目的として講じる暫定的な措置」をいう．「一定の範囲で特別の機会を導入すること等によって実質的平等を実現するための暫定的な措置」［内閣府男女共同参画局 2014b］を言い，クォータ（割り当て），ゴールアンドタイムテーブル（一定期限までの目標値とその達成に向けた活動を設定する），プラス・ファクター（選考において，能力業績が同等と認められた場合，特定のマイノリティに属する候補者を採用・登用する），アォード（特定のマイノリティに属する候補者を採用・登用した部門にメリットを供与する）等の方法がある（表1-1）．

第2章

自治体の「男女共同参画」推進事業は効果があるのか
──組織・構成員の力学に着目して──

はじめに

　日本に数多ある男女共同参画推進施策の現場は，男女共同参画社会基本法の下にしくみが作られ，共通した課題が掲げられ実施されている．だが，地域の特徴，自治体の規模，担い手の傾向などそれぞれ違いがあり，各々の施策実施の現場には，インフォーマルな，かなり根深い問題があるように思う．

　ここでは，私自身のこれまでの現場経験と問題意識から生成してきた課題を提示し，推進事業の成果を評価する以前に，問題化するべき「問題」があるのではないかと提起しておきたい．

　私の目には，市民に最も近いところで男女共同参画社会の形成をめざすべき自治体の施策現場は，今やポリシーもビジョンも手放しているように見える．各自治体の男女共同参画推進のありようを概観するに，基本法の理念を誤読し，意味をずらしているところさえある．その危うい牽強付会を，政府の関係部局が看過している現状を見ると，国際協調のもとで推進される方向にあるはずなのに，日本の「男女共同参画」政策は，「平等」でなく「共同参画」というネーミングで当初から怪しまれたように，基本法に謳われている理念を実現する熱意や真摯さがどれほどのものであるのかという疑念がわく．

　空疎な施策の羅列であるとして推進の遅滞を嘆くことは簡単なのだが，嘆くだけではあまりにも生産性がないので，一定の問題提起に導きたいというのが本章の目的である．これは，男女共同参画推進事業の成功の可否を論ずる以前の，構えに対する批判であり，構えが内包する問題の剔抉であるので，枠組み

自体を問い直す大作業を示唆するのであるが，現実問題の根深さ困難さに絶望する前にとりあえずは言挙げを始めたいと思う．

1 男女共同参画を推進するための組織体制

　ここでは，地方自治体が男女共同参画推進のミッション達成のために設けた機構を概観したい．私が仕事をした3つの自治体の事例を検証して，指摘し得る状況に言及する．

　地方自治体は，男女共同参画推進のために行政システムのどこかに担当部署を設けている．基本法制定当時，地方公共団体の責務が明記されたことにより，従来の「女性問題」担当部署をそのまま「男女共同参画」担当部署に移行させたり，新たにそのセクションを設けたりしたところもある．さらに，男女共同参画推進関連施設（以下，センターと呼ぶ）が続々と開設されるという動きもあった．

(1) A市の事例——基本法前後，センター以前——

　人口約19万のA市で，センターが建設される前，まだ男女共同参画という名称が用いられる前の「女性政策室」で，1997年4月から2001年3月まで非常勤専門職として仕事をした．その後，他市でセンター職員として仕事をするようになるが，A市の方がはるかに実績や効果を上げていたという実感がある．もちろん，時代状況が後押ししていたこともあるだろう．当時，「女性政策」は上り坂，まだ新鮮なイシューであり，オトコ社会を揺るがすような力などないように見えていたためか，役所内では大切な取り組みとして尊重され，応援されている雰囲気があった．

　市役所の片隅で執務を行う部署であり，市職員である室長，主幹と，非常勤専門職のアドバイザーの私と非常勤事務職員という4人体制だった．私が退職するときは，市役所に隣接した生涯学習センターの3階フロアに女性ルームが開設されて，センター建設の足がかりが造られ，さらに市民公募のスタッフが2人採用された．女性政策室の組織的位置は，企画管理部という庁内の調整・管理を行う権限を持っている部署にあった．庁内のあらゆる部署に働きかけ，

管理職研修，実務担当者研修などを行い，女性問題の課題が共有されるようにさまざまな仕掛けを作ることができた．市役所が発行する市民向けのパンフレットや資料がジェンダー・バイアスを含んでいないかという検証は，各課の係長級の職員が集められて定期的にワークショップの形式で行われた．本務以外にこれらの作業を義務付けられた係長達には負担だったかもしれないが，それでも意欲的に取り組んでいた．そして，表現にジェンダー・バイアスが見つかると，すぐに改善に向けて動きが作られた．もちろん，それとなく反発もあったかもしれない．環境事業局の分別ごみの啓発冊子では，ゴミを出しているのは全部エプロンをつけた女性のイラストだったが，ゴミ出しが女性の役割に固定されていると，女性政策室の室長が指摘した．描き直されてきたイラストは，皆，エプロンをつけた豚に変わっていた．初期の熱心な女性政策室の管理職は，周囲の抵抗にも屈せず，変革への意欲に満ちた人たちであったのだろう．

　当時，私の仕事の1つに「女性のための相談」という事業があったが，庁内の相談窓口を持つ部署の係長級を集めて，月に1度，「女性のための相談ネットワーク会議」を開催した．非常勤職員である私が座長となって音頭を取るのであるが，相談員どうしの横の連携と各部署が女性問題に関する知見を深める啓発が目的であった．これなども，課長級の女性政策室長が各課の課長と合議の上で係長クラスを招集して実現したものだった．また，「女性政策室」で主幹を経由した人はほかの課に異動して課長に昇格するように，室長がルートを作った．まだセンターはなかったが，A市の女性政策室は市民向けの発信も活発で，よく知られるセクションとなっていた．

　女性政策室の一角に机1つと椅子2つを置いてパーティションで囲み，そこで相談事業をスタートさせた．DV事例が非常に多く，DV防止法（配偶者からの暴力の防止及び被害者の保護等に関する法律．2001年制定）施行前であったが，地域の民生委員や既存の市民団体への啓発事業を頻繁に行って理解を求めた．また市の持つ社会資源を最大限に活用するべく庁内の他部署を回って解決策を模索し続けたが，ネットワーク会議で培ったコネクションが非常に有効に働いた．ときには警察や家庭裁判所，婦人相談所に足を運び，同行支援も行い，活発な事業となっていた．

　これらの動きを可能にしていた最大の理由は，女性政策室が庁内調整権限を

持つ部署にあったことだと考えられる．組織内のどの部署に位置付いているかということは，組織の力学の中で大きな意味を持つ．

　その後，A市は大きく変化するのだが，どのように変化したかは後述する．

(2) B市の事例――市直営のセンター――

　人口約24万のB市は，市直営の男女共同参画推進センターを2001年に開設した．私は開設から2004年3月までセンターのアドバイザーとして在職した．1年契約の非常勤専門職の私と半年契約の臨時職員6人の体制であった．

　市の職員は私にその年度のセンター事業に使える予算を示し，事業計画と実施を要請し，私はそれに答えて企画を立て，スタッフに担当を割り振りながら実施していくという段取りであった．

　センター開設当時は男女共同参画推進課があり，課長，課長代理，係長2人，課員2人の6人体制という充実ぶりだった．課自体は本庁にあって，センターとは地理的に離れている．JAの建物の1フロアを借りてセンターが設置されており，市域全体を地図で見ると，センターは市の北端に位置し，ほぼ隣市との境にある．市民の噂では，元々図書館分館をつくる予定だったが，男女共同参画センターになったとのことだった．市の職員は特別な用事がない限りセンターに来ることはなく，非正規雇用の私たちに任せきりである．臨時職員のスタッフがセンターの出入口の鍵を預かり，開館も閉館も行う．市民サービス充実のためということで開館時間は長い．休館日は月に1度である．スタッフは2部制でシフトを組み，自分の机は持たない．

　私は，あくまで出先機関の専属であり，行政事務の決裁ラインには入っていない．私の企画については担当課の係長が起案を挙げていた．

(3) C市の事例――市の外郭団体によるセンター運営――

　C市は人口約39万人．私は2004年4月から2007年3月まで在職したが，市は深刻な財政難に陥っており，財政再建のためにさまざまな方策を打ち出している状況にあった．就職した時点では外郭団体の財団法人（以下，財団と言う．公益法人制度改革以前のことである）がセンターの管理運営を委託されており，私は財団に正職員として雇用されてセンター長の職に就いた．

センターは，財団に雇用されている正職員4人，市からの派遣職員（すなわち市の職員）2人，嘱託職員（財団に1年契約で雇用されている週4日勤務の職員）10人，パート職員（財団に半年契約で雇用されている週3日勤務の職員）2人，緊急臨時雇用職員（半年契約のフルタイム勤務）1人の体制であり，正職員と市の派遣職員が役職についていた．1年契約といえども更新を重ねて業務に熟達している嘱託職員が基幹労働力であり，彼女たちの業務経験に依存している状態で，センター長の私と市の派遣職員は新参であった．待遇条件などの雇用制度はC市に準じていて，センター独自の雇用システムを提案したが，不可能だと言われた．他の自治体のセンターなども同様な事情が見られるが，センターが存続する間は継続する業務であるのに，1年契約の非正規職員でまかなうという実態であった．財団が持つ職場はセンターのみで転勤などはなく，そこを離れるときは退職するときである．

　在職中に指定管理者制度が導入され，センターを管理運営する団体は公募で決めると通告された．指定管理者採用の選考には，市内の他団体と同レベルに扱い，これまでセンターを管理運営してきた財団に特段の優先事項はないという説明を受けた．確かに，財団の設立目的に，センターの管理運営というような具体的な事項は書かれていず，設立者の記述もない．その財団は，市の男女共同参画に寄与することを目的として，自主的に立ち上がった組織であった．実質は，構成員が主体的に立ち上げたのではなく市職員が設立の手続きを行い，各界の男女共同参画に理解の深い人たちに依頼して理事を引き受けてもらって発足させた組織である．市職員は2～3年で異動しその任を解かれ，財団役員は受動的に引き受けた人々であるから，責任を実感している人が存在しなくても不思議はない．もちろん，責任の所在は明文化されているが，実態が伴っていないことに異議を唱える人はいない．おそらく，行政の外郭団体は，概ねそういう造りになっているであろうと想像される．

　当時，寄付行為（公益法人制度改革以前，財団法人の設立目的や運用規則を定めた根本規則をこう呼んだ．会社や社団法人等の「定款」にあたる）に書かれている責任主体は理事長であった．が，頼まれてその任に就いた無給ボランティアである．そして，他の理事も，年に2回会議に招集されるだけのボランティアであり，市の管理職によると，「無理にお願いして引き受けていただいた理事さんたち

だから会議にご出席頂く以上のことをお願いするのは無理」ということだった．行政は形式を整えるために理事を頼んだのであって，責任を負わせる気は毛頭ない．実務担当者が現場責任を負うという考え方であり，最終責任はどこにあるのかということについては一貫して宙に浮いている．組織の建前上の責任者たる理事長は実質責任者ではなく，それを代行するポジションの副理事長も実質，責任をとることはない．彼らが無責任なのではない．「そういうもの」として設計されており，それが容認される土壌がある．

実際の指定管理者の導入時には，私の所属する財団が，指定管理者への切り替えから次期更新時まで，これまでの実績に鑑みて，指定管理業務を行う団体と決定され，形式的な選考も行われなかった．

センター事業は，市民に施設を使用させる事業，ライブラリー図書を貸し出す事業，女性市民に向けて開設されている相談事業，市民啓発のための講座，講演会，イベントの企画と実施事業など，すべてが市民対象の事業である．

財団は市の人権文化部が所管する外郭団体であり，担当事務を行うのは男女共同参画推進課である．本庁にあって，課長，主幹，課員の3人体制である．推進課は，年度変わりの予算編成や引き継ぎ業務に追われ，審議会を招集して計画の策定や事業評価に追われ，議会対策に追われ，指定管理者との協定書作りに追われ，他セクションとの折衝などに追われていた．現在は課からチームへと一段階位置が低くなっている．

(4) 仕組みが内包する問題

A市，B市，C市それぞれの現場で仕事をしてみて，さらに現在のありように着目することによって，問題点として認識するに至ったところを挙げておきたい．

現在，男女共同参画推進事業を展開するにあたって，行政の担当セクションと出先機関であるセンターがこの事業を受け持つ仕組みになっているところがたくさんあるが，最も大きな問題は，男女共同参画推進事業が市民対象のセンター事業へと主軸を移している点である．A市とB市は直営なので担当課の出先機関であり，C市は民間団体に管理運営を任せている形態であるが，設立当初から担当課の出先機関のように位置付いていた．いずれも担当課はセンタ

ーのお目付役，管理監督の立場である．ここには両者の対等な関係は存在しない．センターには独立性はなく，担当課の下位部署にすぎない．しかも，担当課自体，Ａ市でさえ今では，一弱小部署に成り下がっている．

　男女共同参画推進事業は，一部署がイベントを行って市民向けにアピールすることで終わる事業ではないはずだ．行政施策の範囲内に未整備なまま放置されている男女の不平等，ジェンダー役割の固定性など男女共同参画社会の実現を妨げるさまざまな問題を解決するという全市的取り組みであらねばならない．「ジェンダーの主流化」は，ずっと言われ続けていることである．行政施策の隅々にまでその理念が行き渡るように，セクション横断的な施策を求められる性質のものだ．しかし，今や男女共同参画事業は，一部署の事業に矮小化され，センターで市民向け事業を行うだけの施策になってしまっている．

　国の男女共同参画局は内閣府にあり，他の省庁に影響を与えることのできる位置にある．省庁間，関連政策間の「総合調整」をすることができる．一方，地方自治体では，男女共同参画の所管が，総務・企画部門ではなく，市民生活，市民活動・協働，生活文化，生活環境等の部門に置かれていることが少なくない．

　多くの地方自治体が，国の体制に準じて，男女共同参画推進本部等の名称で，首長をトップとして部課長級職員を構成員とする，全庁体制で男女共同参画推進に取り組むための組織を設けている．しかし，私の経験した自治体は，肝心の担当課に統率力や権限がなく，推進本部の会議は，気の弱い担当課が何とか無事に終わらせることを目的に規定どおりに開く儀式と化していた．男女共同参画施策が全庁的取り組みとして機能するのは困難なのではないかと思える状況にあった．

　男女共同参画施策は，今や役所の片隅の特殊なイシューであるがごとくである．担当課のさらに下部組織として位置づいたセンターが，市にとって主たる施策を担う重要な柱などとは，設計上，制度上，とても言えないものとなっている．少なくとも私の見てきた自治体はそのような様相を呈している．辺境のさらに出島のようなセンターの配置であり，いつ切り捨てられてもおかしくない位置にある．

　しかし，センターは市民の目には男女共同参画推進の拠点に見えるように作

られている．立派な建造物や派手な打ち出しなど，まさにそこが「男女共同参画社会を実現するところ」と期待させるような仕様である．市民向けの講座やイベントがセンターで行われ，市民活動支援の拠点と位置付けられているので，それらがあたかも男女共同参画推進事業であるかのように見える造りになっている．しかし，センター事業だけで，男女共同参画社会が形成されるとは思えない．趣味や教養を主としたカルチャー事業だけで，男女共同参画推進事業とは言えないと思うのである．

担当課は市の男女共同参画計画を作成するという仕事を担当するが，国の計画をベースに，地域特有の課題として追加，拡張，掘り下げ部分を打ち出して取り組み目標を定めるのがあるべき姿だろう．しかし，地域特有の潜在的な問題に迫り，課題を掘り起こすことは，担当職員には荷が重すぎる．したがってそこには触れないように，政策課題が取り上げられる．国や他の自治体の焼き直しのような計画が作成されることになっても無理はない．ユニークな計画を持っているように見えても，たいていはレトリックのユニークさである．計画作成も儀式化している．

センターはこうした市の方針の下に事業計画を立てる．私の見てきたセンターは，調査機関や研究機関としての位置づけがなされていないので，専門的な知識と経験を持つ人材を擁していても，センター事業にその専門性を生かしにくい．市の限界，方向性を逸脱しない範囲で，「小さな工夫」を重ねるしかないのが実情であった．

もちろん，現場のがんばりは，成果を生み出していないわけではない．地域に根差した粘り強い活動によって，相談で救われた人やライブラリーで目を開かれるような情報に出会った人の話は多々聞いてきたし，センターで共通した問題意識や価値観を持つ市民どうしが出会って活動を始めたという人々もいる．ただこうした地道な日々の営為をもって，男女共同参画推進政策という国や地方自治体の枢軸的取り組みにすり替えられてはならないと思う．もし，それらが，男女共同参画政策の枢軸的取り組みであると言うなら，それらを担う人々を，行政の末端で，非正規職員として劣悪な待遇で働かせてはならない．政策の決定過程に確実に配置しなければならない．

2　男女共同参画推進事業の実務現場

　地方自治体の男女共同参画推進事業は，センターが活発に活動しているところは評判が高く，センターを持たない自治体は「センターもないほど遅れている」というようにマイナスの評価に結びつく傾向がある．

　基本法に基づいて策定される多くの自治体の男女共同参画計画では，掲げられる実施目標は説得力のある根拠を持ち，計画の体系の中でしっかり位置付いているが，現場で具体的な事業に変換される時には，有効性のわかりにくい小わざ，小細工を施した講座になっていたりする．たとえば，「男女がそれぞれ個性を発揮する活動の支援」という実施目標があるとすれば，「男性の料理教室」や「女性のためのパソコン講座」という事業が実施されることなどはじゅうぶんあり得る．実際，前記のような講座は，多くのセンターが実施してきている．実施目標と現場の事業の間に，どのような社会を目指すのかという共通のビジョンが描かれていないとすれば，年度末の事業の効果評価を念頭に，一定数の参加者を確保するためにだけ受講者集めが行われるという事態が生じる．したがって，趣味で「男の料理」をするが日常の家事は妻任せである男性も受講するだろうし，内助の功に役立てるためにパソコンを身につけたい女性も受講することになる．性別役割分業を維持したい人も当然参加するのである．実際，これらは現場では多々見られることである．もちろん，それを否定することはできない．どのようなライフスタイルを選択するかは，市民の自由であろう．個々の家庭が性別によって役割分業を行うことに対して公的機関が介入阻止するなどあってはならないことである．ただ，こうした講座がジェンダー・バイアスの解消に寄与するのか，男性優位の社会構造に変革をもたらすのかは極めてわかりにくい．

　しかし，市職員は，議会で効果のない事業を行っているという批判を受けないために，参加者数を一定確保するようセンターに指示を出す．センターではこれを受けて，参加人数を意識した事業を考案することになる．男女共同参画推進のミッションよりも，多くの人の関心を集められるかどうかが重視される．センターの利用者数を絶えずカウントしている現場も多く，「これだけ市民が

利用している」ということを証明するためにカウントが増える方法を工夫したりする．C市センターでも，学生が談話室のテーブルを占拠して困るという市民団体の苦情を受けて学生の自習を禁止してみたり，それでは来館者数が上がらないとわかればまた新たに自習コーナーを設けたりと，絶えず変更を加えざるを得なかった．

　男女共同参画が実現した暁の地域社会の具体的ビジョンを描くことは，歓迎されない．建前としては，既存の社会システムをジェンダー・バイアスのないものに組み替えることが目指されているのだが，それは遠い将来の抽象的な展望であって，目の前に起こっていることを今すぐにドラスティックに変革する用意はまだできてない．理想と現実，建前と本音を使い分けて進んできたのであるから，まだ実現には遠いのが現状であり，その現状が維持され続けている．

　ここで，前節での三市をもう少し検証したい．

(1) A市——庁内横断的調整機能——

　先述したように，A市は私の在職中はセンターがなく，市役所内で少人数で執務していたが，その後私が経験したどの市よりもよく機能していた．理由は，これも既述のように，市組織の中枢部に位置づいていたことが大きいと思われる．

　2003年に，A市は市の中心部の駅前に立派な建物を建て，担当職員が検討を重ねて設計したセンターを開設した．よく考えられた建物であり，市の直営である．が，市の改組によって，男女共同参画課は市民環境部の中に置かれるようになり，しかもその執務場所は本庁から離れたセンター内となった．課全体がセンターに移転したのである．どう見ても，辺境に追いやられた感がある．そして，男女共同参画に不案内な人などが課長職に配置されるようになり，庁内調整など不可能なのではないかと思われるようになった．現在，私はこの市の審議会の委員をしている．かつてよく機能していたA市の男女共同参画推進事業を応援したい気持ちで引き受けてきたが，最近は，すっかり覇気がなくなったように見える．

　担当者の意向が素早く反映され，小回りの利く動きが可能なA市は，適正な行政規模であると高く評価してきたが，マイナスの影響効果も早いように思

われる．

(2) B市——民主的な手続きの形骸化——

B市センターは市の直轄なので，担当課内部の不具合に直接影響されることも多く，実際，センター・スタッフは担当課の理不尽な要求や朝令暮改の指示に振り回されていた．

B市で，行政の配下で仕事をすることの困難に直面したのだが，その1つのエピソードを挙げる．

行政の審議会や検討会議などは，外部の有識者や市民を含んだ構成で，行政の方針決定や新規事業など議会に上程する議案について一定の審議・検討を行うために開催される首長の諮問機関である．行政職員が恣意的に決めたことではなく，外部委員の意見や提案を十分に汲んだ企画であることを示すための手段である．しかし，委員の人選自体が行政職員の裁量内であるから恣意的ではないかという指摘がなされてきている．そして，行政の最初に結論ありきの筋書きにのって，議論を進めるのが常態である．

私は他課が主宰するある検討会議の委員に任ぜられた．有識者・専門家，市民代表などが委員として寄せ集められ，10回に亘って1つのテーマで検討会議が開かれた．活発な話し合いが行われ，お手盛りではない新鮮な議論の場がつくられていて，好ましい会議だと思えた．しかし，最終の10回目に，検討会議の報告書案が資料として配布された．それまでの9回の会議では，基本的な問題の議論に終始していて，結論を出す状態にはなかった．しかし，最終会議では，検討会議の議論が終了し，具体的な結論が出されたとして報告書が作成されていた．私は何度か会議を欠席したのかと錯覚するような飛躍した報告書の記述である．当然，疑問を表明したのであるが，私が思い違いをしているのかと思うほど，座長を始めどの委員も冷静であった．

後日，検討会議のプログラムがすべて終了したとして，報告書の完成版が私の職場の机に届いた．市としての方向性が定まった報告書である．委員の捺印がいるらしく，報告書とともに「いろいろご意見はあると思いますが，ここは捺印をよろしく」と書いたメモが貼り付けられていた．私は，この期に及んで反対をするだけの意味もエネルギーも見つからなかった．賛成する根拠も反対

する根拠もなかった．釈然としないまま，印鑑を押した．後で振り返れば，外部委員には，報告書が出る前に根回しが行われていたとわかる．そう考えると，合点がいく．

　私は，分掌を明確にして手続きを踏む行政の事務は，公正でよいと思っていた．しかし，市職員が重視するのは，手続きを踏んでいるかのように見えることであって，実際に手続きを踏んだかどうかではない．市民や有識者が一緒に議論したかのような検討会議，その成果であるかのような報告書は，議会の承認を得るために必要である．報告書は最初からできていた．

　現場担当の市職員を責めても空しい．期限のうちに，しかるべき手続きを踏み，しかるべき書類を揃えなければならない．期限も予算も上司の意向も気にすることのない勝手気ままな外部委員を集めて，一定の結論を導き出してもらわないといけない．答は決まっているのに，「自由な議論」の場を設定するのであるから，担当者もさぞ苦しいだろうと思われる．他市においても同様のことが行われているのかもしれない．B市の場合，検討会議を運営する課の職員があまりにも稚拙に実行したので，帳尻合わせが目立ってしまっただけかもしれない．民主的な手続きを踏んだように見えること，きちんと市民の意見を聞いたように見えることを重視する行政現場とは何なのだろうか，という疑問は残る．

　一方，センター内では，スタッフの待遇に問題があった．半年経って雇い止めされた職員が1人だけいたが，理由が理不尽で，市職員の恣意的な判断と思えた．他のスタッフと一緒に抗議したが，結局，担当課を敵に回してしまった．スタッフ達は，「ここで職を得たと思わないように」と最初から雇い止めをほのめかされていたが，「B市の職員としての自覚を持て」とも言われていた．彼女たちは，有償ボランティアと最低賃金労働者のボーダーにおり，市職員が状況に合わせて使い分けていた．

(3)　C市──外観と内部事情のギャップ──

　C市は，担当者の熱意を体現したような男女共同参画センターを開設していた．ハードもソフトも上質であると誉れ高く，地方都市としては，他の近隣都市の中で傑出していると言われていた．

私は，財団は専門集団としてその経験と見識を尊重され，市とは双方向に情報や意見を行き交わせてともに発展していくものと思っていた．今思えば，なんともナイーブな思い込みである．センターの管理職として私を迎え入れた私の前任者（市職員）は，外郭団体で働いた経験のない私に「財団は市の従属機関ではなく，独立した組織です」と明言していた．もちろん，彼女は嘘をついたのではなく，建前上はそうなのだろう．しかし，市が全額出資して設立された財団は，実質は市の下部組織である．

　センターは，市が設立し，経済面でも全面的に助成している市主導のセンターである．財団に委託（後に指定管理）のかたちで，運営を行わせている．何ゆえに，行政直営にしなかったのかという疑問がわく．直営なら，指揮命令系統は行政の中に位置付く．私は男女共同参画推進課長の部下となり，よくも悪くもその指揮下に入る．なまじ「独立機関」などと位置づけるから，「話が違う」ということになる．

　しかし，市民相手の事業を民間団体に任せるのは，行政主導より民主的な展開が期待される．また，責任も民間団体に帰することができる．責任の所在は，重大な問題である．センターの責任はセンター長にあるとして，新参の私の肩にすべてがかかるように流れがつくられていた．男女共同参画に批判的な保守系団体の攻撃も，市民の苦情も，さまざまなアクシデントも，全部新しく来るセンター長に振ればよいと，古参の中間管理職が全職員に伝えていた．全ての災いを引き受ける人身御供が到着するのを待ち望んでいたかのようであった．

　センター内部は，看過できない問題を多く孕んでいた．私が就職する前に公務員である前任者と非常勤管理職の間にトラブルがあり，大騒動となっていた．次第にわかってきたのだが，それは単にその人たちの間だけのトラブルではなく，内部の人間関係も事務処理状況も一触即発の緊張状態にあり，それが封じ込められて外部から見えない状況だった．外観が取り繕われているので，全貌が見えるのには時間がかかった．

　前任者は，人手不足の総務課の不満を抑えるために，今度赴任して来るセンター長は総務の実務を行うと伝えていたそうで，最初から，私は総務課の実務要員としても待たれていた．C市センターの管理職にと要請されたときとは「話が違う」ことの1つであったが，現場は超多忙であるから，すぐにそんな

ことは言っていられなくなった．開館時間中，随時やってくる市民を相手に開かれた現場は，日々，瑣末で雑多な事件の対応に追われている．総務担当は，頻発するアクシデントに対応するだけで一日が終わる．その合間に長時間ねばる複数のクレーマーの訪問を受ける．私自身もセンター内で行った講演について，C市の「男女共同参画」は偏っているとして前任者の時から攻撃を続けてきていた保守系団体から公開質問状を受け取ったり，長時間面罵されたり，釈明を求められたりと，数カ月にわたって対応を余儀なくされた．窓口を持つ行政機関はどこも免れ難い苦労の部分であると思われるが，こういう現場で管理的職務に就くと，事務作業はセンターが閉館してからやっと始められるというような状況にあった．市から派遣された総務課長などは，いつ過労で倒れてもおかしくないほど長時間の過酷な労働に耐えていた．

　一方，行政の方は，男女共同参画とは縁のなかった課長が人事異動でやって来ており，彼よりは在席年数の長い女性主幹が奮闘している課であった．どの人も精勤に仕事をしているが，男女共同参画行政に精通した人でないと，公務員としてベテランであっても苦労の多いセクションかもしれない．C市の男女共同参画行政は行き過ぎであるとして，保守系市民団体の攻撃の対象となっており，また私もセンター長の立場から度々市の方針に異議を唱えるし，男女共同参画に関心の強い市民も概ね苦情が多い．議会においては，現状の男女共同参画行政に批判的な保守系議員のターゲットである．国の取り組みに呼応して全庁的に取り組まねばならないミッションをかかえながら，課そのものは庁内の弱小部署である．担当課の苦労はいかばかりかと思う．

3　事例に見る現場のパワーポリティクスと組織への影響

　この節では，最もわかりにくい，見えにくい，組織の問題について言及したい．それは，メンバー個々の，組織構成員としての熟度と，構成員間の関係に言及することである．指摘が実証されにくい部分であることも承知している．組織体制や，行政と外部団体との関係は見えやすく，そこにある問題は課題化されやすい．それに比べると，内部の組織構成員間の関係は，可視化されにくく課題化されにくく，個人の資質や個人的トラブルの問題と見なされがちであ

る．

　しかし，個々の構成員のスタンスや構成員どうしの有機的つながりと組織体質の関係は，組織の生産効率に影響する問題として，考察するに十分なテーマであると考える．

　ここでは，コミュニケーション・ルールやマナーがどのように構成員の相互関係を決定するのか，そして，組織全体とどう関わるのかをC市センターの事例を通して考えたい．

(1) 規約に存在しない最高意志決定会議

　C市センターで新参者の私は，職務分掌や内規などを読み尽くして，そこでの指示系統や職掌を把握するよう努めた．しかし，それは全く役に立たなかった．センター内には，最高の権力を持った決定機関である「運営会議」と称する会議があった．センター長である私と課長と各セクションの主任で構成する会議である．当初，この会議について知ろうとあらゆる文書を探したが，何を調べても，「運営会議」という名の会議は出てこない．しかし，「運営会議」は頻繁に開かれ，しかも最重要視されて機能している．「運営会議で決定」という言葉が再々古参の主任たちによって用いられており，私は困惑してしまった．「運営会議」という決定機関は規約上存在しない．センター内の最終決定権者は私であり，私に指揮命令権があるのは理事長である．以前からいる課長や主任たちに尋ねたが，回答は得られなかった．しかし，自明のことのように抗いがたい強力さで，「運営会議」は定期的に開かれていた．結局わかったのは，「運営会議」でそのセンターのすべてを決めており，そこでのボスはセンター長ではないということだった．私はそこで主任たちの要望にOKを出す役割として期待されていた．だが，当然のことながら納得のいかないことにはOKを出さない．主任たちも予想しない展開に当惑したのではないかと思われる．

　運営会議では，主任たちが，私の考えに対して反対意見を持っているのかどうかがわからなかった．提案事項は出てくるが，理解しにくい提案であると，私は当然質問をしたり，さらに説明を求める．私が賛同的でないと見て取ると，主任たちはそれ以上意見を言おうとしない傾向があった．せっかく会議の場があるのだから，議論を深めればよいと思うのだが，違いが明らかになるほどの

話し合いは起こらなかった．「運営会議」を開かないという選択はないらしいと悟ったので，あるときから，これは各セクションの連絡・報告会議であり，私の提案に主任達の理解を得る場なのだと思い定め，積極的に運営するようにした．

しかし，彼女たちからすれば，私は会議の最も重要な意義を蹂躙したのだろう．そこは一般職員をシャットアウトして，彼女たちの意見・要望を通す場所であり，私の前任者はそれを汲んで，センターを運営していたということが次第に判明してきた．前任者は公務員であるので，専門職としての主任たちの意向を尊重し，それぞれの専門セクションについて全権委任していた．だから，相談セクションも情報セクションも，彼女たちの完全統治下にあり，センター長の意向は全く届かなかった．意図しなかったが，実は私は，それらの体制を転覆させようとしていたのだった．当時，なぜ彼女たちが協力的でないのかがわからず，職分を超えて私を支配しようとする横柄な人たちと感じていたが，そうではなく，私の方が，彼女たちの既得権を侵犯しようとしていたのである．しかし，それまでのパワーバランスの影響を受けていない私は，ニュートラルに仕事をしているだけだったので，何がそんなに気に入られないのかわからなかった．私は，組織内に蔓延している緊張した空気や全体的に規約が軽視されている傾向を何とかしたいと，改善策を思案し続けていた．

(2) コミュニケーション・スタイルとパワーの所在

前述のように，運営会議では議論は展開しなかった．ともに働く人たちと意見を交換し，相違があれば，すり合わせをしながらやっていこうと考えていたのだが，それは大きな誤算であった．当初，コミュニケーションの不具合がどこから来ているものか，全く不明だったが，やがて，コミュニケーションの手法が異なっていることに気づいた．彼女たちはダイレクトな意見の表明をしない．だから意見の相違も見えない．出された意見らしきものも，婉曲話法が多用され，結論が明示されなかったりするので，「結局，何が言いたかったのか」が不明なまま，会議を終わることがよくあった．よくわからないもの言いが続くと，私も，「あなたはこれについて反対なのか」とダイレクトに質問をするが，そのうち，そのダイレクトな質問をさせる隙さえ与えない「かわし方」に

変わっていった．カウンセリングを担当する主任が「かわす」という動詞を多用する人だったが，まさに会議の場でさえ質問をかわされ，つかみどころがなかった．結局，最終的に結論を確認して，私の発案が受け容れられたと思って事を進めていると，「何も聞いていない」だの，「センター長が勝手に進めた」だのと，自分の部下に伝えていたりする．決まったはずのことがなかなか進まず，奇妙なねじれが起こり，現場職員から私が批判を浴びたりする．

　実際，頭をかかえることが多発していた．フェミニズムという共通のベースがあるからわかりあえるとナイーブに信じていたが，こういうくせ者の部下をうまくあしらい，操るだけのテクニックが必要だったとすれば，私は力量不足だった．一方，センターに派遣されてきている公務員は，基本的に指示系統を遵守する人たちである．もちろん，意見の相違はあるが，それは直接私に伝えてくるので，それぞれ考えを出して，私が考えを変えることもあれば，逆に私の方針を遂行してくれることも多い．ごく当たり前に事が運んでいた記憶がある．

　かつて，B市で，センターに出入りする市民から「下駄箱会議」という言葉を教えてもらった．市民どうしの会合ではよくあることで，会議中には反対意見も出ず，スムースに決定したように見えるが，後でスリッパを靴に履き替える下駄箱の前で，活発な議論が始まるというのだ．そして，会議で決まったことが，くつがえると言う．しかし，C市センターの主任たちのように，公的な組織の運営にあたって，一定の責任を持つ役職者の態度としては問題である．私にとってはともに仕事を進めていく仲間であり，組織の指揮命令系統からすれば中間管理職であり，部下を監督する立場の人たちのコミュニケーションの手法が，「下駄箱会議」を行う人たちと同様であるのは困る．

　私は基本的に正論を掲げるが，現場にいれば原則論を離れ，臨機応変に事態を進めないといけないことが多々あることはわかっているつもりだった．だから，それは話し合って共有していくしかないだろうと思っていたが，説明も議論も始まりさえしなかった．もちろん，正論が何か，ということ自体が理解されていなかった可能性もある．なぜなら，あまりにもご都合主義，便宜主義に走り，「かわし方」に長けると，うまくやり過ごす手法は身についても，そもそも何が正しいのか，ということを正面から考える姿勢を失うような気がする．

任意に作られたグループなどインフォーマルなプライベート集団内では，独特のコミュニケーション・ルールができるだろうし，そこで培われるリーダーシップもあるだろう．C市のセンターは，そうしたプライベート集団のリーダーがそのまま職場のリーダー的立場になったような風情があり，職場内には目に見えない指揮命令系統が存在した．リーダーの意向がプライベート集団の方向性を決定付けるように，センターの方向性は隠然たる権力を持つリーダーが決定権を持っていた．明示された管理職ではなく，実質上のボスを戴きながら，センター内のバランスがとられていたようだ．
　中間管理職である主任たちのコミュニケーション・スタイルは，プライベート集団内の力関係をベースにしたもので，そこを束ねるのが，カウンセリング部門の主任であった．職場集団には情緒的コントロールが必要なときというのがあるのだろうが，私の目には，情動の過剰な職場に見えていた．派遣された公務員を除いて職員は全員女性であるのだが，常に喜怒哀楽が渦巻いている感じがあった．そのことを「女性だから」という説明で済ませたくはないが，特に情報担当の主任は，監督的業務を行うにあたって個人的好悪が抑制されていない印象が強かった．働く人は，直属の上司に何かと影響を受ける．緊張が強かったり，ネガティブな情緒に左右される雰囲気が漂ったりしている職場であった．そこで能力を発揮するのは，カウンセリング担当の主任であったと思われる．

(3) 明示された指示系統と水面下の指示系統
　組織には，責任の所在が明確な指揮命令系統と役割分掌がある．指示を出す者には一定の権限が付与され，その指示に基づいて組織運営が行われる．権限を付与されている者が，責任も取る．明示的な指示系統は，責任の所在を明示するシステムであるが，それが機能しなければ，本来の明示的な責任者が責任を引き受けられない事態を引き起こす．責任者が責任を全うできないということは，もはや組織ではなく，烏合の衆である．
　前述したように，主任たちは正面から反論してこない．反論してくれれば，そこから議論を始められるのだが，誰1人議論を挑んで来ない．が，私の見えないところで話し合いは行われていた．その情報は，主任たちの態度に以前か

ら疑問を持っていた嘱託職員から伝えられた．「あなたのいないときに限って，主任たちは集まって話し合いをしています」と．私自身，主任どうしの話し合いは奨励していて，セクション間の連携を進めてほしいと言っていた．だが，一向に行われる様子は見えず，報告もなかった．しかし，私の不在時に限って集まっていると言う．嘱託職員の告げ口から知った事実を使うわけにはいかないので，主任会議を行ったら結果を報告するようにとだけ伝えたが，私のやり方は手ぬるかったのか，効果はなかった．

　結果的に，指示系統が機能しない状況に陥ってしまった．私の出さない指示が私の指示だとして職員に通達されていたり，私の指示が正反対の指示になって伝えられたりしていたことが後になって判明した．もちろん，指示が歪んで伝えられることについて，主任に問いただすのだが，適正な手順と論理を持って向き合っても対話は成立しなかった．そもそも相手には，適正な手順という概念がないかのように，何か別の規範で考え行動しているように見えた．組織の態をなさない事態であった．私は，規定された分掌と指示系統を無視するような言動を，組織の役職に就いている人が行うとは想像もしなかったので，混乱の原因がなかなかわからなかった．

(4) パワハラ事例に見るセンター事情

　あるときから，1人の主任のパワハラについて，複数の現場職員からの直訴が相次ぎ，問題の一部が見えてきた．パワハラを訴えられた主任はパニックとなり，訴えがあったこと自体に憤りを感じたようである．私は市の派遣職員である総務課長とともに，財団の顧問弁護士の助言を得て対処にかかった．パワハラを訴えた職員がこれ以上被害を受けないように配慮しながら，パワハラを訴えられた主任に対しても過度な処遇にならないよう最大限に気を遣った．一方を悪者と断罪して駆逐すればよいというような単純な問題ではない．客観的な「真実」が存在しない以上，管理職は慎重にならざるを得ない．客観的な「真実」が存在しないのは，パワハラを訴えられた主任に自覚がないからである．自覚がないので，パワハラの事実を認めない．認めない以上，現場を見ない人間が裁定を下すことはできない．

　その主任は，個人的な好悪の感情を職場に持ち込む傾向があり，感情の激し

いところがあるのは見えていた．権威主義的であるのも見えている．それでも，パワハラの加害者と特定することはできない．彼女の言い分では，訴えにあったような長時間にわたり怒鳴ったとか，突然怒りを爆発させて理不尽な責め方をしたとか，そういう事実はないということで，本人はきっぱり否定する．何人もの人が自分の立場が危うくなるかもしれないのに訴えを出して来ているので，被害は確かにあったと思われるが，加害の自覚がない事例であった．

　ものの感じ方，受け止め方，反応の仕方，もの言い，表現など，人は生まれ育った地域や家庭などの環境でそれらの基本を身につけ習慣化している．異質の感じ方や表現方法などを習慣として持っている人とは，互いに理解や共感がしにくいだろう．それが諍いの素になることもあるように思われる．国や民族などの文化の違いにはわれわれは敏感であるが，日本人どうしであっても基本的な習癖の違いによる不調和は侮るべきではないのではないか．ある人にとって通常のコミュニケーション方法の範囲内であっても，別の人にとっては脅威や侮辱と映る場合がある．脅威や侮辱を受けたと感じた人は，相手が想定しない反撃に出るかもしれない．パワハラを訴えられた主任は，自分こそ被害者であるというように主張していたが，彼女には彼女の論理が成立していたようである．

　多様な背景を持つ人々で構成される職場組織内では，プライベート集団で通用していたそれぞれの流儀ではなく，杓子定規に見えても規則を遵守し，規約通りに仕事を進めることが必須であろう．明文化された共通ルールを無視しては，組織は成り立たない．C市センターでは，1年契約の嘱託職員といっても更新を重ねて働くことが可能で，長く勤めている一群の人々がいる一方で，次から次に退職して入れ替わる現象もあった．前記のパワハラが理由の人もいれば，職場に疲れたので辞めるという人もいた．

　男女共同参画推進施設は，それまで無職であった女性達に職場や社会参画の場を提供した．しかも，フェミニズムの一定の成果だったのか，働きがいのある仕事をしたいと願ってきた中年層の女性を多く取り込んだ．主婦をしながらフェミニズムの勉強をしてきた中年女性を即戦力として，雇用の場に引っ張り出したケースは多い．それまで，プライベート集団で優秀でしっかり者であった女性達は，そのローカルな流儀で成功してきた体験をベースに職場に参入し

た．家庭内では，長年，組織人であった夫をも統率してきた実績があるであろうし，社会参画した市民グループなどでも頭角を現し，自信も意欲もある．職業人としての新人研修もなく，組織で働くとはどういうことかという手ほどきも受けないまま，職場に居場所を獲得したのであるから，しかも「専門職」として尊重されるのであるから，彼女たちの流儀は修正されることなく最大限に発揮されたとしても不思議はない．誤解のないように付け加えなければならないが，全ての中途採用された女性がそうであると言うわけではない．ただ，C市のセンターではそういう特徴が見られた．

　明示された規約に沿って，客観的・中立的なスタンスで手順を踏みながら仕事を進めることを重視しなければ，隠然たるボスの恣意的な判断が支配的になり，指示が錯綜し，責任の所在が見えなくなる．働く人は疲弊し，エネルギーを奪われ，心の傷を深めていく．組織力は低下する．

　C市に限らず，私が見聞きしてきた限り男女共同参画推進の現場は，呆れるほどにパワハラ，モラハラの訴えが多いところである．それを女性ゆえの問題とはもちろん言いたくない．しかし，客観的な規約よりも方便の方を尊重し，公的責任を回避するという行動特性は，これまで女性が余儀なくされてきた役割から培われたもののようにも思える．もちろん今の時代の過渡期的現象であると見ることもできよう．

　繰り返すが，これは限られた事例から得た見解であり，全ての女性に当てはまるものではない．しかし，複数の男女共同参画の現場に類似のことが起こっている状況を知るにつれ，組織構成員の熟度の問題と組織の公正化については課題化されてしかるべきことと考えるのである．

(5) ミッションに向けての議論の意義

　A市の女性政策室長は，他課の課長職と連携し，さらに上位の部長とも頻繁に話し合いの場を持ちながら，女性政策室の権限の強化，思想の浸透に力を注いで効果を上げていた．室長自身の人と交流する能力や努力に負うところも多かったが，A市の傾向として，非常によく議論をする気風があったように思われる．施策に関わる多様なテーマが言語化され，若手職員も幹部職員も学生のようによく議論をしていた．私の知る限り，多くの職員が意見交換をして

考えを深化させるという作業を惜しまなかった.「女性政策室」というまだ新しいセクションへの興味もあっただろうし,ジェンダー問題が新鮮で刺激的なテーマであるという時期だったのかもしれない.言葉を正面から受け止め,正面から返す.わからないことはわからないと言い,真面目にわかろうと考える.そうした姿勢が,生産的な仕事につながると思える風景だった.

他方,C市のセンターでは,A市のような快活な議論は起こらなかった.適正な手順ではない方法で,指示や情報が行き交っていて,多くの人が疑心暗鬼になっていた.もちろん,A市の人は善人で,C市センターの人は意地が悪かったというような話ではない.組織で仕事をすることへの熟達度が違っていたのだと思われる.インフォーマル集団で鍛えた主任たちは,組織の規律に無頓着だった.議論をするよりも,「察する」ことを求め合う空気があった.私情が抑制されにくく,そのことに無自覚であった.その上,20人ほどの閉鎖された職場集団である.壮大なミッションがかすみ,病む人が続出する状況があっても不思議はない.

こうした実状を踏まえるなら,組織構成とその運用の見直しは必須であるだろうと考える.国の大きな枠組みはできているのであるから,地域で男女共同参画社会の実現に向けて,どのような具体的なビジョンが可能であるのか,どういう手段が必要であるのか,困難であるとすればその原因は何か,そうしたことをきちんと議論する場が必要であると思う.が,そのためには平明な意見表明の態度を養うことから始めなければならないのかもしれない.

おわりに

男女共同参画推進現場の憂慮すべき状況を挙げ連ねた感があるかもしれない.ネガティブな指摘が続き,否定的論調であることも了解している.しかし,幻想を取り除き,実態をとらえておきたいと考えた.

男女共同参画推進本部などの制度は,よく機能すれば,政策の進捗は著しいであろうと思われる.そのためには,担当課の位置を上昇させ,各セクションへの指導権限を与える必要がある.そしてそれを行うには,男女共同参画社会の実現を真摯に願う人が上層部にいなければならない.しかし,上級管理職と

もなると，既存の社会システムの中で成功を収めてきた人々であり，既存のシステムの不具合を実感しにくい人が多いだろう．不利益を被ったことのない人に不具合は見えにくい．理念としては理解しても，実感としては現状維持で良いと思える立場にある．これらの人々に，男女共同参画を本気で進めてもらうことを望んでも，厳しい印象がある．

「管理職がもっとわかってくれたら」「上司の理解がないので，何もできない」などの担当職員の愚痴はよく聞かれる．非力な現場でできることは限られてくる．日々のルーティンワークに追われる中で，ミッションが忘れられ，私情や日常的なもめ事が前面に出るような現場の風景が展開するのも無理からぬことかもしれない．

こうした現場状況において，男女共同参画推進施策に対する評価を行うとはどういうことであるのか．もちろん，事業の評価だけではなく，センターの人員配置や雇用条件など労働現場としてのセンター評価も必要であるだろうし，行政施策に対しての市民の満足度を指標にするなども視野に入ってこよう．それらを見通して，多角的総合的な評価プログラムが作られたとして，誰が客観的で中立的な「評価」を行うのだろうか．

私には評価を行う主体の姿が見えない．指定管理者を変更したくなければ，行政は現指定管理者を高評価にして報告書を作るだろう．もし，指定管理者を変更したいなら，何らかの理由をつけて評価を下げるだろう．外部委員による評価であっても，公正中立であるとは思えない．外部委員は行政の意向に沿う傾向がある．

この，建前と本音が乖離することを是認する文化にあって，言語化されたルールや約束が守られるにはいったいどうすればよいのだろう．客観的で中立的な「評価」が担保されるには，何をどう変えていけばよいのだろう．コンプライアンスが徹底され，恣意性が排除されるにはどうすればよいのだろうか．答えが出ないまま，問題意識だけが立ち上るありさまである．

第3章

女性関連施設とその変遷
―― 男女共同参画施設と婦人教育施設 ――

はじめに

　本章がテーマとしている男女共同参画推進のための拠点施設は，全国の地方自治体に設置されている．このほかも，勤労女性や農村女性を対象とした施設，民間の女性たちによって設立運営されてきた女性のための施設などが各地に設置されている．本章は，これら女性関連施設についてどのような時代背景のもとで設置され，その目的と機能がどう変化していったのかその変遷を概説するものである．

1　用語と女性関連施設の分類について

　女性関連施設には，設置目的や設立経緯と関わる行政政策の分野によってそれぞれ異なる名称と役割がある．総称については「女性施設」と「女性関連施設」の二通りがみられる．岩波女性学事典によれば，「女性施設」とは「男女共同参画社会の形成促進，女性の地位向上などを目的に設置された女性センター，婦人会館，勤労女性会館，女性教育会館，男女共同参画センターなどの総称」であり，「広義には前記のほか働く女性の家（働く婦人の家とも．全国に230），農村女性の家（農村婦人の家とも．同約300）を加え，女性関連施設と称することもある」と説明されている［井上・上野・江原ほか 2002：225-226］．女性関連施設の関係者によって編集された情報誌『女性施設ジャーナル』ではこれらの施設を「女性施設」と称している．独立行政法人国立女性教育会館（以下，

NWEC）および NPO 法人全国女性会館協議会では「女性関連施設」を用いている．本章では働く婦人の家や農村婦人の家についても触れており広義の意味である「女性関連施設」を用いることとする．

　女性関連施設は，その設立目的や経緯によって分類することができる．NWEC では，設立目的により，①女性／男女共同参画センター（婦人会館も含む）②働く婦人の家（勤労女性センターも含む），③農村婦人の家の 3 つに分類している．瀬山と内藤は NWEC の分類方法のうち「女性／男女共同参画センター（婦人会館も含む）」についてさらに細かく分けている．瀬山は設立経緯から NWEC の分類の「女性／男女共同参画センター」にあたる部分を，①内閣府系の施設（男女共同参画センター／女性センター），②民間女性グループの要請で行政の協力を得て設立された婦人会館系列の施設，③国際女性年を契機にできた国内行動計画に基盤をもつ文部省（現文部科学省．以下同じ）系の施設の 3 つに分け，④労働省（現厚生労働省．以下同じ）系の「働く婦人の家」，⑤農林水産省系の「農村婦人の家」を合わせて 5 系統としている［瀬山 2013：138-139］．内藤は NWEC の「女性／男女共同参画センター」にあたる部分を 2 つに分け，①文部省行政下の女性教育施設，②内閣府男女共同参画行政下の男女共同参画センター，女性センターと称される男女共同参画施設とし，③厚生労働省行政下の「働く婦人の家」，④農林水産省行政下の「農村婦人の家」を合わせて 4 つの系統に分類している［内藤 2010：92］．本章では前記の分類を参考にして，女性関連施設の系統を次のような 5 つに整理した．

　①婦人会館系列の施設

　戦後に民間女性グループが地方教育委員会の支援をうけ設置した婦人会館系列の施設である．「婦人の教養の向上」を目的としており，地方教育委員会との結びつきが強く占領政策後の婦人教育施策の基盤となっていた．地域の婦人会館は各都道府県に設置されており，全国組織の施設には宿泊等の機能も備えていた．

　②国際女性年を契機とする文部省系の施設

　1975年の「国際婦人年」を契機とする国内行動計画による地域レベルでの取り組みの 1 つとして地方自治体によって設置が進んだ公設公営の「婦人（女性）会館」といわれているものである．学習・交流・女性グループ，団体の活

動支援などの機能を持った女性教育施設である．1977年設には，ナショナルセンターとして国立施設の国立婦人教育会館（現，独立行政法人国立女性教育会館）が設立されている．

③ 内閣府系の男女共同参画施設

「総理府・内閣府，地方公共団体女性政策・男女共同参画担当部門とつながった施設」[内藤 2009a：2]である．それまでの女性教育施設が備えていた学習・交流・情報の機能に加えて相談事業など女性の問題解決を視野に入れた総合的な機能を備えるようになり「女性センター」と呼ばれた．その後1999年に男女共同参画社会基本法が制定されると，これら施設は男女共同参画社会形成の拠点と位置づけられるようになった．「男女共同参画センター」として新たに設置する地方自治体と，「② 国際女性年を契機とする文部省系の施設」の名称や所管を変更して男女共同参画の拠点施設とする地方自治体があった．「女性センター」あるいは「男女共同参画センター」，「男女共同参画推進センター」，「男女平等参画センター」などと地方自治体によってさまざまな名称があるが，本章では「男女共同参画センター」で統一する．

④ 厚生労働省系の施設

労働省補助事業によって地方自治体が設置した「働く婦人の家」である．1953年に初めて設置され，後に「雇用の分野における男女の均等な機会及び待遇の確保等女子労働者の福祉の増進に関する法律（昭和47年法律第113号）」によって根拠づけられた．「勤労婦人センター」とも呼ばれることもあるが本章では「働く婦人の家」を用いることとする．

⑤ 農林水産省系の施設

「農村婦人の家」と呼ばれるもので農林水産省補助事業として農村女性の生活改善のための共同学習や自主的交流・情報交換などを目的に地方自治体が設置した施設である．

このように女性関連施設の多くは政府や地方自治体が設置，所管しており，その位置づけや役割は法制度の変更に左右されてきたといえる．志熊らは，女性関連施設の変遷を次のように第1期から第7期にまとめている[1]．

表3-1 女性関連施設の変遷

	時代区分		主な女性施設	社会の動き
明治〜戦前	第1期	草創期の婦人会館（民設民営）	日本キリスト教婦人矯風会「慈愛館」(1894) 東京YWCA婦人会館 (1905)	
	第2期	官製婦人団体の会館	日本女子会館（大日本聯合婦人会）(1937)	
戦後〜1975	第3期	戦後の婦人会館の創設（民設民営）	婦選会館 (1946) 地域婦人会による地域婦人会館 (1955〜60年代) 主婦会館 (1956) 全国地域婦人会館 (1971) 新宿リブセンター (1977)	占領政策下、労働省内に少年女性局設置 地域の婦人教育施策→婦人団体教育：地域婦人会 廃娼運動、消費者運動、保育所運動、 ウーマン・リブ (1970年代)
1975〜1985年	第4期	公設公営の婦人会館の創設	国立女性教育会館 (1977) かながわ女性センター (1982) 働く婦人の家、農村婦人の家 (1980年代)	世界女性会議：国際婦人年 (1975)、婦人の年10年 文部省は、女性学習の専門機関の必要性 女子差別撤廃条約批准 (1985)
1986〜1998年	第5期	公設民営の女性会館の創設	横浜女性フォーラム (1988) 大阪府立女性総合センター、ドーンセンター (1994) 北九州市立女性センター、ムーブ (1995) 東京ウィメンズプラザ 等 (1995)	総理府男女共同参画室発足 (1994) NPO法成立 (1998)
1999〜2002年	第6期	男女共同参画センターの創設	こうち男女共同参画センター、ソーレ (1999) 島根県立男女共同参画センター、あすてらす (1999) 岡山県男女共同参画センター、ウィズセンター (1999) 青森県男女共同参画センター、アピオあおもり (2001) 秋田県中央男女共同参画センター、ハーモニープラザ (2001) 福島県男女共同参画センター、チュリア (2001) 福島県男女共同参画センター、女と男の未来館 (2001) 他 82施設	男女共同参画社会基本法 (1999) 内閣府男女共同参画室 (2001) DV防止法成立 (2001)
2003年〜	第7期	多様な管理運営主体の創設	NPO法人、企業、共同体を指定管理者とした施設	地方自治法改正 (2003) 指定管理者制度

(出所) 国立女性教育会館編 [2012] を基に筆者加筆作成。

明治期から戦前
 第 1 期 草創期の婦人会館（民設民営）
 第 2 期 官製婦人団体の会館
戦後〜1975年
 第 3 期 戦後の婦人会館の創設（民設民営）
1976〜1985年
 第 4 期 公設公営の婦人会館の創設
1986年〜
 第 5 期 公設民営の女性会館の創設
 第 6 期 男女共同参画センターの創設
 第 7 期 多様な管理運営主体の創設

　志熊らがまとめたものに筆者が主な女性関連施設を追記したものが表 3 - 1 である．
　本章では志熊らの整理を援用して，明治期から現在に至るまでの女性関連施設の変遷と概要についてまとめる．

2　現在の設置状況

　NWECがウェブサイト上で公開している「女性関連施設紹介」のデータ・ベースによれば，現在（2014年度 7 月）の女性関連施設の設置数は「女性／男女共同参画センター」が388件，「働く婦人の家」は151件，「農村婦人の家」は79件である．
　運営形態では，女性／男女共同参画センターについては公設公営224件，公設民営106件，民設民営33件である．公設民営というのは地方自治体が設置し民間が運営するという形態であり，その多くは指定管理者制度を導入している．女性／男女共同参画センターの場合には，設立当初に施設の運営を目的につくられた男女共同参画系の財団法人が指定管理者となっている例が多いが，近年は特定非営利活動法人（以下，NPO法人）や企業の共同体などの指定管理者が運営するケースも増えている．民設民営に該当する施設はおもに地域の婦人会

館であり，そのほかYWCAや婦選会館，主婦会館なども含まれる．

働く婦人の家は公設公営110件，公設民営41件，民設民営0件である．働く婦人の家でも公設民営では指定管理者制度を導入しているところが大半であり，社会福祉協議会や地域振興財団などが指定管理者となっている．農村婦人の家は公設公営48件，公設民営18件，民設民営2件であり，民設民営の運営者は農業協同組合である．

内閣府では「地方公共団体における男女共同参画社会の形成又は女性に関する施策の推進状況」の調査を毎年行い，各地方自治体が所管し「男女共同参画・女性のための総合的な施設」と位置づけられ施設について報告している．分類では，③内閣府系の男女共同参画施設にあたるものである．報告内容は，都道府県・政令指定都市においては施設の名称・愛称，施設携帯，設置年月日，管理・運営主体，職員数，予算額，主な事業である．市町村においては都道府県内の市町村数，総合的な施設の整備として，整備市町村数と整備率，施設を整備している市町村名が報告されている．

3 明治期から戦前まで
——第1期，第2期 女性関連施設の草創——

日本における女性関連施設の始まりは明治・大正時代にさかのぼる．最初に設立されたのは廃娼運動を展開していた日本基督教矯風会の慈愛館（1894年設立）といわれている．1905年には働く若い女性たちの支援活動をするYWCAの活動拠点としてYWCA会館が設立された．これらの施設はアメリカやカナダなどの国際組織からの寄付によって建設されており，草創期の女性関連施設は海外からの支援を得て民間人によって運営されたものであった［日本YWCA100年史編纂委員会編 2005][2]．

1937年には日本女子会館が竣工した．文部省が管轄した大日本聯合婦人会の拠点施設として，大日本聯合女子青年団と大日本聯合婦人会の会員による拠出金と皇室・各宮家からの御下賜金等により建設されたもので学習室・宿泊施設・結婚式場が装備されていた．文部省系列の日本で最初の女性教育施設といえる[3]．

女性運動の指導者であった市川房枝や奥むめをは，1920年に新婦人協会を設立する際に「婦人会館の建設」を目的の1つに掲げており［横浜市女性協会 1996：28-29］，女性運動の活動拠点となる「施設」の建設は女性たちの「夢」でもあった［横浜市女性協会編 1995：28-31］．しかしながら，国からの関与を受ける半官製の三大婦人団体[4]の力が大きくなるに従い女性運動の活動は勢いを失い，拠点施設の建設は戦後を待たなければならない．

4　戦後から1975年
―――第3期　民間設立の婦人会館―――

(1) 女性運動家による私設の会館設立

　戦後いち早く市川房枝たち女性解放運動の指導者は，女性問題対策を政府に提言することを目的とした「戦後対策委員会」を結成し，後に「新日本婦人同盟」を設立した．女性解放の新しい希望の中で市川房枝は1946年に「婦選会館」を建て女性参政権運動の拠点施設とした．奥むめをは「政治の勉強と婦人の経済的自覚を高める運動」としてはじまった主婦連合会の拠点施設をつくるために全国の女性たちから寄付を集め，1956年に「主婦会館」を建設した［横浜市女性協会編 1995：32；1996：86］．戦時中は活動中止を余儀なくされた日本基督教矯風会やYWCAも活動を再開した．1970年代に日本にウーマン・リブが登場すると「ぐるーぷ・闘うおんな」の田中美津，「エス・イー・エックス」の米津知子らが，「新宿リブセンター」をマンションの一室で開設した．「全国のおんなたちのネットワークづくりの拠点，あるいは「駆け込み寺」」として常時数名の女性たちが住み込み，24時間体制で活動を続けた［荻野 2014：107-108］．これらの施設は，政府や地方自治体などが管轄する公的施設ではなく市民が自らの手によって設立し運営する私設であった．本章で定義づけした5系統の女性関連施設は設置や補助金等の援助で政府・地方自治体と非常に関わりの深い施設が対象となっているため，これら私設のものは対象から外れる．しかしながら，現在に至っても施設を維持して行政に頼ることなく自立した活動を続けており，貴重な女性関連施設といえるであろう[5]．

(2) 戦後の地域婦人会館

a 地域婦人団体ができるまで

　都市部の指導的立場の女性たちが女性解放や女性の地位向上を目的に婦人団体を設立して活躍したのに対して，「大多数の女性は急激な社会変化に呆然とし，生活に追われていた．女性参政権については「『婦人の一票』といったら『麦ですか，芋ですか』という言葉が返ってきた」［横浜市女性協会編 1996：75］というエピソードが残っているように，多くの女性の政治的な関心は低く女性参政権行使の意義や民主的な考え方を教育する必要があった．こうした状況の中で1945年11月文部省社会教育課が復活し，連合国総司令部（以下，GHQ）が動き出す前に文部省が婦人教育の政策「婦人教養施設ノ強化ニ関スル件」を発表した．地方における婦人団体の新しいリーダー育成のための施策は地域婦人団体が結成されたきっかけにもなったともいわれている．上村千賀子は占領政策下において民間情報教育局（以下，CIE）の情報課女性情報担当官エセル・ウィードが日本の女性に対して行った数々の政策活動とその意義について研究をしており，戦後の婦人団体の設立経緯についても詳しく述べている．上村によれば，文部省の最初の婦人教育施策は「『『家制度』の堅持と『良妻賢母主義』という戦前そのままの方向性を特徴として」おり「戦前の婦人団体の性格を一変させるものとは言い難い」ものであった．ウィードは地方で旧体制を維持した婦人会が次々とつられていくことを危惧して，女性たちに「民主主義の考え方と方法を教える"学校"が必要である」と考え「日本女性の間に民主的団体の発達を奨励するための情報計画（以下，情報プラン）」を立案した．情報プランでは，全国展開をめざして地方の軍政部民間情報教育課（以下，MG/CIE）の女性問題担当官と地方自治体の女性教育担当者が連携して民主的な婦人団体育成に努めた［上村 2007：192-199］．

　ウィードの情報プランは「ジェンダーの視点にたって民主的団体の組織・運営の方法を日本女性に情報提供することによって民主主義の理念を体得させると同時に男性支配からの解放をめざすというウィードの基本的考え方が示されている」［上村 2007：201］ものであったが，全国の地方隅々までには行きわたらず地域によっては押し付けと受け取られて反発を招くこともあったようである[6]．

b 地域婦人会館の設立

　地方の女性たちが必ずしも好意的に受け入れなかったとしても，婦人団体育成を目標とした情報プランの全国展開により地方では多くの地域婦人グループが誕生した．そのようにして誕生した地域の小さな婦人グループはやがて都道府県ごとに統括を進め地域婦人団体の連盟・協議会等が結成された．地域婦人団体の活動が活発になると会長の自宅を事務局や話し合いの場に利用するのは限界があった．自由に使える活動拠点の建設を願い資金集めをする婦人団体に「県から100万円出してあげるから，婦人会館つくったら」[全国地域婦人団体連絡協議会編 1986：224] という知事の声で実現したところもあった[7]．地域婦人団体の中には募金活動で資金を集めるとともに地方自治体の支援を得て会館の建設を実現させたところも少なくない．地域婦人団体が所有する婦人会館が県庁所在地に存在しているのは，そうした理由からである．教育委員会が所管する地域婦人団体は「県庁所在地に県の土地を提供され」，会員から拠出金を募集して建物を建設するというのが「基本的なパターン」[横浜市女性協会編 1995：34-35] であった．GHQ は地方自治体が補助金等の支援をすることは民主的ではないと厳しく指摘し自立した婦人団体の設立を求めていたが「地域婦人団体は地域の女性を全部網羅しているという，公共性が全体にあった」ので「地婦連に県費をだすということは，婦人全体を潤すこと」[横浜市女性協会編 1995：35] につながるという理由から，地方自治体の多くは地域婦人団体に対して支援を行っていた．占領政策が終了した後も婦人教育施策は「婦人団体の育成」を引き継いでおり，地方の教育員会は「婦人教育施策を地域婦人会に依拠し，地域婦人団体の育成を重点施策と」[志熊 1997：9] していた．教育委員会によって育成された地域婦人団体は「婦人の教養の向上」のための学習施設として地域婦人会館を活用し，婦人会館は地域の女性教育施設としての役割を果たしていた．

(3) 働く婦人の家の設立

　占領政策下で発足した労働省内に婦人青少年局が設置され働く女性への支援が強化されると，1953年に労働省補助事業として川崎市と八幡市に中小企業で働く女性のための施設「働く婦人の家」が設立された．当時は「地域の婦人労

働者の保護福祉の向上を促進することを目的」とされていた．施設では生活相談や日常生活の援助，レクリエーションの援助，クラブ活動など自主活動の指導援助並びに促進，講演会等教養を高めるための行事の開催等がこの施設で実施されていた［伊岐 2011：39］．

5 国連婦人の10年の期間
──第4期 政府・自治体設立の婦人会館──

(1) 公設公営の婦人会館（女性教育施設）

　女性たちの活動は1960年代から次第に保育所運動や公害にたいする住民運動，生協運動などが活発になり，活動内容も多様化していった．市民運動で力をつけた女性たちから女性の学習や活動を支援するための施設を設立するよう求める声があがるようになった．政府は1975年の国際婦人年を契機に国内行動計画を策定し，国の重要な課題として女性の地位向上に取り組むようになった．1977年には文部省が婦人教育を専門とした施設の必要性から「国立女性教育会館」を建設した．地方ではこれらの動きに応えるように地方自治体主導で女性関連施設の設置が進んだ．他方，女性の活動が地域婦人団体だけでは網羅できるような状況ではなくなり，一団体が所有する地域婦人会館を公共な女性教育施設とすることは難しくなっていった［横浜市女性協会編 1995：36］．地方自治体による女性教育施設の設立が進むと，従来の私設の婦人会館の中には自立して独自の会館運営を選ぶ団体と，施設の老朽化等を理由に自治体から借りていた土地を返上しその跡地に建設された地方自治体が所有し運営する公設公営の婦人会館の中に事務局スペースを間借りする団体とに分かれた．この時期に設置が進んだ公設公営の女性教育施設は教育委員会が所管し，学習・交流・情報・女性団体やグループ等の活動支援を目的とした．また当初は「婦人（教育）会館」などと呼ばれていたが，女性政策が進む中で「婦人」という呼称を「女性」に改め「女性（教育）会館」と呼ぶようになった．

(2) 働く婦人の家の全国展開

　女性の地位向上をめざす国際的な潮流により文部省に限らず女性問題を扱う

他の省庁でも女性のための施設を設立する動きが活発になった．労働分野においては男女平等への取り組みが進み，1972年には「雇用の分野における男女の均等な機会及び待遇の確保等女子労働者の福祉の増進に関する法律（昭和47年法律第113号）」が制定された．その第30条では「地方公共団体は，必用に応じ，働く婦人の家を設置するように努めなければならない」と，働く婦人の家の設置について努力義務が課せられた．これにより各地で働く婦人の家の設置が進み1980年から1983年の間が最盛期であった[8]．

(3) 農村婦人の家の創設

農林水産省では「普及，教育，地域社会活動への婦人の参加を促すための施設の整備を行い，生活指導などを円滑に進めるために普及員と専門技術員を配置」[仁平 2010：15]した．農林水産省補助事業として1977年から各地で「農村婦人の家」の設置がはじまり1982年から1985年に集中している[9]．

6　女性の地位向上をめざして
——第5期　公設民営の女性センター——

1985年，日本は国連「女子に対するあらゆる形態の差別の撤廃に関する条約」を批准し，これに伴って，国は，制度の整備を進めた．国の動きをうけて地方自治体の女性政策担当課では，女性の地位向上と男女平等な社会をめざして女性の学習機関としてだけではなく女性の問題解決のために新しい構想の拠点施設を設立するようになった．そのため会館の所管を地方教育委員から首長部局に移行する施設もあった．たとえば，大阪府では大阪府婦人会館時代の所管であった教育委員会から企画課に移管して大阪府立婦人会館を設置し，のちに新たな場所に大阪府立女性総合センター（ドーンセンター）を開設した．ドーンセンターと同時期には，横浜市の横浜女性フォーラム，フォーラムよこはまや北九州市立女性センター（ムーブ）など大型施設の「女性センター」が開設された．地方自治体の中には，外郭団体を設立して施設の管理運営を任せるところもあった．たとえば，東京ウィメンズプラザの財団法人東京都女性財団，横浜女性フォーラム・フォーラムよこはまの財団法人横浜市女性協会，大阪府

立女性総合センターの財団法人大阪府男女共同参画推進財団などである［国立女性教育会館編 2012］.

7　男女共同参画社会の形成
──第6期，第7期　男女共同参画と指定管理者制度──

(1)　男女共同参画センターの創設

　1999年，男女共同参画社会基本法が制定され，男女共同参画社会の形成が国の重要課題として位置づけられた．都道府県は男女共同参画政策の推進が責務とされ，そのための拠点施設として，地方自治体の総務局や男女共同参画の担当課が男女共同参画センターの建設を進めた．市町にも男女共同参画担当部署が設置され，主要な都市には男女共同参画推進の拠点施設が設置されるようになった．設置は1999年から2003年の間に集中しており，毎年のように20施設近くの男女共同参画センターが建設された．男女共同参画センターを新たに設置する地方自治体もあれば，もともと存在した教育委員会所管の女性教育施設を活用して首長部局に所管を移し男女共同参画センターとする地方自治体もあった．たとえば，前掲のフォーラムよこはまは教育委員会所管の横浜市婦人会館から市民局の所管となって「フォーラムよこはま」となり，現在は「横浜市男女共同参画センター南（フォーラム南太田）[10]」に名称を変更している．大阪府立女性総合センターも現在は大阪府立男女共同参画・青少年センターと名称を変更している．

(2)　多様な管理運営主体

　2003年の地方自治法改正で指定管理者制度が導入されると，NPO法人や民間企業などの一般市民が公的施設の管理者となることが可能となった．いわゆる新自由主義的政策の下で展開された効率化と市民参加である．女性関連施設に指定管理者制度が導入されると，管理運営のために設立された財団法人が市場競争に晒される一方で，市民として力をつけた女性たちが主体となって運営するNPO法人が参入する機会にもなった．男女共同参画センターは，指定管理者制度を導入している他施設と比べてNPO法人の指定管理者の比率が高い

理由には，事業等の運営能力を身につけた女性団体が育っているからであるといわれている［伊藤 2011：106-115］.

働く婦人の家の多くも指定管理者制度を導入しているが，女性団体ではなく社会福祉協議会や地域振興財団が指定管理者となっている場合が多い．農村婦人の家においては，自治体が直接管理運営する公設公営の施設の方が多く，指定管理者制度を導入している施設は少ない．

8　現在の男女共同参画拠点施設を取り巻く状況

新自由主義的改革が進む中で，男女共同参画センターは効率化を迫られ経費削減や事業縮小のみならずそのセンターの存続さえも危ぶまれる時代になっている．現在，男女共同参画の拠点施設を取り巻く状況はけっして明るいものではない．

日本のナショナルセンターというべき国立女性教育会館が民主党政権下で「事業仕訳」の対象になったのは記憶に新しい．東京ウィメンズプラザを運営する財団法人東京都女性財団は2000年に当時の石原都知事によって突然廃止となった．大阪府立男女共同参画・青少年センター（ドーンセンター）は，一時浮上した財団廃止案は免れたものの府からの補助金や人的支援を頼らない財団の自立化を迫られた．市内に5カ所の施設でそれぞれが特色ある事業を展開していた大阪市立男女共同参画センター（クレオ大阪）は，5館体制の集約化の危機にある．筆者が運営に関わった名古屋市では，2011年に行われた事業仕訳で男女平等参画推進センターが女性会館内に統合された．

おわりに

これまでの変遷で見てきたように，政策の拠点施設とされる女性関連施設は政策の動向によりその存在自体が大きく影響される．政策の動向に影響された事例として，筆者が2003年6月から2014年3月まで運営に関わった名古屋市の施設についてその変遷をたどってみる．

名古屋市では国際婦人年にあたる1975年に「④厚生労働省系の施設」にあ

たる勤労婦人センターが市民経済局によって設置された．1978年には「②国際女性年を契機とする文部省系の施設」にあたる婦人会館が教育委員会所管で開館した．婦人会館は，当時市内の女性たちが会館開設を求めて8万人もの署名を集め市会に請願し建設に至った．婦人会館開設の前年に発足した「名古屋市婦人問題懇話会」の議論では，婦人会館と既存の勤労婦人センターや社会教育センターが婦人の社会教育の中心的な役割を果たして「相互に有効に機能するよう」な運営を求めている［名古屋市市民局編 1979：21］．

1990代後半，男女共同参画政策が進められると「③内閣府系の男女共同参画施設」にあたる男女共同参画センター（当時仮称）設置の計画が出され勤労婦人センターの施設を改装して新たに男女共同参画の拠点施設が設置されることになった．他都市では文部省系の女性会館を男女共同参画センターに変更するケースが多く見られたが，名古屋市は市の教育委員会所管の女性会館（旧婦人会館）を残して勤労婦人センターを閉鎖した．総合的な調整機能をもつ総務局が新しいセンターの所管となり名古屋市における男女平等参画政策の主流化に向け市民からの期待が高まった．

男女共同参画センター（仮称）の基本構想は当時としては先駆的となる市民との協働で策定された．さらに，民間のNPO団体との協働で管理運営をするという全国でも先駆けの運営方法で2003年に「名古屋市男女平等参画推進センター　つながれっとNAGOYA」が開館した．一方で指定管理者制度の導入が全国に広がり民間のNPO団体が施設運営に参入できるようになるとそれまで施設運営を担ってきた外郭団体は危機感を募らせた[11]．そうした中，女性センターの今後を考える「女性と女性センター――当事者の視点で考える拠点施設――[12]」が名古屋市男女平等参画推進センターで開催された．基調講演で講師を務めた上野千鶴子は，女性センターの当事者は施設を利用する女性1人ひとりであり女性政策の拠点施設として位置づけられた女性センターは女性のエンパワーメントを支援するものであると定義した上で，市民として活動を継続し地道に力をつけてきた女性たちが，指定管理者の導入により当事者として直接行政機関に参画する機会を与えられたことを歓迎すべきだと主張した［『女性と女性センター』制作プロジェクト 2005：41-63］．こうした女性たちにとって地方自治体の条例で定められた指定管理者として男女共同参画政策と密接に関わる拠

点施設の運営に携わることは，女性のエンパワーメントを図りさらにはジェンダー課題の解決にむけた政策提言を地方自治体に対して直接に展開できるのではないかという期待も高まった．

　10年を経過した今，女性のエンパワーメントおよびジェンダー課題の解決に向けた政策提言は実現したのであろうか．占領下で日本の女性のエンパワーメントを支援し続けたウィードは「「女性の視点」と「女性の力」に対する確信と信頼」を基本理念として政策を進めた．男性中心の社会の中で男性基準の価値観で競争すれば女性は困難が生じる．ウィードのいう「女性の視点」はそうした「男性基準の価値観」からの脱構築であった．その後の日本の女性政策がウィードの基本理念を継承できたかといえば疑わしい．国の政策のあり方を振り返ってみると，女性1人ひとりのエンパワーメントを視点にいれたものではなくその時代の「男性基準の価値観」による政策の方向に引きずられて女性への政策が決定しているような事象が相次いでいる．「男性基準の価値観」によって決定される国の政策によって女性の生き方そのものが翻弄されているのではないだろうか．[13]

　名古屋市の事例にもどれば，同じ名古屋市内に女性関連施設が2つ存在するという理由から合理的ではないと指摘がなされるようになった．主に女性教育を担当する女性会館と男女共同参画政策の拠点施設である男女平等参画推進センターの設置目的は本来異なるはずである．しかしながら2011年に事業仕訳の対象となり，教育委員会所管の女性会館は「廃止」，総務局所管の男女平等参画推進センターは「廃止を含む見直し」とされ，審議会等で検討した結果，最終的には女性会館（②文部省系施設）が存続し，男女平等参画推進センター（③内閣府系の男女共同参画施設）は女性会館に統合されることになった．

　このような時代に男女共同参画政策の拠点施設である男女共同参画センターが1人ひとりの女性たちのエンパワーメントをどのように支えていくのか，この核心的な命題が今あらためて問われている．意思決定の場に女性が参画しがたい状況であり，そのために多くの政策が「男性基準の価値観」でつくられているという指摘はさまざまな方面からもなされている．政府も地方自治体もこのような指摘に対する説明責任が試されており，単なるスローガンだけではなく積極的で具体的な政策対応を求められている．

第3章　女性関連施設とその変遷　　*51*

注
1）　志熊敦子は，『女性施設ジャーナル』（創刊号）の「女性施設の100年史」という特集対談で第1期から第5期について述べている．NEWCは，その志熊の後を継承する形で第7期までを説明している．
2）　日本基督教婦人矯風会ウェブサイト（http://kyofukai.jp/）．
3）　公益財団法人日本女性学習財団ウェブサイト（http://www.jawe2011.jp/index.html）．
4）　陸軍の支援をうけた国防婦人会，内務省の監督下にあった愛国婦人会，文部省所管の大日本聯合婦人会という半官製の婦人団体である．第二次世界大戦時には，国の主導によってそれらが統合された完全な官製組織の大日本婦人会が結成された．その後，終戦直前には，大日本婦人会が国民義勇隊女子隊に改組されたことによって婦人団体は表面上は消滅した．
5）　新宿リブセンターだけは，1977年に閉所している．
6）　たとえば，大分県地域婦人団体連合会では，当時のようすを「ふるさとを荒廃から守るために，いち早く立ち上がったのは，地域婦人会であった．この台頭をきらって抑圧する占領軍の政策に粘り強く抗して，大分県の地域婦人会を認めさせ，昭和二十五年四月十日大分県婦人団体連絡会（通称：県婦連）の結成大会を開いた」［全国地域婦人団体連絡協議会編　1986：292］と記している．また，元地域婦人団体連絡協議会事務局長の田中聡子は「連合婦人会なんかずいぶんGHQ民間情報局のウィード中尉（女性）にやられたんですよ．『戦時中の大日本婦人会がいかに非民主的であり，いかに軍国主義的だったか．あなた方の団体はそれから少しもかわっていないのではないか』と」．各県ごとに，占領政策に対してかなりの抵抗運動があったことをインタビューで語っている［横浜市女性協会編　1996：80］．
7）　『地婦連30年の歩み』の中で，栃木県地域婦人連絡協議会は婦人会館の設立の経緯として，「当時の小平知事さんから『100万円出してあげるから，婦人会館つくったら』という話が合った．不足の資金は宇都宮市民の有志から寄附を募ることになり，一応資金の調達はできた．土地の選定や建設業者の手配などについても小平知事さんが面倒をみてくれ，待望の婦人会館のはこびとなった」と報告している．
8）　NWECのデータ・ベースによると1980年から1983年の間には毎年10件から18件の働く婦人の家が建設された．
9）　1982年には9件，1983年には12件，1984年は5件，1985年は9件の農村婦人の家が設立されている．
10）　横浜女性フォーラムは「男女共同参画センター横浜（フォーラム）」である．

11) 民間の参入により，女性関連施設の質，労働環境など問題が生じるといわれている．
12) 2004年7月24日（土）午前10時〜午後4時30分，名古屋市男女平等参画推進センターにて開催された．その目的は，『女性と女性センター──当事者の視点で考える拠点施設──』に「不況と行財政改革のあおりを受け，拠点施設の事業運営経費は削減の一途をたどっています．女性への支援の充実と男女共同参画社会実現のためには，拠点施設の予算確保も重要になってきました．運営形態についても，NPOとの共同や指定管理者制度の導入など，新たな方向が全国各地で模索され始めています．変わらないことは，女性一人ひとりの人生には，まだまだ支援が必要なこと．（中略）課題は山積みです．「女性センターの将来」について，ともに考える会を開催します．当事者の視点から課題を明らかにし，解決の糸口を見つけていきます」と書かれている．
13) たとえば，「成長戦略」として位置づけられている経済政策主導の女性の活用政策「女性が輝く日本づくりの政策」など．

第 4 章

男女共同参画センターにおける相談事業

はじめに

　男女共同参画センターの相談事業は，専門相談ではあるが，たとえば，子育て，就職，疾病，貧困等の「課題」によってではなく，女性（男性でない）という対象によって輪郭づけられた相談事業である．「女性である（正確には，男性でない）」ということに関連して生じるあらゆる問題への総合的な対応支援を行う．近年では，東日本大震災後，被災地および，避難先となった男女共同参画センターがただちに立ち上げた相談事業が，こうした女性に対する総合相談の真価を発揮した．

　女性を対象とする相談事業がなぜ成り立つかといえば，「女性である」ということに関連して生じるあらゆる問題，すなわち「女性問題」が，いまだに存在するからである．

　性別分業慣習の結果，社会資源と権力が男性に偏って配分され，女性はなお，社会的に力が弱い立場に在る．それは，家庭・家族責任の女性への偏りと表裏一体である．そこに「女性問題」が生じる．

　男女共同参画センターの相談事業は，多くの場合「女性問題」である相談者の困難を丸ごと受けとめ，心理的援助から問題解決・自立支援に向けた橋渡し・調整まで，総合的に支援する活動である．しかし，こうした，男女共同参画センターの機能の一部としての相談事業の固有性は，あまり知られていない．男女共同参画センターで相談事業に従事している相談員の大半が非正規雇用であるといった問題もある．

そこで，本章では，男女共同参画センターの相談事業の実態と課題を「見える」化し，もっと活かされる余地のあるセンター相談事業の可能性について考察してみたい．

1　現在の相談実施状況

2014年現在で，独立行政法人国立女性教育会館「女性関連施設データーベース」に登録されている公設の女性センター・男女共同参画センター（以下「男女共同参画センター」）の施設数は328施設である．ここで，相談事業がどのように実施されているのであろうか．2009年に内閣府男女共同参画局が実施した「男女共同参画センターの現状に関する調査」［内閣府男女共同参画局 2010a：52-67］からみていく．

この調査は，327施設にアンケート用調査票を配布し，有効回収数266施設（設置者内訳は，都道府県46，政令指定都市17，市区町村203）のデータをまとめたものである．

相談事業を実施しているのは「行っている（85.7％）」であった．このうち，常設の相談窓口を設置している割合は「ある（74.4％）」で，これを設置者別でみると，「自治体直営（57.1％），自治体直営で委託（18.7％）」，合わせると自治体が直営で実施しているのが75.8％で，ほかには「指定管理者（16.7％），その他（3.0％）」という結果であった．

また，相談の方法については複数回答で，「電話相談（87.9％）と面接相談（94.4％）がほとんどの窓口で実施されているが，グループカウンセリング（12.1％），電子メール・携帯メールによる相談（5.6％）など，そのほかの方法が実施されている割合は低い」という結果であった．

相談の内容については，回答の方法を多いもの3つをあげるようにしたところ，「最も高かったのは，結婚・離婚に関する相談（76.3％）で，女性への暴力に関する相談（44.4％），嫁姑問題など家族関係に関する相談（42.9％），生き方一般に関する相談（37.4％），女性の体やメンタルヘルスに関する相談（28.8％）など」となった．

同様にして，増えている相談について行ったところ，「女性への暴力に関す

る相談（48.5%）が最も多く，結婚・離婚に関する相談（39.4%），女性の体やメンタルヘルスに関する相談（26.8%）」という結果であった．また，仕事や経済問題に関する相談も増えつつあり，男女共同参画センターの役割として期待されるものとなっている．

2　変遷する相談事業

(1)　初期の女性相談

　女性センターの相談事業が行われる以前の女性相談には，大きく分けて，売春防止法の規定により婦人相談所や福祉事務所に設置された「婦人相談員による相談」と「婦人会館・女性（教育）会館などの女性関連施設での相談」とがあった．前者では，「要保護女子」を対象に売春に絡む相談や更生の援助を行っていたが，それだけでなく，婦人相談員は，困難を抱える女性たちのさまざまな福祉分野の相談に応じていた．

　後者の女性関連施設や公民館では，「生活相談」「育児相談」「法律相談」「健康相談」など内容別に分けられた相談が行われていた．ここでは，女性自身に非があると諭され，我慢が足りないと説得されるなどの2次被害を受けていたという．

　それまでの婦人相談は，「『男女平等』の視点というよりも，妻として，嫁として，寡婦として，職業婦人として社会に適応し，生活上の破綻を防ぐための助言や情報提供が中心だったのである．相談担当者は，いわゆる有識者や教育者で，常識・良識ある婦人のあり方を教え指導するという視点に立ちやすかった」［小柳 2005：70］という文からも，様子が伺える．

　女性の抱える問題を，病理化することなくそのまま受け止め，解決に向けた支援をしてくれる専門的知識を持った相談員の登場が待たれる状況であった．

(2)　「フェミニズムの視点」に立った相談

　国際婦人年に先駆けた1963年，アメリカではベティ・フリーダンの『新しい女性の創造』が出版された（日本語版は1965年）．中産階級の主婦は，郊外にある家で夫，子どもに囲まれ，裕福に暮らしていてもモヤモヤした気持ちがあり，

幸福感が持てないでいた．自分はこのままでいいのだろうか，という不安な気持ちを抱えた状況をフリーダンは「名前のない問題」と名付けた．身体の病でも心の病でもないのに，自分の感情をもてあます自分自身を，どこかがおかしいのではないか，わがままに違いないと思いこんだりもした．実は，多くの女性たちが同じような悩みを抱えており，この本が起爆剤となって，女性解放運動が全米に広がっていった．

この運動の中で作られたスローガン「Personal is Political（個人的なことは政治的なこと）」は，女性をめぐるさまざまな問題が，生育歴や個人の問題ではなく，政治や社会システムに要因があることを示している．

なかでも，女性たちのメンタルヘルスを回復させる取り組みである，CR（Consciousness Raising 意識覚醒），AT（Assertive Training 自己主張トレーニング）がその後の相談と結びついていく．このようなグループ活動で，女性は自分自身の感情，怒り，不安などを安全な平場で語り合い共有していった．自分たちの生き方を見つめ直し，多くの気づきを獲得すると同時に，自分の言葉で相手に分かりやすく伝える訓練の場ともなった．これまでの生きづらさや自尊感情の低さなどは，個人の問題ではなく，女性に共通する社会的な問題として認識された．

1970年代にアメリカで精神科医療を学んだ河野貴代美が，フェミニストカウンセリング導入の必要性を感じ，日本ではじめて，1980年に「フェミニストセラピィなかま」を開設した．

フェミニストカウンセリングは，性役割にとらわれた個人の内面を探求するものであり，1人ひとりの内的変化のプロセスを尊重し，女性が抱える生きにくさ，理屈では解決できない感情に焦点を合わせて，相談者の心の揺れに寄り添いながら自己変革による問題の解決をめざす．しかし，それだけでは根本的解決とは言えないことから，同時に，社会制度や社会規範の変革をも志向するものであった．

フェミニストカウンセリングの基本理念には，まず，社会構造において，「資源や権力の配分」が，女性と男性に対等に行われてないという課題を認識し，その解決に向けて取り組むことがあげられる．

もう1つは「脱病理化」である．女性差別や暴力にさらされて，不適応を起

こした結果生じる症状や病気にだけ目を向けて，女性を病者扱いして治療をすることではなく，誰かに相談することで精神的な均衡を保つことができ，エンパワーメントされる存在として扱う．女性に分類されることで生じる根本的問題に目を向け，相談を通して支援していくのである．この2つの考え方は「フェミニズムの視点」として定義される．

　1980年代に各地で女性センターが設置された時期と，フェミニストカウンセリングが日本に紹介された時期はちょうど重なる．女性センターの中には，お茶やお花などに代表される従来の婦人教育講座に代わって女性問題をテーマとする講座を実施する試みも始まった．また，女性相談を実施していたセンターでも，課題別の「生活相談」「健康相談」などから，女性の自立と自己実現をめざしたカウンセリングを行うところも出てきた．

　こうして，男女共同参画センターの相談事業のめざすものがフェミニストカウンセリングに近づいてゆく．「『男女共同参画』という理念が知られ『ジェンダー』という言葉が使われるようになると，相談のパースペクティブに『ジェンダー問題に敏感な視点で』『ジェンダー役割にとらわれない方向での』『女性のエンパワーメントと自己決定を尊重した』相談というような意味合いが加わって，女性センターでの相談がフェミニストカウンセリングの理念に近づいて」いったという経緯がある［川喜田 2005：52］．

　「フェミニズムの視点」に立ったフェミニストカウンセリングを導入する女性センターが多くなったことで，これまでとは異なる相談として，女性相談は大きく転換していった．

(3) 課題解決型の相談事業へ

　1999年に「男女共同参画社会基本法」が制定され，女性センターが男女共同参画センターと名称を変更する施設が多くなる一方，各自治体においても条例が制定され，男女共同参画社会の実現及び推進の拠点施設としての役割が出てきた．

　さらに，2001年に「配偶者からの暴力の防止及び被害者の保護に関する法律」(DV防止法) が施行されてから，センターにおける相談事業に，転機がもたらされたといわれている．

女性問題の掘り起こしから名前がつけられたDV（ドメスティック・バイオレンス）の問題は，これまで夫婦や家族の問題とされてきたが，DVと名付けられたことで犯罪として明確に定義され，問題が共有されやすくなった．「どのような理由があっても，暴力をふるっていい理由はなく，暴力は加害者の責任で起こっているという認識を，ぶれることなく相談員が自覚して，被害当事者に応対する」ことが求められている［景山 2005：151］．

こうして，女性の人権侵害に対するあらゆる問題（DV，セクシュアル・ハラスメント，性犯罪被害等）に対応することが期待されるようになった．なかでも，DVに関しては，配偶者暴力支援センターの設置義務がある都道府県では，男女共同参画センターがその機能を持つ施設が半数近くある．社会の中での期待もそれだけ大きいといえる．

同時に，男女共同参画センターの相談も，相談者へのサポートとエンパワーメントをしていく心理的側面のサポートだけではなく，具体的課題解決に向けたソーシャルワーク的側面のサポートの実施も必要となった．心理的側面とソーシャルワーク的側面の両面での支援が求められるようになったのである．

どのように取り組むかは，各施設の相談体制により異なる．しかし，責任は相談員個人にあるのではなく，相談事業全体を男女共同参画センターとして担っていくという，責任ある体制が必要である．今後も位置付けや責任を明確にし，より一層充実させて取り組むことが肝要である．

3　センターで行う意義

男女共同参画センターの相談事業が他とは違った独自性をもつのは，実際の個別相談にとどまるのではなく，男女共同参画センターとしての使命を，相談事業を通して追求し，具現するところにある．その使命とは，内藤［2009b：1-2］によれば「女性のエンパワーメントをはじめとする，性別について公正な社会の形成につながる変化を地域社会に生み出していくこと」だとされる．

いまだに存在する女性問題に対して，個別相談を通して相談者の支援とエンパワーメントをする．そこで起きた変化をほかの人やセンターにある他の機能や地域のほかの社会資源とつないで響き合わせて成果を相乗化し，地域社会に

広がりある変化を生んでいく．さらに，問題を扱う現場から男女共同参画政策にフィードバックしていくことにほかならない［内藤 2009b：5-6］．

このように具現していく過程を通して，社会システムの変更につなげていく取り組みこそが，男女共同参画センターならではの相談事業といえる．

(1) 個別相談

最初は，エンパワーメントをめざした個別相談から始まる．相談者を1人の人間として丸ごと受け止め，問題を総合的にみていくことが女性相談では行われている．

改めて確認すると，エンパワーメントとは「女性，有色人種，マイノリティなど，歴史的・構造的に劣位に置かれてきた社会的カテゴリーに属する人々が，劣位に置かれたがゆえに開発発揮を阻まれてきた個人の力を回復し（power-to），連帯・協働して（power-within），自分たちを抑圧してきた社会構造を変革していく（power-with）過程．ここにおける力は，他者を支配するために行使する力ではなく，自立や向上のために発揮しうる能力（何かをすることができるようにする力）である．また，個人の自尊心や自信や自己決定能力や問題解決能力から，社会的カテゴリーとしての法的，政治的，経済的，社会的影響力までを広く含む」と定義され［内藤 2012b：45-46］，個人の力の回復にとどまらないものである．

エンパワーメントをめざした相談は，図4-1のとおり，「聴く」→「支える」→「伝える」を繰返しながら，相談員が理解した内容を相談者にフィードバックしていく．相談者が，相談に辿り着くまでに自分なりに努力してきたことに敬意をはらい相談に臨むのが第一歩である．

伝える時には，女性はこうあるべきといった固定的な価値観の押しつけでない，ジェンダーの視点でとらえ直した価値観を提示する．この新たな価値観を提示しつつ相談することと併せて，情報ライブラリーを活用した図書の貸出，関連する講座の案内なども行っていく．最初から自分の身に起きている問題の本質を理解して訪れる相談者は少なく，相談を進めていくうちに主訴とは違った問題が背後にあることもしばしばある．

こうして3つの輪がぐるぐると回りながら相談をしていくことで，相談者の

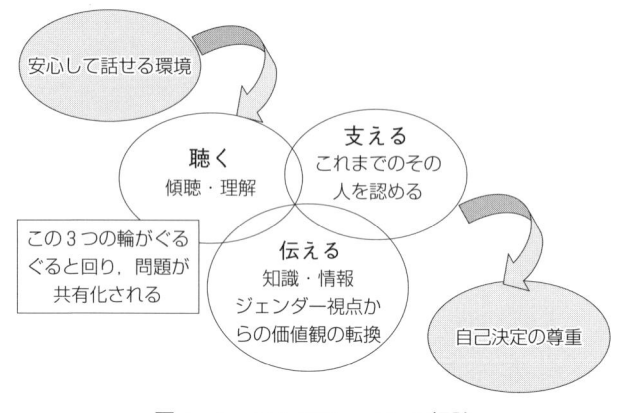

図4-1 エンパワーメント相談

(出所) 景山ゆみ子,相談員研修「相談者の主体的な問題解決を支援する相談」より.

抱える問題を相談者と相談員の双方で共有することができていく.

(2) センター機能をフルに活かす

　問題の共有ができれば,課題解決に向けて具体的な取り組みが始められる.相談者の自己決定を尊重し,自立に至るまで支援していくには,男女共同参画センターの機能をフルに活かしたエンパワーメントの取り組みが重要である.

　センターには,相談以外にも学習・情報・交流等の多様な事業がある.たとえば,学習事業との関連では,離婚で悩んでいる人には,弁護士等による離婚に関する講座,暴力に悩んでいる人にはDVに関連する講座,また,自立に向けて再就職やからだに関する講座等の参加を促すことができる.あわせて,情報ライブラリーの案内により図書やDVDの貸出しで必要な情報提供したり,センターで実施している他の専門相談「法律相談」「健康相談」等につなげたりしていくこともできる.

　相談ニーズを課題化して学習事業のテーマとして市民への啓発に役立てることもできる.相談からみえたテーマである女性の貧困やDVについて,セミナーを開催して市民に問題提起をしていくことや,情報事業で広く市民に広めていくことも可能である.

　同じ悩みをかかえた当事者同士が集まってエンパワーメントできるサポート

グループ（専門家が入る）の実施や自助グループ支援も大事な取り組みである．設立当初から，サポートグループを行っているセンターでは，全相談員が集まって女性が何に困っているのかを話合い毎年テーマを決めて実施してきた．自助グループについては，「困難な状況やその解決策について一番よく知っているのは当事者である．女性センターのなかにはそのことを認識し，地域にある自助グループを女性のメンタルヘルスにとって有効な社会資源として，連携・支援するところも出てきた．自助グループとは自分自身の問題を解決していく集まりであると同時に，そのことが同じ問題を抱える他の人を支える相互支援にもなる」[桜井 2005：156]とされ，有効な支援である．会合の場所を貸したり，関連情報を提供したり，グループ同士の交流の機会を提供する取り組みとして行われている．

　相談者が自立するまでには時間がかかる場合もある．センターの機能が重層的で多様であれば，それらの機能を利用する目的で，繰返しセンターを訪れ，情報を多角的に得て，さまざまな角度から自分を見直せる．ここまできて，ようやく自立した生き方が可能になるのである．

(3) ほかの機関との連携

　女性の相談ニーズが多様化し，相談者の課題解決にはセンターだけの事業では充分でなく，地域のほかの社会資源との連携も欠かせなくなっている．また，地域社会に広がりある変化を生んでいくための観点からも，大切なことである．

　たとえば，婦人相談所，福祉事務所，保健所，警察，法律関係機関，行政の子ども支援課などとの連携はDV相談では欠かせない．子どもの教育支援には児童相談所，児童館，学校，NPO，母子生活自立センターなどとの協力，仕事の問題ではハローワークや地元の民間企業，地域社会におけるさまざまな機関との連携が必要になる．

　相談として増えているDV問題支援については，婦人相談員との連携が模索されている．男女共同参画センターの相談員の仕事は，配偶者暴力支援センターの機能を有していても，一時保護や保護命令の手続き等に限定される．一方，生活の目途が立つような具体的手続きや支援等は，DV防止法で，婦人相談員が担うことが明記された．

男女共同参画センターの相談員にはない措置権が与えられ，DV防止法以降は，両者の仕事内容に棲分けが行われつつあった．しかし，双方とも女性支援に関わる社会資源であり，連携した活動が，今後はさらに期待されるところである［須藤 2012：1-11］．

男女共同参画センターが単独で行うのは限界があることを自覚し，日頃から，顔の見えるネットワークをつくり連携して支援する体制が大切である．

(4) 行政への提言

相談から見えてくる女性問題や課題を行政にフィードバックしていくことは，相談事業の目的の1つである．DV問題が社会に認知されるようになり，各自治体で体制を構築して取り組むようになってきたことは，相談からの課題を行政へ提言した成果だと思われる．

最近では，東日本大震災で相談事業が果たした役割があり，これまでの災害時における行政への提言がなされた成果だと思われる動きがあった．民間女性団体の活躍を抜きにして災害時の女性支援は言い尽くせないが，被災地の男女共同参画センターの相談事業に関連したものについて述べる．

阪神・淡路大震災では，男性の視点で構築されてきた災害対応に対し，女性がさまざまな不安・悩み・ストレスを抱えること，女性に対する暴力が増加することなどが指摘されていた．しかし，新潟県中越大地震の際にもその教訓が活かされることなく，東日本大震災でも同じことが繰返された．

こうした中で，被災地にある男女共同参画センターで最初に立ちあがったのは相談事業であった．NPO団体と協力して，被災地のセンターでは，施設の再開に先駆け別会場で相談を行うところもあった．発災2カ月後には，内閣府・自治体・民間団体が協働で，女性相談のホットラインが震災被害の少なかった被災地のセンターで始まり，電話相談，避難所での出前相談，女性のための心身の健康相談が行われた．

3つの大震災を経験して，これまで災害時における女性問題として指摘されていたことが，東日本大震災でようやく具体的に動き始めたといえる．

内閣府男女共同参画局・全国女性会館協議会・横浜市男女共同参画推進協会［2012］による「災害時における男女共同参画センターの活動と役割調査報告

書」で，こうした背景には，「阪神・淡路大震災の経験を踏まえて，大災害時における女性相談窓口の必要性が兵庫県立男女共同参画センターなどから伝達されていたことや，内閣府男女共同参画局から関係機関に向けて，女性被災者に対する相談窓口の設置や暴力に対する相談窓口についての通知が矢継ぎ早に発出されたこともある」といった理由が考えられると報告されている．

　内閣府男女共同参画局は，東日本大震災後の問題点として，「意志決定に女性が参画していない，女性の視点が入らず，配慮が足りない，固定的性別役割分担が更に強化される」の3点をあげている．これまでの大災害時の経験からみえてきた，女性問題や課題を民間活動を含むさまざまな女性支援団体が行政に提言していった結果であろうと考えられる．

　緊急期が過ぎ復旧・復興期になると，女性の就業支援，震災後の長期にわたる心のケアをテーマとした講座の開催が必要とされ，総合的拠点施設であることを活かして，相談事業と連携した学習事業が行われるようになった．

　2011年度後半からは，内閣府の「東日本大震災被災地における女性の悩み・暴力相談事業」が立ちあがった．東北3県（岩手，宮城，福島）で担当部署・現地の団体の協力のもとに，地元の相談員と全国から派遣された相談員が協働して，電話相談・面接相談を実施するものである．全国女性会館協議会の会員館からも相談員が派遣され協力した．現地の相談員と派遣された相談員が共に相談に当たることで，被災者の生の声を聴く機会となり，自分の目で被災地の現状を見てそれぞれのセンターに持ち帰り，各地の防災を考えることにつながった．

　さらに，もりおか女性センターの「デリバリーケア事業」，仙台市男女共同参画推進センターの「洗濯代行サービス：洗濯ネット」の事業は，顕在化しにくい女性ニーズをつかみ，事業化した事例である．

　前者は，被災地で御用聞きのように女性の個別ニーズを把握し物資を届けた．同時に雑談をしていくうちに苦しい胸の内を少しずつ話してもらい，「心のケア」の役割も果たし，ホットラインや新たな支援に結び付けていった．後者は，避難所で洗濯しても干せないと苦労している女性たちの洗濯ものを預り，洗濯ネットに参加した女性たちが洗って乾かし持ち主に届けるサービスである．避難所で困っている女性と震災の被害が少なく何かの役に立ちたいと思っている

女性の思いを結びつけたものである．

　どちらも，男女共同参画センターの事業がつながり，地域の日頃からのネットワークが機能して地域社会に広がりある変化を生みだした具体例ではないだろうか．

　また，被災地のセンターで，「ガールズプロジェクト」が立ち上がった．10代女子が少しでも前向きになれるようにと，キラキラしたかわいい小物をプレゼントする取り組みである．市内の大学・専門学校の女子学生からボランティアを募集した．活動を通して，10代女子が女子学生と話し，諦めていた進学をめざすことにしたという悩みの相談をすることもあった．このプロジェクトを通して，新たな連携が始まることへの期待がある．

　相談事業を通して把握される，女性たちが直面しているこうした問題を施策に還元・反映していくことも，センター相談事業の重要な役割である．

(5) 新しい動きとこれから

　震災以外の新しい動きとして，若い世代へのアプローチがある．社会問題となっている若年女性の貧困，デートDVの問題などが顕在化しており，若年者が相談につながりにくい状況をなんとか打開し，相談を通して若年者の抱える問題を共に考えてゆけるようにしていくことは，緊急を要する課題だと思われる．

　非正規雇用とシングルマザーの経済的困窮が世代間で連鎖することで生じる，若年女性の貧困問題も，ようやく社会の中でも取り上げられ始めた．さらに，若い女性を対象とした就業支援講座を相談事業と関連させて実施し事業化する取り組みが始まっている．

　デートDVでは，相談者は母親や学校の教員が多く，若年者への直接支援が進まないのが現状である．そこで，日頃，利用が少ない若者に向けた「デートDVの出前講座」を実施するところも多くなっている．DVの啓発を予防する観点から，中学校，高校，専門学校，大学に出向き，講演やワークショップを通して若い人たちに自分の身近な問題として考えてもらう取り組みが行われている．

4 相談事業の充実に向けて

(1) 相談員の非正規雇用問題

内閣府男女共同参画局が2008年に全国の男女共同参画センター等284施設を対象に実施した「男女共同参画センター等の職員に関するアンケート」によると，回答した201施設の職員計1530人中1176人（76.9％）が女性である．そしてそれら女性職員の49.2％が非正規職員（男性職員では18.1％），47.4％がパート職員である（男性職員では18.9％）［内閣府男女共同参画局 2008：1-2］.

表4-1は，第1節で引用した「男女共同参画センターの現状に関する調査」［内閣府男女共同参画局 2010a：54］によるもので，正規職員，非正規職員を合わせた相談員の人数を表している．かなりばらつきがあるが，0～2人を合わせると29.7％となり，3割は少ない人数で行われていることがわかる．

本来，相談員は内容面からみてかなり重要な業務を行う専門職である．「相談員は，相談者の代弁者ではなく，相談事業の主体として，相談という行為を通じて社会のありようを読み解く主体として，社会システムの変更を迫る主体として存在する」［桜井 2014：11］のである．しかし，個別相談ができ，相談員としてのキャリアを積んでも，相談室を統括し組織運営に携われる立場は与えられていない．この状況が，相談事業の意思決定に参加することができず，女性相談からみえてくる課題を丁寧にすくい取り，政策へフィードバックしていくことを困難にしている．

(2) 相談システムの構築

組織として相談事業をしているという認識を相談員がもつには，個々の相談を支えるシステムの構築は不可欠である．それには，相談の受理会議，困難な

表4-1 常設の相談窓口があるセンターでの相談員の人数（合計％）

相談員数	0人	1人	2人	3人	4人	5～9人	10人以上
割合	3.0％	14.1％	12.6％	15.2％	12.6％	20.7％	20.7％

（出所）　内閣府男女共同参画局［2010a］「男女共同参画センターの現状に関する調査」図表4-10より作成．

ケースなどの援助方針の検討会議，相談に携わっていない管理職も参加した会議などが必要になる．このようなとき，管理職を交えた会議の中で，相談内容から見えてくる女性問題を共有することは相談事業の継続と改善の観点から意義がある．

　また，相談員によって対応が異なるのではなく，相談内容の質を同じように保って継続するには，相談員の研修が必要である．新人研修だけでなく，施設独自の研修プログラムがあるのが望ましいが，少なくともスーパービジョンと定期的な外部研修への参加を促進していく．さらに，研修は単に個人の相談スキルをアップさせるためのものではなく，相談事業を組織としてどうとらえるかといった視点を確認していくのが望ましい．

　個人でなく組織として責任を担うことが認識されることで，相談員の孤立や，独りよがりになりがちな相談内容を回避することができる．また，自治体によっては，相談員の勤務年数の制限を設けているところもある．研修を重ねキャリアを積んだ相談員が，継続して充分に力を発揮できるような労務管理の見直しも研修と併せて必要である．

　前述した「男女共同参画センターの現状に関する調査」で，「相談員のためのマニュアルがないと回答した施設が62.1％」あった．マニュアルは，相談事業のあり方，事業としてすることの範囲・概略が書かれている．相談員同士が相談内容について検討や確認をし，組織として対応していくために，また，非正規雇用の相談員が1人の体制の場合は，職員や管理職との情報共有のためにもマニュアルの作成は必要である．

(3) **男女共同参画センターの横のつながり**

　男女共同参画センターには目的や業務を規定する根拠法がなく，それに関連する措置権等の権限もない．DV防止法による配偶者暴力支援センター，売春防止法とDV防止法によって規定される婦人相談所，児童福祉法によって規定される児童相談所と異なり，どのような事業を実施するかは設置主体である自治体に任されるため，設置者の意向に左右されやすい問題をはらんでいる．たとえば，男女共同参画センターの廃止を検討したり，相談事業だけは残し公民館や本庁内に相談室を置く案をもつ自治体もある．しかし，センターの中で

ほかの事業と有機的につながっているからこそ，男女共同参画センターの相談事業といえるのであり，そうでなければ，本来の女性相談は成立しない．

　東日本大震災では，相談事業が最初に立ちあがり，他の機関との連携・協力のもと，広がりのある支援への展開がみられた．平時にできていないことは災害時にもできないと言われるとおり，平素から，地域社会における女性のエンパワーメント支援のネットワークを組織として構築していたからこそできたことである．

　先駆的実践をしているセンターが蓄積したものを，相談員同士のネットワークをつくり共有していく取り組みも始まっている．平成20年10月，名古屋市男女平等参画推進センター相談事業5周年記念のシンポジウムで，東海地区「男女共同参画を進める相談事業研究会」が立ち上がった．4つの東海地区の男女共同参画センターがコアになり，相談スキルを学ぶための研修ではなく，「相談のシステム構築」「相談の可視化」「事業展開に関する検討」を行うことを目的としている．平成25年には，全国女性会館協議会全国大会の分科会で実践報告を行い，その後も継続して取り組んでいる．

　このような取り組みが全てのセンターでできているわけではない．たとえば，周りのセンターに見習って形式を整え，規模は小さく地元の女性相談員を非常勤で雇用するところや，行政の職員が兼任で担当するところもあった．しかし，研究会を立ち上げてより改善した本格的なものをめざし，正規職員として相談員を雇用し，研修などにより人材の育成を行うところもある．

　今後，先駆的取り組みのセンターだけがいくつか残るのでは意味がないと思われる．全国にある男女共同参画センター328施設が，地域の中で必要だと思われて事業を継続し，各地域にある男女共同参画センターで相談事業が行われ，地域の課題を解決していくことが大切である．［桜井 2014：1-11］

　男女共同参画センター同士の横のつながりを密にして，蓄積された経験や情報を，全国のセンターにどうやって伝えるかと考え，各地のセンターは，ほかの地域と協力して学びつつこれまで以上に力を出していく取り組みが必要とされる．男女共同参画センターの横のつながりをつくれるネットワークの構築を図っていくことが，今後必要である．

5 「見える」化した評価

男女共同参画センター相談事業の評価は，単に「事業が効率的に実施されているか」といった業績測定型の進捗管理では充分とはいえない．個別事例に配慮した定性的評価を取り入れ，自立支援に向けた取り組みを「見える」化することで，総合的に評価していく必要がある．

(1) 評価の指標

相談事業の評価指標として，年度ごとの「相談件数の総数」及び「相談内容の分類ごとの相談件数」は，自治体への報告のために必要とされ多くの施設で行われている．しかし，これだけが評価指標では不十分であると思われる．

内藤・高橋・山谷［2014］による「男女共同参画政策の推進に向けた評価に関する調査研究」の中から，相談事業に関連のある評価指標を拾上げると，「継続してDV相談を受ける人数」「母子家庭等の経済的自立を促進するための相談や支援情報提供を行い就労・転職した人数」「DV防止法の認知度」「相談，一時保護，自立支援に関する情報提供のためのマニュアルの作成・改訂回数」等がある．

事業次元の政策指標たりうるものもあるが，「庁内調査の成熟・蓄積がなければ採用し得ない指標」であるとしながらも，「指標自体の妥当性・信頼性においても指標の運用の精緻さにおいてもいまだ課題が多い」［内藤・高橋・山谷 2014：26-29］と考察されている．

ほかにも，この調査研究の中から有用と思われる指標は散見されるが，評価指標として数量化し，客観的方法であるかどうかなど課題は大きい．

相談事業は，日々の個別相談の実践だけでもかなりの仕事量である．その中で，それほど負担が大きくなく役立てていけると思われ，客観的指標となり得るものもある．

まず，ほかの事業と連携して実施できたかどうかを評価指標にすることはできる．たとえば，離婚の相談においては，「法律相談の紹介件数」「関連のある講座への参加人数」相談に来所した折に「情報ライブラリーの活用回数」とい

った追跡調査を，何回か面接相談を行う場合には実施することが可能である．

相談の質を上げるための指標としては，相談員の研修がある．「相談員の研修の実施回数」と「研修内容についての記述」「スーパービジョンの実施回数」等は指標となり得る．

また，相談のシステムが構築されているかどうかの観点から，相談に直接携わっていない「管理職が参加した会議の開催回数」「困難なケースの受理会議の回数」も指標に適する．さらに，他機関との連携の面では，連携先及び連携した回数も指標となり得ると思われる．

(2) 可視化への取り組み

守秘義務があり，相談の個別事例について報告することはできないが，1人ひとりがエンパワーメントされていった過程を可視化することは可能だと思われる．

個人情報に配慮し特定されないように，いくつかの事例を組み合わせ項目ごとに記述形式で作成したうえで，評価指標となり得る項目を設定し自立支援の過程を記述し，事業報告書としてまとめる．1人ひとりの相談はそれぞれ違っているが，抱えている問題が同じような事例はあり，相談を通してどのようにエンパワーメントしていったのか，どのようにほかの関連機関との連携ができたかを定性的評価として可視化することは可能である．

たとえば，「相談概要」「対応」「活用した地域資源」「結果」など，支援の経過が解るように順序立てて項目を設定する．そうすることで，相談を通してエンパワーメントしていく過程を定性的に評価することができ，アウトカムにまで踏み込んだ評価が可能となる．

さらに，東海地区「男女共同参画をすすめる相談事業」研究会での相談の可視化をさらに進めて，「どういうことを進めたのか実践を項目化して統計という形で数量的に見えると説得力が高まる．実践と統計の整合性が必要」［土井良 2009：34］であるとして，「実践の数量化」が提案されている．相談の可視化の過程で，定性的評価と併せて数量化することで，説得力が高まると思われる．

個別支援（個別相談）に加え，グループ支援，他機関との連携，施策へのフ

ィードバックにも，それぞれ項目を立てて数量化し，完結にまとめた形式で作成して可視化することが大切だと思われる．たとえば，「サポートグループ実施件数」「講座との連携回数」などの項目を設定することで，比較的数量化しやすくなる．

　これらのことを確実に実践していくためには，年度ごとまたは長期的な相談事業の課題を明確にしたうえで，事業報告書等としてまとめていくことが望ましい．女性の人権，暴力への対応など新たな問題に対応していくには，男女共同参画センターの相談事業として可視化していくことが必要である．

おわりに

　可視化された相談事業として新しい試みにのっとった評価を行った後に，再度，個別の相談に立ち帰る必要がある．1人の相談者の背後に相談に来られない人，同じような悩みを抱えた人が数多くいるという事実を忘れてはならない．そのうえで，相談員には，目の前にいる人を支援することで得られる充足感で終わらせることなく，相談事業が社会の中で持つ役割を常に意識して実践していくことが大事である．

　相談事業の評価は，個別相談と広がりのある男女共同参画センターの相談事業であるという両面を理解して，丁寧に行わねばならない．エンパワーメントの観点からのアウトカム，センターのシステム構築，センター内外の事業や団体との協働など，評価における視点の切り口は多い．これらを偏ることなく見ながら，よりよい事業をめざしてセンター相談事業を継続していくために，信頼性のある評価を有効に活用することが望まれる．

第5章

男女共同参画政策に関わる評価の諸問題

はじめに

　男女共同参画社会基本法が1999年に成立し，地方自治体の責務が9条に明記されている（以下，本章では法令上の引用を除き都道府県，市区町村を「地方自治体」と呼ぶ）．「第九条　地方公共団体は，基本理念にのっとり，男女共同参画社会の形成の促進に関し，国の施策に準じた施策及びその他のその地方公共団体の区域の特性に応じた施策を策定し，及び実施する責務を有する」．

　ほぼ同時期に日本各地の地方自治体では三重県や静岡県，岩手県，秋田県，北海道などから評価ブームがわき上がり（政策評価あるいは行政評価），はからずも男女共同参画政策と評価は流行のトピックとして普及していった．ただし，内閣府の男女共同参画会議の専門調査会，一部の地方自治体，そして日本評価学会のごく限られたサークルをのぞき，自治体評価と男女共同参画政策を同じアジェンダで論じることはなかった．

　このような中で地方自治体の男女共同参画政策をめぐる評価には，当事者でなければ気づかない多くの課題が出現した．問題事例や疑問視すべき活動が多いのである．すなわち，男女共同参画「政策」を評価する方法の無知，評価手法の選択ミス，行政評価担当課や男女共同参画政策担当課がまちがった評価方法を指定管理者のNPOに押しつける，結果として役に立たない評価が増加した．その中で評価をさせられる人々（とくに指定管理者のNPO）に徒労感が蔓延したのである．

　さらに，この問題状況に事業仕分けや公開レビュー・公開ヒアリングが加わ

表5-1 アカウンタビリティの種類と判断規準，追及方法

種類	判断規準	追及方法
法的アカウンタビリティ	合法性，合規性	裁判
行政のアカウンタビリティ	手続き遵守，円滑さ	行政監察，監査
マネジメントのアカウンタビリティ	効率，節約	業績測定，新公共経営手法の導入
専門のアカウンタビリティ	専門能力による有効性	ピア・レビュー，専門資格
政策のアカウンタビリティ	有効性，政策課題解決	プログラム評価，政策パフォーマンス測定
政治のアカウンタビリティ	民意，公平性	選挙，住民投票，リコール

(出所) 筆者作成．

り，指定管理者制度も対象にされた．たとえばリーマンショック後，トヨタをはじめ県内企業の業績悪化で膨大な税収が消えた愛知県では，2011年から「行政改革の推進に向けた外部有識者による公開ヒアリング」を実施しており，2013年10月25日には県の女性総合センターを対象に取り上げた．ヒアリングでは入場者数，ホール・和室・宿泊施設などの利用者満足アンケート，図書の貸出冊数，自主事業（クラシックコンサート・情報ライブラリーセミナー）への参加者数，800人ホールの稼働率など，主にアウトプット指標が議論になった．しかし，それだけで女性総合センターの活動実態が分かるわけではない．男女共同参画社会基本法9条の「施策を策定，実施する責務」を果たしているかどうかが判断できないからである．それにもかかわらずアウトプットの数字に誘導され，施策が本来狙うべき成果が出ているかどうか，判断しなくなっている．そこで，評価の議論と密接に関わるアカウンタビリティの議論を想起すべきであろう（表5-1を参照）．

すなわち，男女共同参画政策の実施に当たることになっている地方自治体は，まず第1に男女共同参画社会基本法の理念に立ち返り，「政策のアカウンタビリティ」を達成するべきで，そのために政策評価がある．しかし現実には前記のようにアウトプット指標や効率を取り上げマネジメントのアカウンタビリティに拘泥する．ここに再度，評価から問題を考え直す必要があるだろう．

そもそも評価とは，さまざまな判断をする政策決定者が，その判断に必要な情報を入手するために用いるインテリジェンス・ツールである．この場合の情

報とは,単なる生データやアウトプットの数字だけではなく,入手したデータや数字を一定の目的に従って分類・分析・比較して,整理し,判断に役立つように洗練するツールである.そうであるとすれば,男女共同参画「政策」の視点を活かす評価とはどのようなものであろう.

1　3種類の評価

(1)　評価理論とその応用

評価 (evaluation) が応用社会科学な専門分野の研究として成立し,「評価学」を名乗るまでには大きな問題が存在した.それは日常用語としての「評価」に「学」が付いたため,一般の人々が分かった気になっていたが,しかし実際には何の学問か全く理解していない状況が続いた問題である.その結果として,日本ではいたるところに評価「らしきもの」が存在し,実践されている.たとえば教育や医療,福祉,道路,学校,大学,病院,ホテル,レストランで毎日のように「評価」(実はアンケート)が行われ,そのため日本人は評価についてよく知っている気になっている.しかし,多くの日本人は評価と測定 (measurement) の区別がつかず,比較も評価だと思い,ランキングに一喜一憂し,あるいはシートに書き込む作業や長文を書き連ねた作文を評価だと勘違いしている.

正確に言えば「評価」とは,以下の一連の作業からなる活動プロセスのことである.

① 評価結果を報告する対象の確認:誰に報告するか.
② 評価対象の選定:政策,施策(プログラム),事業(プロジェクト),組織や個人の活動実績などから評価対象を選ぶ.
③ 評価規準 (criteria) の設定:有効性,効率性,目標達成,場合によっては持続可能性(自立可能性).なお,コストカットやコンプライアンスは評価規準ではなくチェック項目であり,したがって 'PDCA' の「C」は評価ではなくチェックなのである.
④ 評価スケジュールの決定:予算に使いたいのであれば毎年評価する.

他方，施策効果を知りたければ効果が発現する一定の期間（3～5年程度）が必要になる．また，中長期的な影響を知りたいなら10年後の経過を見るべきであろう．

⑤ 評価手法の選択：経済的手法や非経済的手法，アンケートやフィールド調査，顧客が満足したかどうかの面接調査など．なお，法律「行政機関が行う政策の評価に関する法律」(2001年，以下「政策評価法」と言う）で定めた政策評価には3つの評価方式があり，それに対応する評価方法がある．すなわち，総合評価（プログラム評価），実績評価（パフォーマンス測定），事業評価（プロジェクト分析）である．

⑥ 数値データや定性的情報の収集，分析，整理，関連施策や類似施設との比較．

⑦ 分析や情報の整理結果の開示手段，報告方法の決定．評価書や評価シートの簡便方式，論文形式．情報公開とインターネットの普及は，この点で政策評価に大きな貢献をした．

⑧ 評価報告書の出来・不出来，正確さを判断する仕組みの決定．評価の進め方を一定の視点でチェックするメタ評価，外部評価，専門家のチェック．どのようなアカウンタビリティを求めているかを考慮した評価を実施しているかどうか．

　これらの実践的な課題を取り上げ，議論する場としてアメリカでは評価学会が作られ，発展してきた．また国際的にも評価学会が設立されている．なお，重要なことであるが，これらの8ステップはアカウンタビリティを考える際の基本的プロセスであり，誰がどのような場で，何について，いつ，誰に，どうやって説明するのかをめぐり，アカウンタビリティの責任問題として議論される．

(2) 評価学とその研究対象

　評価に関して研究者と実務家が共に議論する場に評価学会がある．とくにアメリカでは数十年の歴史があるが，それは「評価」が日本でわれわれが想像する以上に大きなビジネスになっているからである．たとえば1986年に2つの学

会，Evaluation Network と Evaluation Research Society が合併して誕生した専門学会 The American Evaluation Association は，2014年現在60カ国以上で7700人以上のメンバーを数えている．中央や地方の政府，国際機関が大きな評価マーケットを作り出しているため，評価学会は単なる理論研究の場ではなく，実務上のエキスパタイズを磨く場になって，日本で想像する以上に広がりを持っているのである．

その日本でも評価学会が2000年9月25日に，学（ディシプリン）と実務（プロフェッション）の融合，国際主義，学際主義を掲げて設立されている．多様な研究者や実務家が参加し，政策評価，行政評価，ODA評価，地方自治体の各種評価，ジェンダー政策の評価，各省省の評価実務，総務省行政評価局が行う各種評価，独立行政法人評価，学校評価，大学評価，保健医療プログラム評価など多くの分野に積極的に取り組んでいる．また2008年から評価士養成講座を主催しており，評価技術の普及だけでなく，国家公務員，地方公務員，独立行政法人職員，NPOメンバー，大学職員などに専門家を増やすべく，育成に努めている．

この日本でも学校評価や病院評価，あるいは独立行政法人評価などさまざまな評価があるが，日本の評価活動でもっとも一般的なものは毎年，国の府省が「政策評価法」に基づいて実施している政策評価である．ただし，一般にイメージされる「政策」の「評価」とは違って，かなり限定的に考えられている．特徴は府省が行う政策の評価であり，それは府省の自己評価が基本だからである．

政策評価には前述のように3種類の評価方式（evaluation models）があり，それぞれに適切な方法がセットになっている．1つは事業評価であり，これは事前評価（アセスメント）と事後評価に別れる．手法として費用便益分析や産業連関分析などの経済的手法だけを用いていると思われるが，それはごく限られている．大半は，政策目的を達成する手段として実施される事業の評価，と考えるのが一般的である．担当課がシートに記入した事項を見て事業が政策目的に適合しているのかどうか，目的達成の可能性があるかどうか，事業に反対する地域住民の有無，効率的な事業遂行の保証などを議論することが多い．

この事業評価が普及する中で出てきたのが地方自治体の事務事業評価であり

「行政評価」という場合が多く，行政活動の現状を，設定した指標に照らして判断する簡易版評価である．政策体系（総合計画）の中に落とし込んだ事業と行政活動一般（事務・業務）とを合わせ「事務事業」と呼び，評価対象にしている．その手法は事業目標に指標，目標値をつけて事後的にその達成度を測定するものなので，後述する実績評価に近くなる．なお，この事務事業は行政組織においては予算の単位であり，この事務事業を見ることは予算編成作業と関連させた経費削減，事務効率の向上には便利であり，政策的視点を持っていない地上自治体でも多用される．その方法は公務員が慣れ親しんだシート記入に共通化され，字数やスペースは省略している．良く言えば簡便化，悪く言えば手抜きになっており，評価理論とは無関係なものが多い．このシートは事業仕分けや行政事業レビューに使われることも多い．

　政策評価の2つめの方式である実績評価は，事前に決めた目標達成度指標の測定である．理論上はかなり厳格に考えられているが，行政の現場では回数，人数，件数，金額（維持管理費用）などで代用する例が多く見られる．要するに，行政がその予算であがなった人やサービスの活動実態の数値化，そして「予算取り」の際に説明した想定上の効果と現実にでた実績数字のギャップを見る活動なのである．アウトカム指標を使う立派なものから，行政活動の実態を説明するだけの簡易方式まで質的に幅がある．ただ，健康診断で出てくる数字のように，組織活動の健全さを知る手がかり，目処として使えば，それなりに有用性は高い．

　政策評価の第3の方式である総合評価は，もともと政策体系評価やプログラム評価と呼ばれる活動であり，政策目標の達成状況を確認する調査活動として知られていた．達成したかどうかを判断する規準は問題解決の有効性である．実務では（後述する図5-2に見る）「政策（policy）―施策（program）―事業（project）」の活動体系を念頭に置いた現場調査をすることになる．この総合評価は現場で政策と事業群の組み合わせデザインを確認し，政策実施プロセスの実情を見ることが重要なので，総務や財務会計担当者が本部の机上だけでできるものではないし，また専門家（医療政策の医師，教育政策の教師，ソーシャルワーカー）の支援も必要になる．手間と時間がかかる評価なので，敬遠されることも多い．

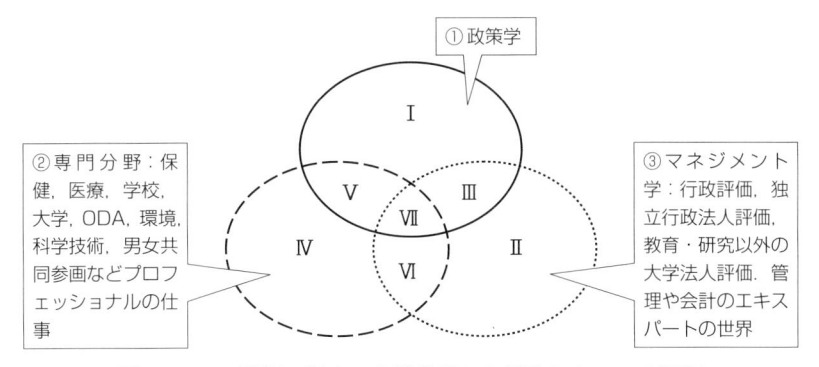

第5章 男女共同参画政策に関わる評価の諸問題   77

図5-1　3種類の研究・実践分野から派生した7つの評価

(出所) 筆者作成.

(3) 政策・計画の評価

　国や地方自治体にはさまざまな計画が存在する．たとえば，男女共同参画社会基本法が成立した後に作られた男女共同参画計画がその代表であり，府県では「総合計画」に対してこうした男女共同参画関連の計画は個別計画とも呼ばれる．たとえば愛知県庁の例では「あいち男女共同参画プラン2011-2015」，「あいち地域安全戦略2015」，「第2次あいち地震防災対策アクションプラン」，「あいち健康福祉ビジョン」，「食と緑の基本計画2015」など数多い．こうした基本計画，総合計画，そして政策を評価するのが図5-1で言えば「Ⅰ」の政策評価である．

　図5-1のⅠで注意すべきなのは，市町村については地方自治法が2011年の改正で総合計画の策定義務を廃止したことである（都道府県については以前から策定義務はない）．都道府県や市区町村の総合計画，基本計画が抽象的で行動指針としては機能せず，また事後的な評価になじまないため，愛知県庁のように策定を止め「政策指針2010-2015」に代えた県もある．総合評価型の政策評価に使おうとした総合計画の根拠がなくなったのであり，政策評価が形骸化したり，消滅したりする状況を促した．なぜなら，いわゆる政策評価（Policy evaluation）とは，こうした計画や政策を対象に評価を行うものだからであり，基本は調査（research）だからである．もっとも，政策や計画の評価を行うためには，後述する前提作業が不可欠で，この前提作業を欠いた評価活動は役にた

たず無意味である．

　その無意味さに気づいた結果選択されるのが測定偏重の「行政管理型政策評価」で，「目標による管理」（MBO: Management by Objectives）を真似た活動に，業績測定（performance measurement）を組み合わせて実施することになる．これは図5-1の「Ⅲ」にあたる．その結果，次のマネジメント評価・管理型評価と見分けが付かなくなってしまう．ただし，Ⅱのマネジメント評価・管理評価が予算執行の結果発生する直接活動のアウトプット中心になるのに対して，この行政管理型評価（Ⅲ）は，アウトカム志向であるところが違う．もっとも最近Ⅱにおいてもアウトプット測定をアウトカム測定に代えるので，事実上ⅡとⅢの区別がつかず，地方自治体の行政評価の多くがこうした状況になっている．また，国の府省の場合でも民主党政権時代の2010年に「目標管理型」政策評価が強調され，2012年に全府省に導入された．ここでは施策レベル全般の実績評価が主流である（Ⅲ）．他方，2013年からは行政事業レビューとの連携をはかり，事業は行政事業レビュー（Ⅱ），施策は政策評価（目標管理型のⅢ）とすみ分けることになった．それは，マネジメント評価への接近ととらえるべきかも知れない．

(4)　マネジメント評価としての管理評価

　ここで言うマネジメント評価とは図5-1で言えば「Ⅱ」にあたり，行政機関や公的組織（独立行政法人・公営企業・実施庁）がその組織を管理するために使うために行う内部「評価」である．管理評価とも呼ばれ，官房や総務の管理部門が好むこの評価を用いたマネジメント方法を1970年代にはマネジメント・レビューと呼んだこともあるが，1980年代のサッチャー改革における 'performance indicator' 測定の導入をきっかけに，1990年代の 'benchmarks' への注目，同じ1990年代の新公共経営（NPM: New Public Management）とアメリカの 'Re-inventing government' の運動を経て，日本でも業績測定・実績評価と呼ばれる 'performance measurement'，そしてこれを使った管理 'performance management' が実務で使われるようになった．なお，日本の地方自治体でこの種の評価（実は測定）は行政評価や事務事業評価として定着するが，それらは結果的には昔流行した「目標による管理」（MBO）に似たマネジメン

ト・スキルになっている.

　このようにマネジメント評価についてはさまざまなバリエーションがあるが,その対象はほぼ一貫している.予算の単位である事務事業を所管する課を単位にした活動である.したがって課の活動実績,活動コスト,人員を対象にするため「組織評価」と考えて良い.注意が必要なのは,政策やプログラムの成果を見た管理,プログラム目標達成度(アウトカム)測定を通じて行う政策やプログラムの実施プロセスの進捗管理とは違うことである.Ⅱが組織活動の稼働率を知りたいのに対し,Ⅲはこの組織活動の結果として生じる施策や事業の目標達成実績が対象になる.男女共同参画施設で開催したDV関連の講演会を聴いた人が利用した保育施設利用者数,パワハラ・セクハラを受けて苦情相談コーナーを訪ねた人が解決の糸口をつかんだ件数,場合によっては相談者がエンパワーメントを受けて自らカウンセラーになった場合などがその典型である.ただし,Ⅲの活動の実績は,政策が指示する方向に関わる活動の実績に限定されるので,たとえば男女共同参画施設に設置した飲料自動販売機の売り上げは無関係で,貸し館営業を始めた男女共同参画施設を利用する企業が増えてもⅢにはならない.

　組織管理から派生する組織評価,管理評価,マネジメント評価については財務管理や管理会計を援用したアプローチ［加登 1999］があり,政策についてはこの財務管理,管理会計を発展させた「政策会計」［柴・宗岡・鵜飼 2007］アプローチが存在する.ここでは政治学から政策を研究するグループ(たとえばPolicy Studies Organization)内で常識になっていた'plan 〜 do 〜 see'ではなく,'plan 〜 do 〜 check 〜 action'のPDCAサイクルを強調するが,この場合明らかに会計学を意識している点は注意すべきであろう.したがって,日本の地方自治体が政策評価を導入し,やがてそれを行政評価と呼び,また経営評価に名称変更する地方自治体が出て,さらに評価結果を予算編成に反映させる公会計制度を展望するのは,こうした会計制度に接近したからであり,予算と決算を重視する行政組織としてみれば合理的な展開である.もちろんねらいはチェックであるので,項目チェック,数字のチェック,達成度のチェックのような使い方になるが,その視点は評価(evaluation)というよりはむしろ監査(audit)で使われる視点である.この数字でチェックする発想は,「合理的な分析によ

って課題を解決するよりは，数字によって問題をマネジメントする」姿勢につながっていく［Parsons 2007：550］．

　公会計の導入は図5-1の「Ⅱ」を純化した形としてイメージされるが，この純化の作業は現場でのニーズ，必要性がきっかけになっている（施設の老朽化と建て替えやランニングコストの考慮，第三セクターや公営企業の経営悪化，人件費，退職金など）．そして，この形を進めていくと，行政コストの重視，貸借対照表の活用，複式簿記の採用が検討課題にあがってくる．したがってそこでの評価（測定）とその関連作業は，行政機関本体と種類が違う独立行政法人評価，公営企業の評価，実施庁評価（気象庁や海上保安庁，特許庁などで行われる評価）に似てくるため，区別が不可能である．すなわち，すべて財務諸表と業務実績報告を見ることによって人員・人件費・物件費の削減，保有資産の見直し，役職員の給与水準の見直し，業務最適化計画の立案と定期的見直しなどが行われる．これはあらゆる組織に共通し汎用性が高いので，似てくるのである．

　なお一時期注目を浴びた手法に，ベンチマーク（benchmarks）がある．これを採用する地方自治体においては，すべての活動（operations）の業績（performance）を作業量，効率，有効性，生産性の4つのメジャー（尺度）で測定する．すなわち，作業量（workload）とは提供したサービス回数，たとえば議会事務局が作成した議事録の数，公園に植えた樹木数，住民税未納者を徴税担当者が訪問した回数や件数などで表す．効率（efficiency）は遂行した作業とそのコストの比で，時にはユニット・コストとして表現できる．有効性（effectiveness）はベンチマークでは若干狭く解釈し，業績目標の達成度とその質，たとえば「期日内に提出された議事録数」や「議会で修正なく承認された議事録の数」であらわす．生産性（productivity）は効率と有効性の組み合わせで理解する．たとえば「1時間内で修復された水道メーター数のうちで適正に修復されたメーターの割合」のような例が考えられるが，ここには誤った修復に要したコストも考慮に入れる［Ammons 1996：11-12］．またベンチマークは一国内の地方自治体だけで用いられるわけではない．国連開発計画（UNDP）のミレニアム開発目標はその代表である．

(5) 専門分野の評価

　政策の背景にある専門分野の視点で行う評価も存在する．図5-1のⅣにあたるのが専門評価であり，この場合の専門とは医療政策であれば医学，社会福祉政策であれば社会福祉学，教育政策なら教育学であり，当然その実践に携わる医師・看護師・保健師・社会福祉士・介護福祉士・精神保健福祉士をはじめとする各種の専門資格を持つ人々が第1の評価担当者である．その中で専門評価のサブ・ディシプリンとして確立しているのが教育学における教育評価論である［梶田 1992］．あるいは，日本評価学会が主催する評価士制度の「専門評価士（Certified Specialty Evaluator）」が相当する．

　他方，特定の研究やディシプリンの中からではなく，実践の中から専門評価が生まれてくることも少なくない．その代表は社会福祉の実践とその研究の領域で既に見られる［鉄道弘済会編 1983］．また，2003年に地方自治制度の改正によって導入された指定管理者制度の中でも，とくに男女共同参画政策分野における施設・センターの指定管理者から専門評価の実践が出てきた．ここでは，公務員ではない「素人」のNPOのメンバーが指定管理者になり，継続して管理業務・自主事業を続けた結果，自らエンパワーメントとスキルアップを重ね専門知識を蓄積する(エキスパタイズ)ことが多い．またこのプロセスにおいて各種の資格を取得し，あるいは大学院で学位（修士のみならず博士）を取得することもある．そのような人々が行う評価も，この専門家評価の範疇に含めてよいだろう．さらに指定管理者やNPOの中には，日本評価学会が認定している評価士の資格を取得した人々もおり，これらの人々も「評価」の専門家(エキスパート)と見なされる（たとえば特定非営利活動法人・参画プラネットがその代表である）．なお，この専門性に注目されて都道府県や政令市，あるいは国の内閣府の男女共同参画政策に関する有識者会議，専門委員会などのメンバーに招かれることも多い．

　ところで，従来の政策評価や行政評価の領域の外にあったが，独立行政法人制度とその評価の導入によって注目されたのが国公立病院の医療に関する評価である．図5-1のⅤがこの部分にあたる．たとえば首長が提示する独立行政法人の中期目標は一種の政策として考えられその評価はⅤであるが，その具体的内容の年度計画における医療に関わる部分（感染症医療や高度専門医療の充実）に関する評価は，明らかに専門評価のⅥである．おなじことは男女共同参画政

策関連施設内にも存在する．生活・健康・心の相談事業，「経済的困難な女性のための就労応援講座」，「女性のライフプランニング支援総合推進事業」，「DV 被害者のための暮らし復興プロジェクト」，地方自治体と NPO の協働による男女共同参画プラン策定，その後の評価は，実は専門的知見と現場経験がなければ機能しない．

　なお，専門評価は同業の外部の専門家集団，学会の存在を常に意識する点で，内部志向のマネジリアリズムの管理評価と違っている．エキスパートが，その所属する組織の論理よりは専門知を優先すべきだとの態度を持つためである．

(6) 数字の意味

　ところで，政策の実態，行政活動の実際を見て評価するためには，政策や行政活動の種類，多様性に応じてさまざまな評価とその運用スタイルを考えるべきであるが，しかし，日本では業績評価や実績評価と呼ばれるパフォーマンス測定型への収斂が2010年頃から始まってきた．専門的知見に乏しい素人や，時間がない政治家に見せるには数字が分かりやすいと実務家が考えたからである．その結果として図 5 - 1 の「Ⅶ」に見るように，全体を統括する視点での評価が，「測定」の数字をふまえたランキングの形に変化している．すなわち，数字で実態を表現する傾向，それを順番に並べてみせる傾向が強まっているのである．順序，比例・比較，回数・感覚（好感を持つ人の数）などの数字や数量で現実や実際を説明するのが便利だと言うのが理由である．

　もちろん，予算要求の際に査定側を説得する材料としては数字が有効であるという長年の経験があり，ジェネラリスト行政官が専門実務に詳しくない上司や大臣，首長に事業や政策を説明するには数字が分かりやすい側面もある．ただし，数字は現実を他者に伝える方法の「1 つ」であることを忘れてはならない．「東京ドーム 1 個分」の表現で体積124万 m^3，面積 4 万6755 m^2 を言い表すことが多いけれども，それはよりリアルなイメージを聞き手にもたせる工夫である．そして「東京ドーム 1 個分」が評価で意味を持つためには，大きい方が良い，面積は広い方が良いという価値前提がその尺度を採用する前に共有されていなければならない．ただ，この価値前提は時として対立する場面が多い．予算要求をする側は金額を多くしたいし，それを査定する方はできる限り削り

表5-2　7つの評価の体制と手法

		評価担当者	手　法
Ⅰ	政策評価	政策評価担当課，企画課，政策課．	測定，調査．総合評価．
Ⅱ	管理評価，行政評価	財政課，会計課，総務課．	測定，照合，監査．
Ⅲ	行政管理型政策評価	官房総務課，総務部総務課．	実績評価．
Ⅳ	専門評価	専門家，専門職，技術職．	ピア・レビュー，学会の指針
Ⅴ	プログラム評価	専門家と政策課．	調査．
Ⅵ	業務実績測定	本省・本庁の評価担当課，独立行政法人や指定管理者NPOの評価担当者．	業績測定．
Ⅶ	総合チェック	評価担当課．企画課，政策課の課長．首長，大臣．	performance indicatorの活用．

（注）　表5-2のローマ数字は図5-1のローマ数字に該当する．
（出所）　筆者作成．

たい．しかしどちらも同じ府省や自治体の公務員である．地方独立行政法人化した公立病院は経営を黒字にするために，高額医療の難しい病気の患者に来てもらいたいが，住民サイドからすれば難しい病気には罹らない方が良いに決まっている．このような場面で，どのような数字を出すのか，どんなレベルまで数字を達成したいのか，そもそもそうした尺度をなぜ出してきたのかは，明らかに価値観の問題である．しかし，行政の現場で数字の議論になる時に，こうした価値前提の話が出ることは少ない．なお，東京ドームを実際に見たこともない人にとって，このドームを使うたとえは現実感がなく，また124万 m^3 はリアルさに欠ける数字である．

　それでは，どうして数字を重視するのであろうか．それはいくつかの理由による．第1に評価の現場には管理を担当する一般行政職の公務員，予算査定をする公務員，医師・教員などの専門家，サービスの受益者，納税者，上級官庁が混在するからである．そして，このすべての人に理解しやすいのは数字である．第2に予算査定や定員管理に使いたい，指定管理者の選定や業務委託をアウトプット数値と金銭で考えたいことも数字重視になっていく．第3に，一般住民やその代表の議員，そして首長は時間がないので評価報告書をじっくり読み込まない．一目で理解できる数字を好む傾向が強く，また報道機関もその数字を出すと記事を書きやすく，読者にアピールするので数字を求めたがる．学

力テストの都道府県別ランキングが，この愚の代表例である．第4に定性情報は収集のための調査，とりまとめ，報告書作成に時間とコスト（金）をとられるため，敬遠されることも数字に向かう条件になる．そこで，図5-1・表5-2のⅦにおいては数字で提出されるのである．

それでは無理な「数字」にとらわれずに政策，計画を評価するにはどのような方法・手順があるのだろうか．

2 「政策」評価の基本

(1) 評価をするための前提作業

広く一般的な意味で政策や計画を評価するためには，いくつか前提作業が必要である．

その第1は，「目的（end/object）＋指標（indicator）＝目標（goal）」の確認作業である．つまり単なる方向を示すだけの目的ではなく，その目的を実際にどの程度まで達成するか，これを明記した指標を付した目標の確認作業である．抽象的な目標は何を，どこまで実現・達成すれば良いのかよく分からないように書いてあるが，この指示が無いと現場は混乱する．安全，安心，健康，快適な生活などの抽象的な文言がその代表であろう．こうした文言を具体化し，時には翻訳する作業がまず必要になってくる．何を安全と考えるのか，どのような状態が安心と言えるのか，健康とはどんな状態なのか，快適な生活とは具体的にはどのような生活なのか，こうした問いを地域事情（過疎・人口密集地・高齢化社会・小都市に吸収合併された山村），気象条件（豪雪地帯・台風通過が多い），時代状況（バブル期・リーマンショック後），経済情勢（不景気・円安）などを考慮して，また対象になっている人々の気持ち（被災地・新幹線が来たため在来線が廃止された地域）に配慮した翻訳を行い，分かりやすく具体化する必要がある．これを 'operationalization' という．

第2に必要な前提作業は，何をターゲットにしているのか，その確認である．誰の，どんな問題を解決しようとしているのかを確認することであるが，この作業は難しい．外交や国防，あるいは経済政策のように具体的なターゲットを特定できない場合が少なくない．役所の独りよがりや作文，ターゲットの意図

的なすり替えは日常的に見られる事態である．特定の政策手段に固執するあまり，ターゲットを見失う恐れ，問題のすり替え，特定方向への歪曲も指摘される．客観性を求められる政策評価の難点である．

　第3に，必要な前提作業は期間，スケジュールの確認である．これには2つの確認事項がある．1つは政策そのものの寿命，もう1つは評価のタイミングである．前者は時間的な枠組みのことである．一般に政策には寿命が無いと言われるが，時限立法であることも少なくない．また法律の附則に3年経ったら見直すと文言が付いている場合がある．さらに独立行政法人の中期計画を反映した中期目標期間，あるいは指定管理者制度の受託から次の入札までの期間，第3次男女共同参画基本計画（2010年）における2020年までを見通した長期的な政策の方向性と2015年度末までに実施する具体的な施策，中期防衛力整備計画（平成26年度〜平成30年度）などの時間枠組みである．

　後者の評価のタイミングについて言えば，評価学の教科書では細かく決められている．形成型評価（formative evaluation）と呼ばれるのは，事前評価（assessment/analysis）や中間評価（monitor）を含む，政策形成プロセスにおいて行われる評価のことである．また総括型評価（summative evaluation）と呼ばれるのは政策の終了時に行う終了時評価（post-evaluation）や事後評価（outcome evaluation）を含む考え方であるが，さらに時間の幅を拡大して数年後から十年後にどのようなインパクトが社会に出てくるのかを調査する影響調査（impact evaluation）もある．

　しかし実務ではもっと単純な問いが出てくる．毎年評価や測定をするのか，それとも中期目標期間（5〜6年）終了後なのかの問いである．これによって評価の方法と対象は大きく違ってくる．毎年評価すると決めれば，府県のように1800〜2000以上の事務事業すべてに悉皆評価をするのか，それとも2〜3年に分けたサイクルで回すのか，あるいはサンプリング評価にすべきかの議論が出てくる．細かくて数も多い事務事業評価は対象にしないが施策評価は行うと逃げる場面も見られる．もっとも，政策を毎年評価することにどれだけの意味があるのか，疑問は多い．しかし本来，事後評価を想定していた政策評価（プログラム評価）にとってこの問題の答えは自明であった．すなわち，プログラムの成果（アウトカム）が出た時である．初等教育や医療であれば5年から10

年，外交であれば10年から30年が考えられる．そして，マネジメントを重視する評価であれば，毎年行う測定のイメージにならざるを得ないし，その評価対象は事業レベルのアウトプットが妥当である．行政機関がコントロールできる数字，予算に反映できる数字に限定されるからである．

なお，政策評価ではないが，独立行政法人の中期目標期間の最終年度は，当該年度の年度評価と中期目標期間終了時評価の準備，次期中期目標の作成と現行中期目標評価の結果反映といった作業に忙殺される．しかしこれは政策評価計画についても当然あり得る話で，この意味においてもスケジュールとタイミングは重要事項である．

第4の前提作業は，評価関係機関の確認である．これには3種類ある．評価をする機関（政策担当課・事業担当課あるいは原課），その評価をとりまとめる機関（評価課），そして評価結果の報告を受ける機関（地方議会，首長，国会，内閣）である．3者の間に協調態勢が存在する時は良いが，多くの場合難しいことが多い．たとえばもし原課と評価課との間に極端な「評価知識の格差」，政策内容に関する「(専門)情報の非対称性」が存在すれば，評価は機能しない．そして実際には，機能しない場面が多く，たとえば専門知識がない一般職公務員が管理の視点だけで評価を強要する場面，特定の政治的思惑をもつ政治家の強引な判断と専門職（教育や医療の専門家）の良心とが衝突する場面が考えられ，また予算を無視した政策を求める政治家・専門家の連合と，財政担当職員との対立事例が頻出する場面も多い．

(2) 政策体系の策定

政策評価の基本では，政策学を応用したアイデアを使っている．その1つが「政策体系」である．政策がトップダウンで降りてくるピラミッド型の仕組みで表されたとき，説明を受ける側の「目的＝手段の理解」がすすむ．他方，この仕組みを念頭に置かずに作成された政策が評価できないことは，政策評価法（2001年）が全府省で実施されてから共通認識となった．そこでこうした政策システム，政策体系を各府省，あるいは地方自治体が評価のために作成するようになった．

その具体的な手順は，以下のとおりである．

図 5-2 政策体系作成の具体的手順

政策 policy …… 政治的な方針である 政策 の決定．関係するアクターは政治家（議員・大臣・知事・市長）と執行部幹部．大きな枠組みの決定（全体予算，期間，基本計画，中期目標，要綱，法律）．

↓

施策 program …… 政策を実施する具体案 施策 の作成，課題の確認，解決方法の提示．担当機関・担当者の指定，人員，施設，対象地域，対象集団，予算配分方法，実施のタイムスケジュール等の決定．

↓

事業 project …… 現場の 事業 を実施する体制，現場の管理者，実施関係規則，会計基準の参照，実施手続きの指定（段取りを組む），利害関係者間の調整，各段取りにおける期間の設定．

（出所）筆者作成．

まず図5-2の最上段にある抽象的な大目的・理念を宣言したあと，それを政策として具体化し（基本計画・大綱・中期計画など），この政策を実施する実務作業を可能にする「プログラム」を作成する．プログラム（施策）とは問題認識，問題解決の方法，ターゲット，目指すべき解決の方向性とその程度を説明したプランであり，またスケジュールでもある．効率性や有効性，あるいは持続可能性，時に公平性などの評価規準の設定によって，アカウンタビリティの具体的内容を指示することもある．したがって，このプログラムを作成する際に必要な仕事に，前述の 'operationalization' がある．操作化とも呼ばれるこの 'operationalization' とはプログラム作成の根幹をなし，現場の政策実施管理者がコントロールできるように抽象概念を翻訳・加工することである．具体的には，わかりやすく，客観的認識ができるような言葉で説明した政策目的に向けた作業方法を指定し，目標にめどを付け，作業工程表・スケジュールを設定し，担当機関を指定して資金や施設を割り当てる作業である．年度の終わりまで仕事をどこまで進捗させるかを決めていることもある．この 'operationalization' されたプログラムが存在しなかったり不十分だったりするとき，または存在していても観念的で抽象的，場合によっては情緒的な政策目的がそのまま評価の場に登場すると，評価の議論は紛糾する．

3　評価のための思考ツール

　政策評価の前提作業が済んだ後，実際の評価作業に取りかかることになるが，そのためには評価に独特な思考ツールを用意しておく必要がある．セオリーとロジック，システム・モデル，プログラムの3つのツールであり，これらの思考ツールを持たない人が評価担当者になると，混乱することが多い．

(1)　セオリーとロジック

　その第1の思考ツールが，セオリーとロジックである．政策は政策過程（policy process），あるいは政策サイクル（policy cycle）と呼ばれる一連の活動だと政策学の教科書は説明する．政策過程とは政策を作成するための作業工程プロセスや生産工程と考えても良いし，それが 'plan 〜 do 〜 see 〜' と循環しているので政策サイクルとも呼ばれるのである．この政策サイクルをやや詳しく，次の諸段階に分けて記述する教科書が多い．

- 課題の認識（problem definition and needs assessment）
- アジェンダ設定（agenda-setting）
- 政策形成（policy formulation）
- 政策採用（policy adaption）
- 政策決定（policy decision）
- 政策実施（policy implementation）
- 政策評価（policy evaluation）
- 政策変更（policy change）
- 政策終了（policy termination）

　そして，この一連の作業工程において重視されるのが，課題の認識から課題解決までの作業工程を因果関係で説明する「セオリー」，あるいは作業工程の流れを因果関係の論理に従って進める「ロジック」である．端的に言えば，こうしたセオリーとロジックからみて政策内部の整合性がとれているのかどうかの確認作業が評価の重要な役割であり，セオリー無視の非論理的な政策は，政

策評価の外部有識者会議で問題事例として指摘されたり，「事業仕分け」で非難されたりする．極論すれば，政策評価とは政策のセオリーとロジックの確認作業なのである．

　政策サイクル，政策過程の各段階にはいくつか特徴的な仕事が存在する．まず問題の認識と課題設定では，問題とされる現状はどうなっているのか観察して，その問題が解決できるのかを考える必要がある．実は，解決できない問題が存在するからである．次のアジェンダ設定では政策の解釈，方向に枠づけを行う「フレーミング（framing）」が注目される．原子力発電をエネルギー問題だけではなく原発設置地域の振興としてとらえる事例，自衛隊の装備購入問題を防衛関連企業の支援から武器輸出三原則の緩和も併せて考える事例が考えられる．道路の渋滞を何も考えないまま，すぐに道路課に委ねることもフレーミングである（しかし渋滞緩和策は警察による違法駐車の取り締まりや，公共交通機関の活用拡大など他にもある）．ここでは，何が政策の目的なのかという問いの他に，誰が政策の受益者なのかを考える必要がある．誰の問題を，どのように解決するかという単純な問いがフレーミングによって歪曲されてしまう残念な例が少なからず存在するからである．

　政策形成段階では政策目標を達成するために，問題や課題の本質を想定しつつ，どのような政策手段を採用するのか構想することが大きな仕事になる．研究分野によってこの政策手段の定義は違うが，政策評価実務との関わりで考えると，およそ5つの政策手段が見られる．すなわち① 公共施設の建設とその供用，補助金・助成金・貸付・サービスの提供，② 禁止・許可・免許・資格などの規制あるいは規制緩和，③ 税制（新規課税・税率の変更・控除とその見直し），④ 広報・PR・教育（キャパシティ・ビルディング）・表彰・エンパワーメント・ブラック企業の会社名公表，⑤ 制度変更（地方分権・民営化・独立行政法人制度の創設・指定管理者制度の導入）の5つである．このそれぞれの政策手段の目的適合性，有効性を考慮しつつ，スケジュールの確定，必要な予算取りを経て，政策は採用される．

　採用された政策を実施する段階では，いくつか論点が見られる．政策の実施を国の府省が直営で行うのか，それとも都道府県，政令市，あるいは基礎自治体の市区町村に実施してもらうのかがまず考えるべきポイントである．地方分

権の重要な論点である．次いで官庁の直営方式，民間委託，業務委託，独立行政法人，指定管理者制度の活用が論点になる．民営化はそのもっともラジカルな論点であった．また政策を実施する途中で行う中間評価が存在する．これはいわゆるモニターであり政策の進捗を監督するために行われるが，プログラムが丁寧に作られていなければモニターは機能しないので，財務省が行っているような予算執行調査のレベルで終わる．

政策評価に関しては，評価結果が出た後に政策変更あるいは政策終了の手続がとられなければ，評価が形骸化する．つまり，評価結果をどのように活用するのかも重要な論点なのである．一般に政策変更が行われるのは，以下の場合である．すなわち，新たな法律が制定された，裁判所の判決が出た，政策に関係する新しい技術が開発された，新たな発見によってプログラムに対する好感度・支持が増えた，政治環境や経済情勢が変化した，選挙によって政策イデオロギーが変化した，こうした場合に政策変更が行われる．もし入念な評価を行って，その評価結果をふまえた情報をもとに政策終了を決断しても，その後の事情で政策終了をやめて継続にしたら，評価の意義は失われる．そのためかどうかは明らかでないが，日本で政策終了に至る事例は，評価の結果が出された中でも多くない．事実上評価が形骸化されていること，政策実施機関の自己評価であるため仕事を失う終了を導く評価はあり得ないというのが考えられる理由である．

なお，セオリーを無視して非論理的な目標手段関係を設定した政策は，はじめから「評価できない」．

(2) システム・モデル

政治学者の D. イーストンがはじめた政治システムの議論にならって，政策システムにもインプット，アウトプットが存在すると主張され，政策学においてそのアイデアが精緻化されてきた．この「システム」を前提とした評価のアプローチも重要な思考ツールとして存在している．

このシステム・モデルについて図 5-3 を使って，いくつか注意を喚起したい．まず政策評価で重視する「成果主義」とは，図 5-3 で言えば 'outcome' のことである．しかし，この成果は行政が完全にコントロールできるものでは

第5章　男女共同参画政策に関わる評価の諸問題　*91*

図5-3　システム・モデルと指標

input → activity → output → outcome → impact（＋/－）

- インプット指標：全国小学校における30人学級の割合，下水道の整備率，児童図書館の蔵書数，新生児NICUベッド数，1981年以前建築の建物を耐震化する予算．
- アウトプット指標：図書館の入館者数，ベッドの稼働率，耐震化診断率．
- アウトカム指標：渋滞原因になっている道路工事期間の削減率，メタボ診断を受けた人の成人病予防率，耐震化補強工事を受けた家屋数．
- インパクト指標：予測できなかった影響，過剰な設備投資・職員増でふくれあがった自治体の財政赤字．

（出所）　筆者作成．

なく（つまり行政が頑張れば成果が出る，怠けたから成果は出ないというものではない），外部の条件やその時の状況に影響を受け，出てくる成果が変わることが多い．したがって公務員は成果主義に賛成はするものの，それほど積極的にならない．むしろ，インプットである予算を重視しがちである．また会計検査や監査を受ける時には活動（activity）・アウトプットと予算の関係が重視されるため，活動指標やアウトプット指標に関心が集まるし，実は一般国民もこちらに注意が向く．研修開催回数，入館者数，研修受講者数がその代表である．ただし，政策評価をはじめとする評価一般は，成果であるアウトカムが重要で，政策を実施した結果として成果が出たのかどうか，問題が解決できたのか，解決できないのは政策手段の問題かどうかを知りたいので，アウトプットで考えたがる現場との齟齬が生じる．

(3)　プログラム

前述したようにプログラム作成の巧拙は政策そのものの成功・失敗を左右するだけでなく，評価の成功・失敗をも分ける重要なポイントでもある．プログラムは評価の対象であるばかりでなく，思考ツールとしては極めて重要なのであるが，その重要性の認識はODA評価の分野を除いてはなかなか浸透していない．

このプログラム・レベルで政策の実施と運用の具体的な方針や指針が具体的に決められていれば，政策の評価は難しくない．つまり，政策を評価することは，実はプログラムを対象に評価（evaluation research）することに他ならず，

実際にアメリカで誕生したプログラム評価（program evaluation）は，当初，社会問題を解決するために作成されたプログラムの調査活動に端を発している［山谷 2012：Ch.3］．その手法，思考方法がODA評価を通じて国際社会に普及し，いつの間にかカナダ，スウェーデン，オランダ，ドイツなどで政策評価（policy evaluation）と同一視されるようになったのである．プログラム評価が政策評価のプロトタイプだと言うのはこのためである．

　たとえば，誰が困っているのか，現場の調査に基づいた正しい認識に基づいて設定したアジェンダに従った政策を形成した後，その具体的実施運営事項，方針を決めたものがプログラムである．ここには対象の人や地域を年収・被災者・地理的条件などの特性を考慮して決め，サービス提供・補助金・助成金・基金・減税措置などの政策手段を選択し，どこまで問題を解決するか想定し，スケジュールと期限を決め，その後でそれに関係する予算を付ける．これがいわゆるプログラム予算（program budgeting）である．もし，予算編成作業の基本単位である課にプログラム作成を任せると，その課は自分にできるプログラムでしか対応しない．所掌事務の壁があるからで，こうした組織の権限実態はセクショナリズムと批判される．すなわち現実の課題や問題に対して，行政組織はその所掌の範囲で決められた範囲内で作成したプログラムで取り組む．プログラムは組織の権限を前提にした課題認識で，また過去に起きた現実を前提に組まれているため，問題とその解決を矮小化していることがある．また，これまでの慣行や前例を参考にするためいささか陳腐化していることも多く，解決したい問題に対して適切に関連（relevancy）していないと批判される場面も見られる．

4　評価の現実課題

　すでに評価の問題や課題に議論が進んでいるが，ここで評価をめぐる現実課題として指摘しておきたい3点を示す．

　第1は，政策の実施主体と政策対象とのマッチングの問題である．困っているのは誰か，そして誰がその問題を解決するべきなのかを政策作成者と実施者，そしてもちろん評価者は熟慮すべきである（表5-3を参照）．しかし，両者が

表 5-3　政策課題と政策実施主体のマッチング

	誰が解決すべきか（政策対応）			
誰の問題か（政策課題）	個人が解決	企業が解決	役所が解決	社会が解決
個人の問題				
企業の問題				
役所の問題（国・地方）				
社会の問題（地域・国際）				

(出所)　筆者作成.

食い違う場面が非常に多く見られる．わかりやすい例で言えば，米軍基地周辺のジェット機の騒音や墜落の危険，米兵の暴行などの「基地問題」で困っている沖縄県民に，内閣府が中心になって提供している沖縄振興計画はどれほどの意味があるだろう．あるいは電力の生産地と消費地との原発に対する認識の差異は，原発立地自治体への補助金や寄付金で曖昧にされ，場合によっては補助金・寄付金が潤沢な原発立地地域住民に対するルサンチマンを都会の住民に抱かせてきた．これらは意図的ではないにしても，争点の攪拌になる．もちろん，男女共同参画政策にもこの種のミスマッチが多く見られるが，そのミスマッチを解決するプログラムを持っていない行政が多いのが問題であろう．

　第2は政策トリアージ問題である．人口が減少する社会を抱える日本，財政赤字で苦しんでいる日本が，高度経済成長期のように政策を展開するのがもはや無理であることは誰でも承知している．そこで求められる発想が政策トリアージであるが，実は特定の人々に不利になることが多いため，政治家はこのトリアージ問題を避けている．不利になる人々とは人口3万人以下の市町村居住者，とくに高齢化率が高い地域，また台風や豪雪，大雨などの災害に弱い地域に居住する人々である．こうした場所と人口密集地である首都圏や京阪神の自治体での評価が，同じように行えると考えるのには無理がある．もちろん，その地域コミュニティで女性が求められている役割も違ってくる可能性がある．さらに，一方的な思い込みを持つトップが，女性関連施策をトリアージの対象にかける場合も出てくる．事業仕分けにおいてよく見受けられたこの事態に適切に対応することが可能かどうか，考えておく必要がある．

　第3が「評価政策（evaluation policy）」の問題である．評価そのものにもポ

リシーが必要で，どのような目的で評価を行うのか，誰が行うのか，誰に行わせるのか，誰がその評価結果の報告を受け取るのか，評価報告はどのような形式・書式で提出するのか，評価のスケジュールをどうするのか，評価のコストを誰がどの程度負担するのか，これらのポリシーを決めなければならない．しかし，現実にはこうした評価政策はきちんと作成されていないために，さまざまな問題が評価の現場で噴出してきた．とくに評価のコストはほとんどの場合無視されているため，外部の玄人（シンクタンク）に委託する予算もままならず，評価をよく知らない素人の担当者が，本来業務の片手間で実施して苦労する．

ここから第4の問題が出現する．行政内部各課にいる評価の素人たちが，図5-1に見られる複数の評価をそれぞれの都合で実施する．他の章でも指摘されるように，これは男女共同参画関連施設，女性センターの指定管理者になったNPOにとって最も困った事態になる．命じる方が複数なのに，応える方は1つだからである．しかも誤った勘違いの評価を強要されたり，役に立たないことが分かっている評価を迫られたりすることもある．評価政策を持たない行政が命じたことをNPOは誠実にこなすことに精一杯で，積極的にイニシアチブを発揮する余力がなくなる．そして，その要請に誠実に応えたとき待っているのは指定管理料の削減，次期の指定管理者の入札である．運良くその同じNPOが落札しても，同様のことが繰り返されるので無限の評価活動と指定管理料削減が続き，NPOメンバーは消耗する．

なお，評価政策を作成しない時の次善の策としては，セオリーやロジックをシステム，プログラムに求めながら厳しく追及するのではなく，実際に出てきた政策結果だけを見て調査する'goal-free evaluation'，同じように実際のインパクトとして出てきた状態を見て数字をチェックする'impact measurement'，あるいは単純なアウトプットの測定である'output measurement（≒performance measure)'で行うしかない．

おわりに

日本の「評価」は，多くの問題や課題を抱えている．たとえば，評価対象に

なる政策手段とその運用方法のプログラムは所与である．政策担当課が持つプログラムは（言い換えると中央省庁に見られるように○○省設置法で定めた権限の範囲は），あらかじめ決められている．逆に，プログラムの大幅な変更を求めかねない政策評価は，政策担当課の権限縮小，予算の削減につながる恐れがあるため，評価実施に消極的な姿勢が多い．消極的姿勢で行う評価とはすなわち，何か課題があがってきた時にはその担当部局とプログラムが既に決まっていて，評価規準は効率とアウトプット指標中心の内部管理型の目標管理シート型になる，そんな評価である．それは業務改善にはなるが，政策の見直しには役にたたない．本来の「評価」，政策効果の評価，政策の抜本的見直しに関わるプログラムの適否の判断材料を提供する評価もあるが，公表されない場合が多い．そして，もし仮にその本来の評価が公表され，インターネットで入手できたとしても，「評価」と「組織」が分かる人がいなければ使えない．

　また，政策評価を予算取りに使いたいとトップが言うために，かつて1970年頃に断念した事前評価と予算取り偏重姿勢が生んだ悪夢がよみがえる．たとえば予想できない将来の成果を書かせられる，予算編成の慣行を無視したトップダウン型予算編成，予算の単位と政策の単位の不整合，政策と政策でないものとの区別困難（政策でない組織内部の業務や内部管理事務の評価をさせる），議会の議論の形骸化などの悪夢である．しかも，多くの関係者たちはそれがデジャブの悪夢だとは知らず，解決可能な問題だと思っている．他方民主党政権時代に議論された事業仕分けは，ヒモ付き補助金，天下り，特別会計，官製談合，随意契約の解消を目指すには良かったが，仕分け結果の実効性が無く，過激なパフォーマンスだけが目立ったため，仕分けられたはずの対象事業はいつの間にか元に戻ってしまっていた．その後自民党政権に戻ってから，よりマイルドな行政事業レビューに落ち着いたが，これは業務コストを節約する程度の機能しかない．

　とくに大きな課題が評価には出てきた．男女共同参画政策の分野に例をとれば，何か1つの評価ですべての物事が理解でき，説明できると考える錯覚が現場で支配的になったため，汎用性があると誤解された評価を強制される．汎用性ある評価とは，ここで説明してきたインプット指標，アウトプット指標中心の測定を用いる内部管理重視の測定のことである．これは一見何を対象にして

表 5-4　評価の良し悪しを判断する項目

重要項目	説　　明
有用性	役に立つ評価情報を算出している．タイムリーで，評価対象に適切にアプローチしている（例：道路建設と児童福祉センターとは違う評価手法）．
一覧性	個々の評価すべてが一覧でき，同種の事業評価を比較できる．
総合性	総合的，包括的側面．必要な情報がバランス良く入手できる（例：定性評価と定量評価がバランス良く組み合わされている）．必要な評価規準がすべて揃っている．
計画性	評価政策・評価方針が明確で，何のために，いつ評価が行われ，評価情報によって何を知りたいか分かる．
経済性	評価の費用（時間・手間・予算）がリーズナブルで，許容される範囲におさまっている．
体系性	評価は手順に従って，きちんと行われたか．事前の評価が事後評価に再利用できるように，評価項目，評価指標などの評価システムが設計されているか．評価それ自体の 'plan〜do〜see' はあるか．メタ評価も可能であること．
規準明確性	評価規準が明確．
専門性	評価の専門家，評価対象分野の専門家のいずれから見ても妥当な評価方法を使用している．
わかりやすさ	具体的で，納得しやすく，煩雑でない．理解しやすい．評価によって政策のロジックとセオリーがよく分かる．評価プロセス自体の透明性がある．

（出所）　筆者作成．

もできそうであるが，実は有効性を判断するにはあまり向いていない，毒にも薬にもならない測定である．事業効果・有効性が有るかどうかは，人によって，価値観によって差が出てくるが，この差を客観的に言い表すのが難しいので，無意味な議論がエンドレスに続く場合もある．そこで効率と呼ぶ節約かコスト削減，または生産性指標が中心になるが，それでは評価の用途は，問題解決型の政策志向から遠ざかる．「問題解決に効果があった」とは言えないからである．

　ここに日本の評価はその宿痾，公務員の人事異動によって発生する「経年劣化」，非現実的でコスト無視の評価制度を強制する無理が繰り返されて発生する「制度疲労」に罹患して，ついには「ガラパゴス化」する．その結果として，社会の重要な政策課題は放置されるのである．はじめに説明したアカウンタビリティの議論で言えば，日本の評価は良くてマネジメント・アカウンタビリティを確保できるかも知れないが，政策のアカウンタビリティについては無責任

状態のまま放置されている．

　評価が有益になるためには，どのような条件が必要であろうか．一般論としては表5‐4のような9つの項目に適合していることが求められるだろう．すなわち，役に立つ評価結果，情報を提供することなのであるが，具体的にはタイムリーで，評価対象に適切にアプローチしている評価手法かどうかである．

　しかし，評価のスペシャリスト（政策評価を大学で講義する教員），評価のプロフェッショナル（政府や地方自治体，国際機関から評価を委託されるシンクタンクやNPOのスタッフ），評価のエキスパート（評価の実務担当者が評価関連の研究で学位を取得した場合，日本評価学会が認定する上級評価士資格取得者）以外に，この9項目のチェックを任せられる人はいない．これが最大の問題であるかも知れない．

　評価学において，評価は民主主義のリテラシーであると言われる．政策として何が行われ，どのような結果になり，それをどのように判断するか，このための情報を提供するツールだからである．しかし，この情報ツールを使いこなし，政策に反映させる能力もまた必要である．他方，政策学は「良い政策を作る人になる，良い政策を作る人を選ぶ人になる，良い政策かどうか分かる人になる」，このいずれかのための学問だと言われる．評価学と政策学は，その意味で，民主主義を実践する現場で生きる人々の知的レベルを向上させる重要なツールであることは間違いない．したがって，評価を初歩的なアウトプット測定で終わらせ，評価結果を政策に反映させないのは愚民化政策につながり，民主主義を堕落させることなのである．しかし実は，日本の男女共同参画政策の評価の現場には，愚民化政策的な評価実践が少なくない．

第6章

地方自治体における男女共同参画政策の評価

はじめに

　男女共同参画とは，1990年代に登場した比較的新しい言葉であるが，男女平等を求める市民の運動の中から生まれた言葉ではなく，少子高齢化が加速する社会情勢を背景に，国が政策を進める過程で生み出された用語である[1]．

　1999（平成11）年に制定・施行された「男女共同参画社会基本法」（以下，基本法と表記）の中では，男女共同参画社会とは，「男女が，社会の対等な構成員として，自らの意思によって社会のあらゆる分野における活動に参画する機会が確保され，もって男女が均等に政治的，経済的，社会的及び文化的利益を享受することができ，かつ，共に責任を担うべき社会」（基本法第2条）と定義される．権利としての平等を実質的なものとするためには，参画と責任の共同負担が必要とされる点に新しさがあるが，男女共同参画を英語に翻訳する際には男女平等と同じく gender equality が当てられるなど，基本法制定当時，男女共同参画はわかりにくいというのが一般的な印象だった[2]．

　男女共同参画という言葉にわかりにくさがつきまとう一方で，基本法の中に地方自治体，とりわけ都道府県・政令指定都市の責務が明文化されたことにより，全国的な広がりで男女共同参画政策が進められることになった[3]．内閣府男女共同参画局は，地方自治体に対して担当部署の設置を求め，条例や男女共同参画基本計画（以下，基本計画）の策定を後押しした．その中でも，全国の先駆けとして，東京都，埼玉県が条例を制定し，条例に基づいて施策を推進するための体制を整え，基本計画を策定し，女性センターあるいは男女共同参画セン

ターという名称を持つ男女共同参画推進拠点施設（以下，拠点施設）を設置した．

地域で男女共同参画を進めたいと考える女性達は，条例の制定や基本計画の策定に参画していった．とりわけ，活動のための場・女性のエンパワーメント[4]を促す場を求め，拠点施設の設置を行政に働きかける動きがさまざまな地域でみられた[5]．

男女共同参画への一般的な理解度は高まらない一方で，国の第1次基本計画が実施に移された5年間（2000〜2004年）の間に，基本計画と拠点施設を設け，政策を進める体制づくりは全国的に広がっていった．

本章では詳しくは言及しないが，基本法制定以降15年間の男女共同参画の広がりは決して順調ではなく，行き過ぎた平等政策という批判の高まりや拠点施設の事業仕分けなどが，推進速度を鈍らせてきた[6]．それでも，2013（平成25）年現在で，基本計画は都道府県および政令指定都市の全てで，また市区町村の7割で策定され，拠点施設は290市区町で設置されている［内閣府男女共同参画局 2013］．地域で男女共同参画政策を推進する体制は，形式的には整いつつある．

本章は，直線的とはいかない中で進められてきた地域の男女共同参画政策の現状と課題を，評価を切り口に考察することを目的としている．評価とは，「政策やプログラムそれ自体の改善のために"evaluation"という調査活動をすること」［山谷編 2010：5］である．地方自治体が評価に取り組んでいるとすれば，政策をどう設計し，実施に移し，その経過を把握しているのかということは，評価によって明らかにされるはずである．そこでまず，基本計画の策定と拠点施設の設置の2つが男女共同参画政策を順調に回すための両輪であると仮定し，両輪が組み合わされているのか，さらに組み合わせることで相乗効果を得ているのかどうかを地方自治体の評価を通して検討してみたい．男女共同参画のわかりにくさは，まだ実現に至らない理念であるがためと考えられるが，行政が行う施策や事業を数字や定性的な項目で捉え，一定の基準に照らして体系的に検証することによって実現のプロセスが鮮明化されるのではないかと考える．男女共同参画を見えやすくする，理解しやすくするための方法として，評価の可能性について考えることが本章の目的である．

1 地方自治体における男女共同参画政策の評価の現状

　地方自治体の男女共同参画政策と評価を結びつけて議論しようとする際に，そのデータとなる拠点施設の評価への取り組みはすでに調査されている．評価論的にみても，受益者である市民の視点を入れた評価を行っていたり，質的指標を工夫したり，事業の積み上げが成果に結びついているのかどうかを検証するものだったりと，先進的な取り組みがみられる［高橋 2010：200-207］[7]．

　他方で，行政による評価を全国的な規模で実態的に明らかにするデータは見当たらない．先に挙げた内閣府男女共同参画局の「地方公共団体における男女共同参画社会の形成又は女性に関する施策の推進状況」調査では，条例，基本計画の策定状況，男女共同参画センターの設置状況などの量的把握にとどまり，施策の結果や成果については捉えられていない．

　そこで，「男女共同参画政策推進のための評価に関する研究会」[8]では，全国的な実態調査を行うこととし，2011年に質問紙調査を，2012年にヒアリング調査を行った．質問紙調査は，地方自治体の男女共同参画政策評価の取り組みを全体的，量的に把握するために，ヒアリング調査は先進事例を把握するために行った．以下に，調査データに基づいて，男女共同参画政策の評価の現状と課題を考察していく．

(1) 質問紙調査の実施とその概要

　質問紙調査の対象は，基本計画と拠点施設の両方を持つ地方自治体とし，この条件に適う325自治体，331施設を選定し質問紙を送付した（郵送法）[9]．その結果，261担当課（有効回答率80.3%），191施設（有効回答率58.2%）から回答が得られた．地方自治体の種別は，都道府県41，政令指定都市13，市区町207であり，種別に関わらず回答率は高く，担当課の評価への取り組みを全国的に俯瞰するためのデータを得ることができた．この節では，行政担当課の回答結果を取り上げ，行政で実施されている男女共同参画政策の評価について，基本計画と拠点施設の両輪の組み合わせについて，評価の導入と職員への影響についての3点を考察する．

表6-1 実施している評価・構築した部門別 (複数回答)

(N=224)

質問	数	%
A　男女共同参画担当課で構築した評価		
A1．基本計画の進捗管理としての評価	186	83.0
A2．拠点施設に関する評価	29	12.9
A3．その他	10	4.5
B4．評価担当部門で構築した評価	71	31.7
C5．指定管理者制度担当部門で構築した評価	27	12.2
D6．その他の部門で構築した評価	12	5.4

(出所)　内藤・高橋・山谷 [2014].

(2)　**調査結果からの考察1：行政で実施されている男女共同参画政策評価の実態**

　質問紙調査の結果，何らかの評価を実施しているのは224自治体（85.8％）と全体の8割以上を占めており，男女共同参画行政にも評価が浸透していた．評価体系を構築した部門別に質問した結果，186自治体（83.0％）と8割以上が男女共同参画担当課で構築した基本計画の進捗管理として評価を考えていた（表6-1）．図表には示さないが，評価の方法は「担当者，担当部局による自己評価」が203自治体（91.4％）と主たるものである．

　評価の目的は，「男女共同参画の実現に事業等が有効かを確認すること」が186自治体（83.0％）と最も多く，次いで，「事業等が効率的に実施されているかを点検すること」163自治体（72.8％）が多かった．「評価を通じて，組織の体制・運営の改善につなげること」は100自治体（44.6％）であり，組織体制よりも事業レベルの点検を目的に評価が行われていた（表6-2）．

　評価のものさしとして，採用している指標を「予算」，「計画」，「組織」，「事業」，「施設」の5分野に大別して質問した．回答割合が高かったのは，「計画」の中の「目標を達成できたか」189自治体（85.5％），「予定通りに順調に実施できたか」167自治体（75.6％）だった．また，「事業」の中の「事業実施数」186自治体（84.2％）も選ばれる割合が高いが，「予算・人員の効率的な運用」や「事業の持続発展性」というアウトカムよりも，「事業実施数」という事実がアウトプット指標として用いられていることがわかる（表6-3）．

表6-2 評価の目的（複数回答）

(N=224)

質問	数	%
男女共同参画の実現に事業等が有効か確認	186	83.0
事業等が効率的に実施されているか点検	163	72.8
評価を通じ，組織の体制・運営改善につなげる	100	44.2
市民に対する公機関としての説明責任を果たす	86	38.4
予算が効率的に運用されているか点検	44	19.6
評価への取り組みを通じ，職員の力量形成をはかる	17	7.6
その他	8	3.6

(出所) 表6-1に同じ．

表6-3 評価のものさし（複数回答）

質問	数	%
予算		
有用に運用できたか	75	33.9
効率的に運用できたか	67	30.3
予算その他	4	1.8
計画		
目標を達成できたか	189	85.5
予定通りに順調に実施できたか	167	75.6
計画その他	1	0.5
組織		
職員数と業務量の適合性	42	19.0
職員の力量開発	20	9.0
職員の専門性	16	7.2
組織その他	3	1.4
事業		
事業実施数	186	84.2
受益者の満足度	79	35.7
予算，人員等を効率的に使って実施できたか	66	29.9
事業の持続発展性	47	21.3
協働事業の実施数	29	13.1
事業その他	10	4.5
施設		
施設の利用者数	118	53.4
施設の稼働率	54	24.4
施設の認知度	44	19.9
利用者の満足度	40	18.1
経費の効率的運用	36	16.3
施設その他	10	4.5
上記以外のものさし	16	7.2

(出所) 表6-1に同じ．

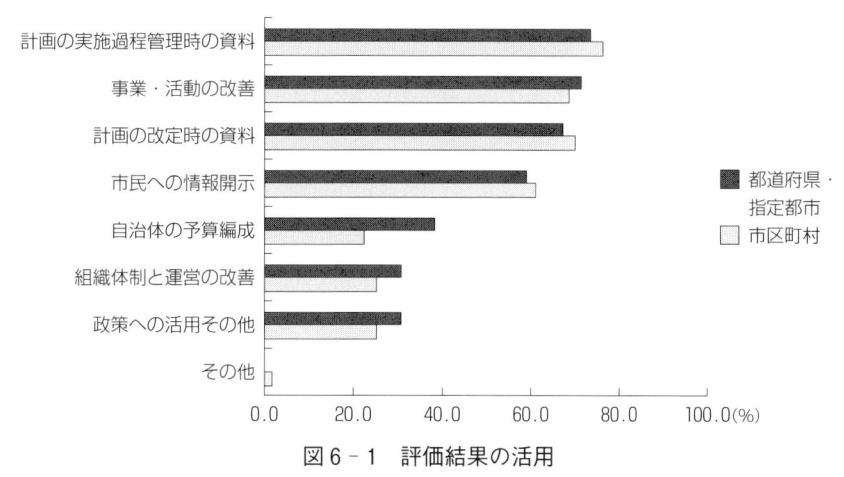

図6-1 評価結果の活用

(出所) 表6-1に同じ.

　評価結果の活用を地方自治体の種別に集計したところ，都道府県・政令指定都市でやや予算編成への活用の割合が高いものの，選択割合の多い項目はほぼ一致しており，上位3項目は，「計画の実施過程管理時の資料」，「事業・活動の改善」，「計画の改定時の資料」である．評価結果の活用の面からも，評価が計画の進捗管理，事業レベルでの改善のために行われていることが明らかである（図6-1）．

　以上のような結果から，地方自治体の男女共同参画政策の評価は，基本計画の進捗管理のために行われていること，その際に，目標達成度（outcome）の評価を主要な目的としており，行政に一般的に普及している業績測定としての評価が男女共同参画の分野にも普及していることがわかった．また，計画の進捗管理は，主として事業レベルの結果（output）を指標として測っている．その際に，どのような指標が男女共同参画の進捗を測るのにふさわしいのかという観点よりも，何が数値化しやすいのかという点から指標が選ばれている．

(3) 調査結果からの考察2：基本計画の評価と拠点施設の両輪の組み合わせ

　次に，基本計画と拠点施設という両輪の組み合わせについてであるが，両輪で政策を進めていくつもりであれば，担当課としては政策実施の拠点である施

表6-4 拠点施設の評価実施方法

(N=261)

質問		数	%
評価実施	男女共同参画担当課が主体	65	24.9
	拠点施設の自己評価により，担当課が評価	31	11.8
	男女共同参画担当課と拠点施設が共同で評価	15	5.7
	指定管理者制度の所管部門	10	4.0
拠点施設の評価は行っていない		93	35.6
その他		32	12.3
無回答		15	5.7
合計		261	100.0

(出所) 表6-1に同じ．

設における活動を評価することが必要なはずである．しかしながら，なんらかの形で拠点施設の評価を行っていると回答したのは，121自治体（49.1％）と半数にすぎない．この中でも「男女共同参画担当課が主体となって拠点施設の評価を行う」と回答したのは65自治体であり，さらにその半数にとどまった．回答した自治体の施設の約7割は公設公営（直営）でありながら，担当課が拠点施設を評価の俎上に載せていないというずれが明らかになった（表6-4）[10]．

このことは，基本計画と拠点施設で実施される事業とが，切り離されて評価されていることを示している．近年，男女共同参画センターにも指定管理者制度の導入による民営化が進んでいるが，その場合には，さらに拠点施設で実施されることが基本計画の評価の俎上に乗りにくくなることが予想される．なぜ計画と拠点の連動がなされないのかを探りたいが，質問紙調査という表層的な調査からではそれが見えてこなかった．次節のヒアリング調査の部分で，この点については再度考えてみたい．

(4) 調査結果からの考察3：評価の導入と職員への影響

評価が職員に与える影響であるが，「事業等を対象化して点検し，改善していく意識が高まった」136自治体（62.1％）が最も多く，次いで「評価結果に基づいて業務や事業が修正された」102自治体（46.6％）が高いというように，職員意識や業務改善へのプラスの影響があったという調査結果が得られた．他方で，「職員の作業負担が大きい」96自治体（43.8％）も4割以上が選択している

表6-5　評価実施に対する職員への影響 (複数回答)

(N=224)

質　　問	数	%
事業等を対象化し点検し，改善意識が高まった	136	62.1
評価結果に基づき業務や事業が修正された	102	46.6
職員の作業負担が大きい	96	43.8
評価実施への関わりが職員の学習機会になる	92	42.0
その他	2	0.9

(出所) 表6-1に同じ．

ことから，評価は手間がかかり作業負担も大きいが，導入の効果はあると行政職員に認識されていると考えられる（表6-5）．

「評価の難しさ，やりにくさ，課題」について自由記述でも聞いた．

「評価指標が，事業実施数であると，事業そのものの必要性が測れなく，職員の自己満足になっている．何のために評価を行うのか，明確なコミットメントをトップが持たないと評価をする意味がない．」

「職員数の減少があり，時間に限りのある中での評価をするという事で大変作業負担が大きい．」

「男女共同参画主管課以外の部署では，各事業を男女共同参画のための事業として行っているわけではないので，毎年の評価は各部署にとっても男女共同参画主管課にとっても事務作業負担が大きい．」

これらの意見をまとめると，評価を何のために行うのかが職員の共通認識となっていないこと，男女共同参画の担当に充てられる人員が限られて業務繁多な上に，評価という作業負担がかかっていること，男女共同参画基本計画は他部署の事業とも関わりを持つため，評価を依頼したりヒアリングしたりすることになるが，他の部署の職員との間に温度差があることなどの課題が表れている．

(5) 質問紙調査結果のまとめ

質問紙調査の結果から，予想以上に評価に取り組む地方自治体が多かったが，基本計画の進捗管理として評価が捉えられており，その方法は，事後に，職員

の自己評価をベースに行い，事業ごと，あるいは施策ごとに目標値を立て，目標の達成度を測る業績測定としての評価であった．

基本計画は抽象的な政策目標から具体的な事業までを，大項目（政策）—中項目（施策）—小項目（事業）という体系図の形式で構成されている．この体系図を利用することで，具体的な事業レベルの達成度によって，施策の進捗が明らかにされるかのように見える．しかし，業績測定は「体系的評価ではなく，目標と業績の乖離を数値化可能な成果指標によって定期的または継続的に評価するもの」[外山 2003：132] であり，男女共同参画政策の進み具合を体系的に測るには限界がある．

評価に取り組む現場では，作業負担はありつつも，職務意識の改善等に役立つという認識の方が高かった．評価意識は高くとも，方法が伴わなければ評価疲れを招く．男女共同参画の評価も，業績測定一辺倒を見直す時期に来ている．

次節では，ヒアリング調査の結果として，基本計画と拠点施設を相乗的に活かして政策を進めている事例から，男女共同参画政策の成果を明らかにするための評価について考察する．

2　男女共同参画政策の評価の先進事例
——ヒアリング調査から——

(1) ヒアリング調査の概要

ヒアリング調査は，質問紙調査を行った地方自治体，拠点施設の中から，複数の評価を行っていること，独自の特徴的な指標や定性情報を用いた評価が行われていること，評価結果を活用していることなどの要件を満たす17所管課，17施設を対象に選んだ．その中から，調査への協力が得られた以下の地方自治体の所管課（9カ所），拠点施設（9カ所）に対して行った．

ヒアリング調査結果の詳細についてはふれないが，質問紙調査の結果と同様に，目標値を設定し，年度ごとに達成度を測る業績測定型評価が主であった．この傾向は，特に基本計画の評価について顕著だった．

質問紙調査では把握できなかった基本計画と拠点施設の両輪の組み合わせについては，成果を上げる取り組みを把握することができた．たとえば，基本計

表6-6　ヒアリング調査対象

都道府県	政令指定都市	市
秋田県（拠点施設） 岩手県（所管課，拠点施設） 岩手県（所管課，拠点施設） 三重県（所管課，拠点施設） 大阪府（所管課，拠点施設） 広島県（所管課，拠点施設）	さいたま市（所管課） 川崎市（拠点施設） 名古屋市（拠点施設）	盛岡市（所管課，拠点施設） 越谷市（所管課） 松戸市（所管課，拠点施設）

（出所）　表6-1に同じ．

画の中に拠点施設を政策実施拠点として明記することにより，施設が評価の対象として位置づけられる例がみられた．施設で実施していることを事業に分解するならば，施設の存在は評価上見えないものとなってしまうが，計画上拠点として位置づけられるならば施設の存在意義が問われることになる．また，どのような組織体制を取っているのかが重要であるが，所管課と拠点施設を一体化させ両者の機能を分散させず強める例があったり，所管課の内部を計画の進捗管理を行う班と事業を推進する班に分け，両者を関連づける組織となっていたりする例がみられた．

　課題面としては，評価指標における課題が多々みられた．たとえば，「講座開催数」，「情報提供数」のようなインプット指標をアウトプットとして使っていたり，「教員の管理職に占める女性割合」のように政策実施の成果かどうかを実証できないものがアウトカム指標として使われたりしていた．前述したように，基本計画は政策目標から事業までを，大項目（政策）―中項目（施策）―小項目（事業）の体系で構成される．この体系を評価に結びつけると，具体的な事業レベルの積み重ねが，施策の進捗に結びついているように見える．一見，input ― output ― outcome の関係づけであるロジック・モデルを利用しているようでありながら，実際には数値化しやすい指標が選定されていて，事業結果が成果に結びついているかどうかの検証がむずかしい場合もある．そもそも基本計画の策定の際に，input ― output ― outcome の関係を想定しながら評価の体系を考えなければ，実効性のある計画にはならない．

　政策の設計時から，いかに評価するのかをロジカルに想定しておく必要がある．次節では，男女共同参画政策をどのように設計し，そこに評価を伴わせて

いくのかという観点から，基本計画と評価を連動させた事例としてD市を取り上げ，その先進性を分析する．[11]

(2) 基本計画と拠点施設を評価でつなぐ先進事例

a 総合計画への男女共同参画の位置づけ

D市は，東京近郊の人口約48万人の都市である．第4回国連世界女性会議が北京で開催される前年の1994（平成6）年に女性センターを開設し，国の男女共同参画基本法が制定される1年前の1998（平成10）年に男女共同参画プランを策定するなど，国際的な動向を敏感に把握し，男女共同参画政策を進めてきた．

D市の男女共同参画政策が先進的である点はまず，総合計画の上位の目標に男女共同参画が位置づけられていることである．D市の総合計画（第4次実施計画）は，6節24項構成であるが，第1節第3項に「男女共同参画の地域社会をつくります」という目標が掲げられている．[12] 男女共同参画政策は，1990年代以降になって登場した新しい分野であり，なおかつ男性より劣位に置かれた女性に関連する政策ということで，政策上の重要度は低くみられがちであるが，D市では総合計画の柱の1つに「男女共同参画」を据えている．男女共同参画を政策の1つの分野としてしまうのではなく，「すべての政策にシャワーのようにふりかかるものとしたかった」という当時の担当課の方針による．あらゆる政策に男女平等の視点を入れることを「ジェンダー主流化（gender mainstreaming)」[13]というが，総合計画に男女共同参画を位置づけることが，ジェンダー主流化のために必要であることをD市の例は示している．

b 男女共同参画推進体制の特徴

D市の先進性はまた，政策の推進体制にもみられる．推進体制を，車の両輪，エンジン，ガソリンに見立てて図示したものが図6-2である．

基本構造の構成要素は男女共同参画プランと女性センターであり，この両輪が政策推進の要である．女性センター設置の際に，限られた人員を所管課とセンターに分割するよりも，「場をもった政策課」として一体化させ機能を高めようようという意図から，このような構造となったという．名称も当初は「総務部女性センター」とユニークであり，D市が政策の実施拠点として女性セ

第6章　地方自治体における男女共同参画政策の評価

```
┌─────────────────────────────────────────┐
│  総合計画　第1節　第3項                  │
│  ┌───────────────────────────────────┐  │
│  │ 場を持つ政策課：総務部女性センター │  │
│  │   ╭─────────╮     ╭─────────╮    │  │
│  │  │男女共同参画│    │女性センター│   │  │
│  │  │プラン      │────│(プラン具現 │   │  │
│  │  │(政策進行管理)│  │ の場)      │   │  │
│  │   ╰─────────╯     ╰─────────╯    │  │
│  │       ☆政策推進の両輪              │  │
│  │          【構造】                   │  │
│  └───────────────────────────────────┘  │
└─────────────────────────────────────────┘
```

☆両輪を回すエンジン【組織】

庁内組織：
男女共同参画推進会議
（部課長クラスの職員）
男女共同参画研究会
（若手職員）

男女共同参画推進協議会
（市民・有識者）

☆エンジンを動かすガソリン【人材】

職員　　市民グループ　　女性議員

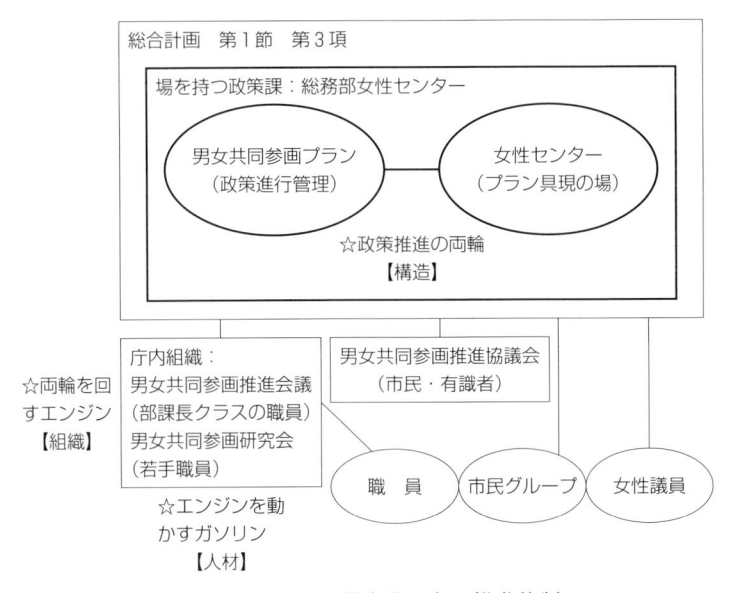

図6-2　D市の男女共同参画推進体制

(出所)　筆者作成.

ンターを重視していたことがうかがえる．

　両輪を動かすためのエンジンとして，部課長から成る「男女共同参画推進会議」と，その下部に若手職員から成る「男女共同参画研究会」の2つが役所内に設置されている．「男女共同参画研究会」では，意識調査，プランの策定・改定の原案づくりなど，政策の下地づくりを行う．「男女共同参画推進会議」は，政策を決め，実施に移すための役所内での意思決定機関である．エンジンのもう1つは，市民・有識者から成る「男女共同参画推進協議会」であり，プランを市民の立場から実現するための先導役・監視役となっている．

　エンジンを回すためのガソリンに相当するのは，職員・市民グループ・超党派の女性議員という人材である．「男女共同参画研究会」のプロジェクトメンバーには，将来の成長が見込める若手職員が入る．研究会に入ると，最初は勉強会をし，アンケート調査を行うなど実務を行いつつ，職員の学習と気づきが促される．この研究会のメンバーだった人が昇進し，意思決定する立場になることで，さまざまな部署に男女共同参画を理解する人材が育ってきている．

女性センターの事業を契機に生まれたグループもまた，男女共同参画を推進する人材である．たとえば，「一時保育ボランティア養成講座」の修了生の中には，NPO法人を立ち上げ，市から乳幼児と親のための場の運営を受託する団体も生まれている．D市の強みは，女性の県議会議員，市議会議員が党派を超えて男女共同参画の推進に協力していることである．「D市女性会議」という団体にも女性議員全員が加わり，市民とともに学び，行動している．

　以上のように，構造―組織―人材が連動して男女共同参画社会づくりが推進されている点にD市の推進体制の特徴と強みがある．続いて，男女共同参画プランとその評価から，D市の先進性を考察する．

c　D市の男女共同参画プランの先進性

　1998（平成10）年に男女共同参画プラン（以下，プランと表記）を策定した際に，「職員が納得する計画づくり」を重視し，役所内の意見を集めた．その結果，男女共同参画施策とは何を目標にするのかが見えない，施策を展開した結果が客観的に見えるプランにする，職員が異動しても施策が継続できるプランが必要，行政だけが取り組めばよいものではない，などの意見が出された．これらの意見に基づいて，「目的明確化」，「社会計画」，「評価重視」の3つの視点に立ち，プランを策定した（図6-3）．

　「目的明確化の視点」とは，2020年のD市のあるべき社会像と男女共同参画社会像を一致させることを目的に定めたことである．総合計画の上位に男女共同参画を位置づけることにより，D市の目指すべき社会像の中に男女共同参画が組み込まれることになった．

　「社会計画の視点」とは，男女共同参画は行政だけが取り組めばいい課題ではなく，企業，民間団体，市民など，社会を構成するさまざまな主体とともに進めるものであるということを理解してもらうために，「社会計画」の視点と表現した．そして，プランを実施していくことは，さまざまな主体の協働によるまちづくりにつながると位置づけた．

　「評価重視の視点」とは，行政には担当部署の異動があるが，どの職員が担当しても同じ質のサービスを常に提供できるように評価を取り入れた．また，プランを単なる宣言文にしないために，評価によって成果を明らかにすることにした．

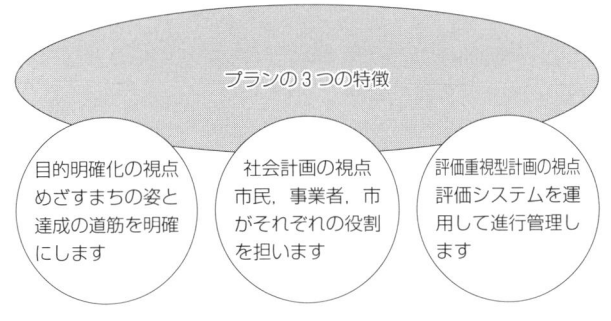

第6章 地方自治体における男女共同参画政策の評価

プランの3つの特徴

- 目的明確化の視点
  めざすまちの姿と達成の道筋を明確にします
- 社会計画の視点
  市民,事業者,市がそれぞれの役割を担います
- 評価重視型計画の視点
  評価システムを運用して進行管理します

図6-3　D市のプランの特徴

(出所)　D市男女共同参画プラン.

めざすまちの姿
このプランの目的と計画期間内（H25〜29年度）に達成すべき目標を設定します。

- 最上位目的　男女共同参画のまち
  プランの最上位目標を設定します
- 個別目的　4つのまちの姿
  4つのまちの姿に個別目標を設定します
- まちづくりの基本方針
- 基本施策　17項目
  - 市民・事業者の役割
  - 市の役割

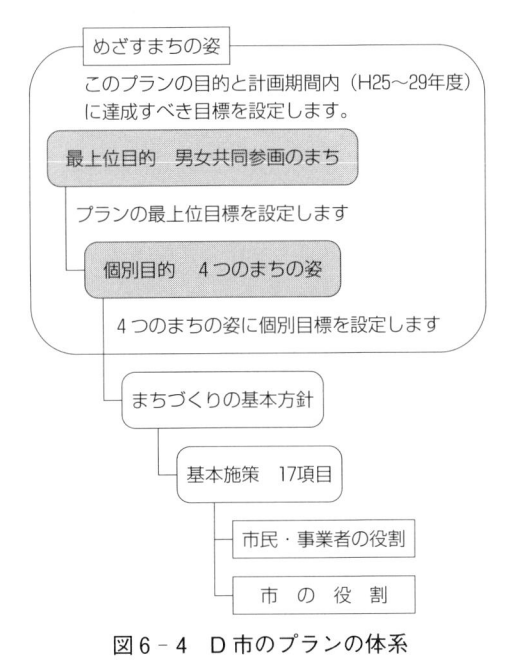

図6-4　D市のプランの体系

(出所)　D市男女共同参画プラン.

以上のような3本柱の考え方に基づいて作成されたD市のプランの体系は、図6-4の通りである。最上位目的を「男女共同参画のまち」とし、その下に4つの「個別目的」を置き、さらに7つの「まちづくりの基本方針」が立てら

れている．その方針に基づき「基本施策」17項目が立てられ，個別事業が位置づけられている．個別事業は，「市の役割」と表現されており，行政が何を目的に事業を実施するのかを意志表明する形になっている．

たとえば，拠点施設については，個別目的IV「男女共同参画社会の実現をみんなで推進するまち」，基本方針vii「市民と行政が協働して取り組める体制を整備します」，基本施策16「男女共同参画の推進拠点を充実させます」と位置づけられている．この施策を実施するために，「市の役割」としては，たとえば「1．市民の意見を求めながら女性センターを管理運営します」と意志表明がなされ，具体的な事業としては，「女性センター運営協議会を設置し，適切な施設の管理運営を図ります」と書かれている．

　d　D市のプランの評価

以上のような3本柱にそって策定されたプランであるが，評価はどのように行われているのであろうか．まず，プランにそって年間計画が立てられると，関係部署に事前と事後にヒアリングを行う．関連部署へのヒアリングは手間のかかることであるが，他課に男女別にデータの整備や，男女共同参画への取り組みの必要性を問いかけるチャンスであると考え実施している．また，プランを評価する資料として，職員全員を対象にした調査，小学生6年生とその親1000組を対象とした調査，市民を対象とした調査の3種類の意識調査を行い，定期的に評価のための資料を整備している．行政と市民の両面に調査を行うことは他の地方自治体でもみられるが，小学生とその親を対象とした調査まではなかなかみられない．

プランの評価は，個別事業ごとに行われている点では，他の地方自治体と変わりないが，事業の達成目標を「成果目標」と「活動目標」に分け，さらに「有効性向上の視点」という項目を設けている点にD市の創意がみられる．目標は，「活動目標」と「成果目標」に分けている．「活動目標」は「事業活動の量的目標（アウトプット・レベル）」と現状を記載するものとし，「成果目標」は「事業が達成すべきアウトカムレベル」で目標を設定するが，「目標値の設定が困難な場合には達成すべき方向を示す」というやり方でアウトカムとアウトプットを区別して自己評価ができるような工夫がなされている．また，「成果目標」はプラン実施の5年間での達成度をみるようになっており，単年度ごとの

事業の積み重ねからだけでは評価がむずかしい男女共同参画政策の評価に対する工夫点がみられる．

　一例を挙げるなら，「基本施策11　地域活動での男女共同参画を促進します」では，「子育て中の男女が参加しやすいように一時保育付きの講座を行うこと」を「事業内容」として，「活動目標」を「一時保育付き講座数を確保する」こと，「成果目標」を「子育て中の男女の講座参加者を増やすこと」とし，その達成度は5年間の累積で見て評価するようになっている．行政活動の進捗を，目標の達成具合で測るという意味では，業績測定型の評価であるが，アウトプットとアウトカムの区別を意識している点，単年度ごとの事業で成果を見るのではなく，プラン実施の5年間で数字の積み重ねの意味を成果として把握する視点があり，プログラム評価的な考え方がみられる．

　以上，D市を取り上げ，プランと拠点施設を両輪とした体制，プランの先進性と評価の方法についてみてきた．D市は，男女共同参画という新しい政策理念が国レベルでも，地域レベルでも明確にされていない時期から，男女共同参画政策を推進するための制度設計を独自に行っていたことに注目したい．出来上がったプランの体系に合わせて，評価のしくみを作るのではなく，個別事業の積み重ねが相乗的に成果を生み，政策目標を達成していく組み立てになっている．D市の事例は，評価以前の制度設計の重要性と，評価の視点を入れながらプランの体系をつくるロジックが必要なことを示している．

おわりに

　地方自治体が評価に取り組み始めて約10年という年月中で，男女共同参画政策においても，評価が浸透していることが今回の調査で明らかになった．しかし，その評価とは，主として基本計画の進行管理のために行う業績測定型の評価であった．基本計画の体系にそった目標値を設定し，その進捗管理を行うという手法が一般的に取り入れられているが，選ばれた指標や基準の設定など技術上の課題が多々みられた．

　さらに，男女共同参画政策を推進するための両輪である基本計画と拠点施設は，評価の上で十分に関連づけられていない実態が明らかになった．評価とし

ては拠点施設も先進的に取り組んでいる一方で，行政は拠点施設を評価の俎上に載せていなかったり，拠点施設が行った評価を活かしきれていないという課題が明らかになった．

　先進的な評価の取り組みも一部にはみられるものの，男女共同参画の評価としてふさわしいやり方が議論される機会もなく，各行政がそれぞれの取り組みを進めている状況である．今必要なことは，地方自治体の中での閉じた評価のしくみからは見えない課題を，他地域で行われている評価と比較することにより自覚することではないだろうか．

　評価のプラス面は無論あり，行政や拠点施設に，結果を重視すること，事業の成果を捉える必要性，税金で運営されている事業や施設について市民への説明責任を果たすことなど，これまでにない考え方が持ち込まれた．D市のように，評価の視点を基軸に，「男女共同参画の推進」というミッションを組織的に学習し，組織内のジェンダー主流化を促進した例も見られる．

　評価のプラス面とマイナス面の両面を含みつつ，男女共同参画政策の評価は今後どのような方向に向かって進むべきなのだろうか．

　評価が行政内部のものにとどまってしまっている現状を考えるなら，政策の改善に資する評価として，受益者の視点をより評価に盛り込み，政策の改善につなげるようなしくみをつくることが不可欠である．受益者の視点を入れた評価としては，福祉における評価，学校評価などが取り組んでおり，現場で得られた知見を生かし受益者視点で評価が行われている．目黒区男女平等・共同参画審議会の委員（区民）という立場から事業評価を行った神尾は，「男女共同参画政策が効果をあげるためには，行政が施策をどのように実施し，施策がどのような効果を挙げているのか」を「市民自身の手で」評価することが大切である点を指摘している［神尾 2008：157］．

　男女共同参画もまた，福祉や教育のように生活に密着した課題であり，男女共同参画が保障されることにより生活の質が向上し，社会的な満足度や活力の向上につながる．市民が評価に関わることは，基本計画の推進を行政まかせにしないという自発性発揮の機会ともなるだろう．

　受益者視点に立つ評価を考える際に，拠点施設という受益者の声が反映されやすい部分の評価の重要性が再度クローズアップされる．指定管理者として拠

点施設の運営を行う団体は，行政の持ちえない受益者視点から男女共同参画政策に関わっている．拠点施設が自ら開発した評価から，政策成果を測ることのできる評価がつくられていく可能性を秘めている．行政が設置した拠点施設を活かすことは，男女共同参画政策を進める上で必要不可欠なことなのである．

注
1) 辻村［2005：64］は国がこの時期から男女共同参画を積極的に使用するに至った理由を，男女が社会の対等な構成員として政策・方針決定過程に参画することを促進していこうとする国際情勢をふまえたこと，また男女平等を進めるようとする勢力に対する反対勢力の「平等アレルギー」を抑えるためだったと指摘している．しかしそのためにかえって「目標が不明確になったことは否定」できないとも指摘する．
2) 内閣府が定期的に実施している「男女共同参画社会に関する世論調査」(2000, 2002, 2004, 2007, 2012年) によると，「男女共同参画社会」の周知率は，2000年で24.7%，2004年で52.5%であった．その後も周知率は高まり続けてきたが，2013年で63.7%と6割台にとどまっている．
3) 「(地方公共団体の責務) 地方公共団体へ，基本理念にのっとり，男女共同参画社会の形成の促進に関し，国の施策に準じた施策及びその他のその地方公共団体の区域の特性に応じた施策を策定し，及び実施する責務を有する」(男女共同参画社会基本法 第9条)．
4) 女性の「エンパワーメント」とは，社会的弱者である女性が，連帯することで互いの力を引き出し合い，不利な状況を変えることができるという考え方である．国連主催の第4回世界女性会議 (1995年，北京) のキーワードとなったことで一般にも普及した．
5) その中には，名古屋市，松戸市など，要望する女性達がセンター設置構想に参画し，設置過程が女性のエンパワーメントになった例も多々みられる．
6) 本章では詳しく言及しないが，政策の広がりを阻む「ジェンダーバックラッシュ」もまた，2000 (平成12) 年頃に起こり始めた．「ジェンダー」は後天的に社会生活の中で形成されるものであるが，先天的な性別を取り払ものと考えた論者が，男女共同参画の推進を阻んだ．たとえば全国に先駆けて制定された東京都の男女平等参画基本条例の中に，「男女は互いの違いを認めつつ」という文言が後から挿入されるなど，条例の書き直しが複数の地方自治体で行われた．
7) 拠点施設の評価の先行研究として，国立女性教育会館が2007年に調べた際には，回答のあった311施設中，112施設 (36.0%) と約4割が評価を実施していた．ま

た拠点施設が自ら行う評価の先進事例としては，NPO法人参画プラネット，NPO法人男女共同参画フォーラムしずおかなどの取り組みがみられる．両NPO法人とも，男女共同参画センターの指定管理者として拠点施設を運営し，そこで実施した事業を政策の推進と関連づけて評価を行ってきた．

8) 「男女共同参画政策の推進に向けた評価に関する研究会」は，2009年5月に発足した．埼玉，東京，静岡，名古屋，長野，京都，大阪から12名の研究者および実務者が参加している．立ち上げの背景には，男女共同参画センターへの指定管理者制度の導入，事業仕分けなど，男女共同参画政策推進が順調に進まない社会的動向への危機意識があった．その時に，男女共同参画政策の進み具合を測る方法として評価に着目したことが共同研究を始めるきっかけとなった．

9) 地方自治体で複数の拠点施設を持つ場合があるため，地方自治体数より拠点施設数の方が多くなっている．

10) 拠点施設に対して行った質問紙調査の結果でも，評価を実施している施設は，116施設（61.4%）と6割にとどまった．「拠点施設として自ら行う評価」は政令指定都市など，指定管理者制度を導入した比較的規模の大きなセンターで進んでいた．

11) D市に対しては，ヒアリング調査実施時である2012（平成24）年現在の課長，担当職員から聞くとともに，男女共同参画プラン策定時（1998年）の担当者であり，その後も長らく市役所内でのジェンダー主流化に尽力した山口文代氏からも詳しいお話をうかがうことができた．山口氏のご協力に感謝したい．

12) D市の総合計画の中には，男女共同参画が位置づけられている．「第1節 連携型地域社会の形成 第3項 男女共同参画の地域社会をつくります」「めざしたい将来像：男女がお互いに相手の人権を大切に思い，ともに責任を分かち合い，個性や能力をフルに発揮できるまちをめざします．それは，男女が対等なパートナーとして，いろいろな分野に参画できるまちです」．

13) 第4回世界女性会議では，「ジェンダー主流化（gender mainstreaming）」という文言が北京行動綱領の中に書き込まれたことにより，政策のあらゆる分野に男女平等の視点を入れることが世界的な合い言葉となった．

第7章

男女共同参画政策における
パフォーマンス評価の課題
―― 地方自治体における施設評価と行政評価 ――

はじめに

　地方自治体[1)]と男女共同参画政策の拠点施設の双方は「評価」に対して異なる期待を有しており，地方自治体に対して拠点施設が抱くフラストレーションの一因となっている．その理由は，男女共同参画政策におけるパフォーマンス重視の評価体制が，拠点施設の本来の設置目的にかなうものとは必ずしも言えないからである．

　拠点施設の設置に際しては，企画部門と執行部門とを分離する考え方が公共部門に広く導入され，その際には民間部門に委託領域を拡大することが推奨されてきた．「小さな政府」観に基づく効率的な行政運営の要請から，委託先には裁量ある経営が認められてきたのであるが，その一方で情報の非対称性に起因するエージェンシー・スラック（agency slack），すなわちプリンシパル（本人）である地方自治体の利益に反する拠点施設エージェント（代理人）の行動に対処するための監視ツールとして「評価」が用いられてきたのである．

　ただしここで用いられている「評価」が，理論上は「パフォーマンス測定」と同一であることに注意する必要がある．実際に，本書の各章において指摘されているように，男女共同参画政策をめぐる評価のほとんどがパフォーマンス測定型の評価であったことが明らかにされている．パフォーマンス測定が抱える困難は，それが「政策内容のパフォーマンス」を指すのか，それとも政策の実施に伴う「組織活動のパフォーマンス」を指すのかが判然としていない点にある．評価の理論と実務において，前者のパフォーマンスはアウトカム，後者

はアウトプットとして区別されるが，実務上はアウトプットが支配的である．活動を媒介するアウトプットの方を選好することによって，アウトカムを生み出す因果関係を立証することの困難を無視することができるからである［Power 1997：邦訳 158］．

このように，パフォーマンスの定義に際してはアウトプットとアウトカムを識別できるかどうかが重要となるが，研究や教育，警察，ソーシャルワークなどのように識別困難な公共サービス分野も存在する．男女共同参画もそのような分野の1つであり，それは「男女共同参画が実現された社会とは具体的にどのような状態か」を操作化したり，男女共同参画政策とその成果の因果関係を立証したりするのが困難だからである．

地方自治体と拠点施設の評価がすれ違う理由は，地方自治体が「組織活動のパフォーマンス」を念頭にパフォーマンス概念を構成しているのに対して，拠点施設では「政策内容のパフォーマンス」を中心にパフォーマンス概念を構成していることが多いからである．パフォーマンス概念の認識上の相違が，パフォーマンス測定型として実施されている「評価」のあり方にも認識上の相違をもたらしているのである．はじめに，両者が認識している評価が何であるかを検討したい．

1　男女共同参画政策の評価における計画と拠点施設の位置づけ

(1) 計画の「評価」と政策評価

地方自治体において実施されている評価は，一般的に「行政評価」として制度の運用がなされている．男女共同参画政策の評価を理解するために，まずはそれが準拠している行政評価について理解する必要がある．

行政評価は，日本の地方自治体において広く導入されている制度である．総務省自治行政局が2011年にとりまとめて公表した「地方公共団体における行政評価の取り組み状況（平成22年10月1日現在）」によれば，全国の都道府県および市区町村1797団体のうち977団体（54.4%）が行政評価を導入している[2]．ただし，これは導入率30.0%の町村が含まれてしまうための値であり，町村を除く

都道府県，政令指定都市，中核市，特例市，市区の導入率は7割から9割のあいだで推移している[3]．

　各地の地方自治体で行政評価を導入する際，そのモデルとなったのが三重県庁である．三重県庁が1996年に運用を開始した「事務事業評価システム」は，当時の北川正恭知事が主導した一連の行政改革運動の一角として採用された．導入の目的は事務事業の目標管理および進行管理であり，その具体的な手法として目的評価表の作成が行われた［山谷 2012：181］．事務事業評価を通じて，総合計画および予算との連動を意図していたのである．

　三重県は1997年，あらゆる施策および事業を総合的かつ計画的に進めることを目的として，総合計画「新しい総合計画　三重のくにづくり宣言」を策定した．この総合計画は，政策展開の基本方向，政策，施策，基本事務事業および継続事務事業の計5層から構成され，三重県庁内の各部局が所管する個々の事務事業が体系的に整理された．一種の「政策体系」であるが，このうちの基本事務事業および継続事務事業を対象に目的評価表を作成することで，事業の進行管理を行い，かつ予算編成に利用しようと試みたのである．その中で総合計画は，事務事業評価を進める際の基礎前提となる枠組みに使われた．このような三重県庁の例は，他の地方自治体から広く参照され，以後の行政評価制度導入のモデルとなった．

　公共部門における評価を理解する上で重要なのは，政策体系である．抽象的な政策は，より具体的に操作化されることで，個々のプログラムおよびプロジェクトに分解される．日本では複数の事務事業を束ねたものを「施策」と呼び，これを「プログラム」と見なすことがあるが，本来プログラムとは想定したアウトカムを生み出すための活動（政策手段）を選択実施する際の詳細を定め，必要な資源，スケジュールを指定している一種のソフトウェアである［山谷 2012：18-19］．したがって，政策体系におけるプログラムの概念は，下位にある個々のプロジェクトに対しては目的として，上位の政策に対しては手段としてそれぞれ位置づけられることで，目的と手段との因果関係による連関を構築しているのである．

　山谷は，政策体系を図示し，公共部門で行われている評価を7種類に整理している（図7-1）．すなわち，①政策レビュー，広義の政策評価（選挙公約），

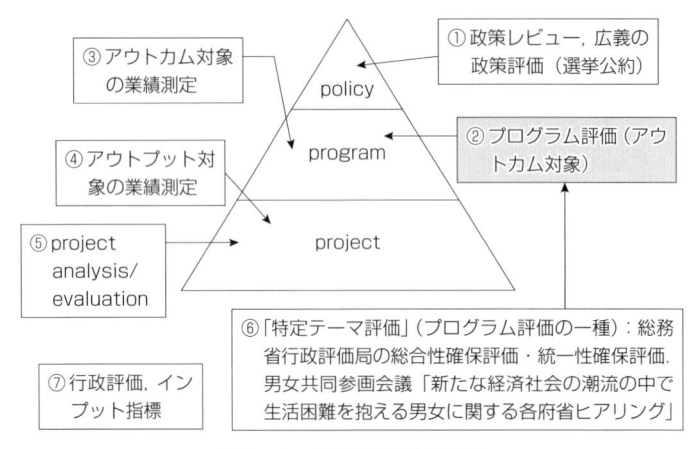

```
                                    ①政策レビュー，広義の
      ③アウトカム対象                政策評価（選挙公約）
        の業績測定       policy

                       program        ②プログラム評価（アウ
      ④アウトプット対                    トカム対象）
        象の業績測定

      ⑤ project          project
        analysis/
        evaluation
                       ⑥「特定テーマ評価」（プログラム評価の一種）：総務
                         省行政評価局の総合性確保評価・統一性確保評価．
      ⑦行政評価，イン       男女共同参画会議「新たな経済社会の潮流の中で
        プット指標          生活困難を抱える男女に関する各府省ヒアリング」
```

図7-1　評価と測定の関係

(出所)　山谷 [2012：18]．

②プログラム評価（アウトカム対象），③アウトカム対象の業績測定，④アウトプット対象の業績測定，⑤プロジェクト分析／プロジェクト評価，⑥特定テーマ評価，⑦行政評価，インプット指標である．①から⑥までの評価は，政策体系のいずれかの層を対象としているが，⑦の行政評価のみが政策体系のいずれも対象としていない．なぜなら，行政評価が対象とするのは組織活動であり，政策とその政策手段であるプログラムやプロジェクトのアウトカムやインパクトを見て政策，プログラム，プロジェクトの効率性，有効性，公正さを調査する政策評価とは違うからである［山谷 2012：19］．

　総合計画は政策体系として扱われることが多いが，そのためには評価対象となる総合計画を評価可能な形式へ操作化する必要がある．その場合，政策の定義および政策体系の構築が，総合計画の策定に対して時間的に先行していなければならない．しかし，多くの地方自治体では，はじめに総合計画ありきで行政評価制度を導入したために，評価を前提とせずに策定した計画を「政策」とみなし，強引に評価システムを作っていった．

　このように，日本の地方自治体においては，総合計画の目標管理および進行管理を「評価」と称することになった．その結果，本来の政策の定義や政策体系の構築を行わなかったことで，地方自治体はプログラムを欠如したまま評価

に取り組まなければならなかったのである．政策やプログラムを認識できない以上，評価の活用方針は別に向かわざるを得ない．計画の目標管理および進行管理のみならず，予算査定，定員管理，内部管理事務および施設管理などの地方自治体の行政活動，さらには指定管理者評価，地方公営企業評価，地方独立行政法人評価など，およそ政策ではないものが評価に含められ，それらの総称として「行政評価」が用いられるようになったのである[4]．

そもそも本来の行政評価の手法は，理論的には業績測定として分類される．業績マネジメントを通じた組織マネジメントが日本で受容された背景には，イギリスのニュー・パブリック・マネジメント（NPM: New Public Management）およびアメリカの'Reinventing Government'の思想が存在する［Hood 1991；Osborne and Gaebler 1992］．イギリスのサッチャー改革において見られた業績指標（performance indicator）や結果重視マネジメント（result-based management），そしてアメリカのナショナル・パフォーマンス・レビュー（NPR: National Performance Review）および政府業績成果法（GPRA: Government Performance and Results Act of 1993）などの管理手法は，政策よりはむしろ事務事業をマネジメントするための組織体制および職員意識の改革として導入された[5]．これら業績測定の手法は，三重県庁の事務事業評価において利用され，他の地方自治体が目指す行政評価のプロトタイプとして示された．

このように地方自治体で行われる評価は，政策，プログラムおよびプロジェクトを対象とする「政策評価」ではなく，総合計画に基づく行政活動を業績測定の対象とする「行政評価」として普及した．ここでは男女共同参画政策の評価も，男女共同参画計画の評価としてすり替えられ，その実態はやはり政策評価ではなく行政評価である．

地方自治体が男女共同参画社会形成の手段として計画を用いることになったのは，男女共同参画社会基本法（平成11（1999）年6月23日法律第78号）の制定がきっかけである．男女共同参画社会基本法では地方自治体の責務が定められており，第14条第1項では都道府県による男女共同参画計画の策定義務，第14条第3項では市町村による男女共同参画計画策定の努力義務が課せられている[6]．2013年に内閣府が実施した調査によれば，都道府県および政令指定都市のすべてと，市区町村の70.3％（うち市区95.1％，町村48.7％）で計画が策定されてい

7) る．法令上の要請が，男女共同参画政策における計画の役割を重要な地位に位置づけたのである．

　男女共同参画計画は，「男女」「男女共同」「男女平等」などの名称を冠する担当部局（課・室）によって所管されている（以下では男女共同参画所管課と記述する）．男女共同参画所管課は計画の評価も担当しており，行政評価における総合計画の進行管理と同様，男女共同参画計画の進行管理を担っている．行政評価は一般に総務系部局による全庁的なマネジメントのツールとして実施されているが，男女共同参画政策の評価の場合も，男女共同参画所管課による計画のマネジメントとして行政評価と同様の体勢がとられているのである．

(2) 拠点施設に対する「評価」と拠点施設による評価

　男女共同参画所管課にとっての拠点施設は，計画と同様に男女共同参画政策推進の重要な手段である．拠点施設の運営形態は，行政が関与する度合いに応じて直営方式，業務委託方式，指定管理者方式の3つに大別される．また指定管理者方式の場合は，「施設管理のみ指定管理者」の場合と「施設管理・事業とも指定管理者」の場合とに区別される．

　そもそも指定管理者制度は，地方自治における公共サービスの担い手を多様化することを目的として導入された（2003年改正地方自治法244条の2第3項）．業務委託（234条1項）や旧管理委託制度（改正前地方自治法244条の2第3項）とは性格を異にする指定管理者制度は，公の施設の管理権限を民間事業者あるいはNPO法人などあらゆる団体に委任することを可能にしたため［三野 2014：124-129］，指定管理者制度では施設管理のみならず，事業運営の一部または全般を委任することで，指定管理者に裁量ある事業運営を行わせることができる．

　ところで指定管理者制度は，さきの「公の施設」の概念が広範であるため，多様な行政サービスが制度の対象となった．総務省が2012年11月に公表した「公の施設の指定管理者制度の導入状況等に関する調査結果」では，全国の都道府県，指定都市および市町村への調査票をもとに，公の施設を5つに分類している．①レクリエーション・スポーツ施設（競技場，野球場，体育館，テニスコート，プール，スキー場，ゴルフ場，海水浴場，国民宿舎，宿泊休養施設等），②産業振興施設（産業情報提供施設，展示場施設，見本市施設，開放型研究施設等），③

基盤施設（駐車場，大規模公園，水道施設，下水道終末処理場，ケーブルテレビ施設等），④文教施設（県・市民会館，文化会館，博物館，美術館，自然の家，海・山の家等），⑤社会福祉施設（病院，特別養護老人ホーム，介護支援センター，福祉・保健センター等）であり，括弧内の施設がそれぞれの内容として例示されている．そして，男女共同参画拠点施設は④の文教施設に分類される．

　男女研究の調査結果では，拠点施設の管理運営および事業のすべてが地方自治体による直営方式である施設は65.8％と全体の2/3を占めることが明らかにされている［内藤・高橋・山谷 2014］．この結果は，内閣府が2010年に実施した「男女共同参画センターの現状に関する調査」の結果ともおおむね符合する［内閣府男女共同参画局 2010a］[8]．また男女研究の調査結果では，公設民営の施設のうち指定管理者制度を導入している施設は6割（58.7％）であり，内閣府の調査結果と比較した場合に若干は乖離するものの，指定管理者制度が導入される傾向にある点では一致している［内閣府男女共同参画局 2010a］．

　また，指定管理者方式における「施設管理のみ指定管理者」と「施設管理・事業とも指定管理者」との区分については，前者が全体の24.6％であるのに対して，後者は65.2％と2/3を占めている［内閣府男女共同参画局 2010a］．施設設置者の種別によって若干の差異はあるものの，「施設管理・事業とも指定管理者」である割合の方が高い点で同じ傾向にある．このことは，男女共同参画の政策内容に携わる指定管理者が多いことを示している．

　拠点施設の運営形態の別は，評価実施の有無において有意な差を生じさせていることが，男女研究の調査結果で明らかにされている［内藤・高橋・山谷 2014］．何らかの評価を実施または受けている施設の割合は，直営施設の場合が全体の52.5％であるのに対して，公設民営施設の場合は全体の76.2％と高かった．さらに，公設民営施設のなかでも指定管理者制度導入施設は82.7％ととくに高かった．

　この結果が意味していることは何であろうか．考えられるのは，現場の専門的情報を持たない行政と現場情報に詳しい指定管理者とのあいだに発生する情報の非対称性に起因するエージェンシー・スラックについて，その是正を目的とする監視のツールとして「評価」が用いられている可能性である．指定管理者制度はそもそも，企画部門と執行部門とを分離するNPMや'Reinventing

Government' の考え方を反映している．この場合の評価目的は，行政に対する指定管理者のアカウンタビリティを確保することであり，コントロールのツールとして「評価」が用いられることになる．そしてこのコントロールは，NPM 理論においては遠隔操作型の 'result-based' のコントロールを志向していたが，日本の現実は詳細かつ密着型のコントロール，いわゆる「箸の上げ下ろしに至るまで」口出しするコントロールにするのが評価だと誤解される事例が多い．

指定管理者は，たとえ行政からの評価に不満を抱えていても，これらの評価に応じざるをえない．指定管理料は住民の税金から支出されているので，指定管理者は地方自治体を通じ，住民に対して会計上および法令上の責任を果たすため内部規定や細かなルールの遵守義務を負うからである．この責任や義務を果たさない場合は，指定管理者は次回の指定を受けることができない可能性が高い．そもそも指定管理期間には法的制約はないものの，5 年以内の年数で設定されることが多いので，結果として指定管理期間終了後の次回選定における採否が，不満の多い評価実態を容認させ，放置することになってしまう．

もちろん，指定管理者が住民に対して負う責任や義務には，施設利用者に対する低廉でかつ十分なサービスの提供だけにとどまらず，ひいては住民に対する政策効果の発現の部分もあり，それもまた指定管理者に期待されている．そもそも指定管理者制度は，多様化する住民ニーズに対してより効率的かつ効果的に対応するため，公の施設の管理に民間活力を活用しつつ，住民サービスの向上を図るとともに，経費の節減を図ることを目的として創設された制度だったからである［岩崎 2009：96］．

しかし地方自治体による行政評価では，経費節減や施設の効率的運営などのマネジメントに注目するばかりで，サービスの向上や事業の効果については必ずしも関心を示しているとはいえない事例が多い．このような状況に対して，指定管理者自身からこれらを評価しようとする改善のアプローチが 2 つ見られる．

その第 1 が，政策の改善である．評価の機能は，学習とアカウンタビリティとのあいだでトレードオフ関係にあることが，評価研究理論ではよく知られている［Lonsdale and Bemelmans-Videc 2007：13］．つまり，評価を責任追及に用

いる指向が強ければ強いほど，政策改善に有用な評価結果を得ることが困難になるのである．一般的に行政は評価をマネジメントのツールとして利用することで，業務執行上の法令や規定・内規への準拠，あるいは施設の効率的かつ経済的な運営指針へのコンプライアンスについて，指定管理者に責任を負わせることを企図してきた．したがって，指定管理者が政策改善に有効な評価結果をフィードバックすることは，理論的に無駄になる．政策改善情報が求められないからである．政策改善に貢献できる評価結果を地方自治体に還元できない以上，指定管理者は自ら活用しようと努力することになる．そして施設によって提供されるサービス内容の改善に熱心な指定管理者はますますこうした努力を重ねていく．つまり指定管理者が政策改善をめざし，自治体行政が業務改善と効率化をめざす逆転現象が現われる．

　指定管理者の側からアプローチする評価目的の第2は，職員のエンパワーメントである．エンパワーメントは，ソーシャルワーク分野や男女平等分野あるいは開発援助分野などで歴史を有し，国連やNGOによる国際的活動の中で認知されてきた，時間的および空間的な広がりを持つ概念である［内藤 2012b：45-46］．内藤によれば，エンパワーメントとは「女性，有色人種，マイノリティなど，歴史的・構造的に劣位に置かれてきた社会的カテゴリーに属する人々が，劣位に置かれたがゆえに開発発揮を阻まれてきた個人の力を回復し（power-to），連帯・協働して（power-within），自分たちを抑圧してきた社会構造を変革していく（power-with）過程」と定義され，日本では，社会教育や生涯学習の研究と実践に有用な視角，概念として受け入れられていった．

　エンパワーメント評価は，「改善と自己決定を促進する目的で評価概念，技術そして諸知見を実用化すること」として定義され，その定義は1993年のアメリカ評価学会におけるフェターマン学会長講演から踏襲されている［Fetterman 2005：邦訳 14］．評価理論においては，エンパワーメント評価は参加型評価に分類される．参加型評価には，ほかに利害関係者評価，協働型評価，実用重視評価などが含まれる［源 2008：99-102］．この中でエンパワーメント評価の特徴は，エンパワーメント評価の参加者が，評価対象となる事業の実施者，協力者，サービス利用者などであり，エンパワーメントは彼らが1つの「当事者グループ」として力をつけていくことを意味する点にある［源 2003：71］．[9]

このように，評価研究の理論に従った場合，評価目的はアカウンタビリティ追及と学習との2つに区別される．そして両者はトレードオフの関係にあり，片方の目的を追及すればもう片方の目的が損なわれる．つまり，ある1つの評価に2つの評価目的が同居することは理論的に認められず，棄却される評価目的を有して評価活動に携わる者は，評価に対するフラストレーションを抱くことになる．そして，男女共同参画政策の評価においては，学習とアカウンタビリティ双方の評価目的が強調されているものの，その実態としてはアカウンタビリティ追及に傾倒した評価活動が行われている．

その理由としては2つが考えられる．第1に，計画体系が政策体系となりえず，したがって計画に対する行政活動の準拠性がアカウンタビリティを過度に強調してしまう点である．第2に，「評価」の実態が業績測定すなわち計画の進行管理であり，したがって目標数値への準拠がアカウンタビリティを過度に強調してしまう点である．じつはいずれも評価におけるマネジメントの強調によって誘発されている問題であり，マネジメントの台頭が評価目的の相反性を「相補性」の議論としてすり替えているのである．

2 評価と測定の相補性

(1) 「パフォーマンス」の相違

男女研究で聴取・記述された24の評価活動のうち，22活動が業績測定として判断されたのであるが，それはつぎの2事由に基づいている［内藤・髙橋・山谷 2014］．

> ① プログラム全体の進捗と成果，その原因を，事後に，体系的・包括的・科学的に厳密に調査する作業ではなく，期間中の進行管理における点検である．
> ② 評価水準に示されているように，特定された事実に基づいて判断されているのは，ほとんどの場合，価値ではなく進捗の状態である．

聴取事例のほとんどを占めた業績測定であるが，それらの取り組みは制度設計上，文書上，そして口頭説明上も「評価」とされており，「業績測定」とい

う表現が用いられている事例は1つもなかった．しかし前記の2事由に照らせば，ここでの「評価」がプログラムを対象とする政策評価ではなく，計画を対象とする進行管理としての行政評価であることは明白である．「計画＝政策」の誤解が現場におけるパフォーマンスの理解に混乱をもたらし，実務における業績測定と評価の区別を妨げていると考えられる．

　政策と計画をパフォーマンスの観点から整理すれば，前者は「政策内容のパフォーマンス」であり，後者は「実施環境のパフォーマンス」である．「政策内容のパフォーマンス」を知る活動が政策評価であり，「実施環境のパフォーマンス」を知る活動が行政評価であると言うことができる．男女共同参画政策における評価のほとんどが業績測定として実施される背景には，つぎの3つの要因が考えられる．

　第1に，総合計画が行政評価における業績測定手法を助長したのと同様に，男女共同参画計画の策定がその進行管理としての業績測定手法の役割を前提としたからである．これはすでに言及したとおりである．

　第2に，計画に基づく評価は，計画によって実施される政策のパフォーマンスではなく，計画それ自体のパフォーマンスを評価するというシステム的なアプローチを誘発するからである．このことは，評価と監査の違いと類似している．評価が政策内容そのものに関する調査活動であるのに対して，監査は政策内容を管理する形式に不備がないかを確認する活動である．

　監査の前提として，被監査者もまた基準に照らして政策活動を管理し，さらにはその政策活動を管理できるようにする実施環境の構築に義務を負う．このように構築される実施環境のことをマネジメント・システムというが，計画に基づく監査は実施環境の外に参照点を作り出すことになり，計画の進行管理はその参照点への準拠性を強調するのである．こうして業績測定における準拠性の重視は，その本質において監査と変わらなくなる．

　第3に，業績測定における指標の設定に限界があるからである．政策内容に関する情報提供を目的として業績測定を活用する場合，目標数値として設定される測定指標を「政策内容のパフォーマンス」を示す指標にする必要がある．しかし実際は，つぎの2点で困難を抱えている．

　1つは，指標の区別に起因する困難である．「政策内容のパフォーマンス」

と「実施環境のパフォーマンス」とを区別する指標として，行政活動指標と成果指標の別，または政策指標と管理指標の別について言及がなされているが，これらは理論的にアウトプット指標とアウトカム指標に区別される．ハトリーは業績測定の概念部品として，アウトプットとアウトカムとを区別することを強調する [Hatry 1999：邦訳 14-26]．プログラムの直接的な生産物や生産されたサービスの量を指すアウトプットに対して，ハトリーはアウトカムを「プログラムがしたことではなく，プログラムをしたことによって生じた結果のことである」と定義している [Hatry 1999：邦訳 17]．つまり，アウトカム指標はプログラムの目標がどれだけ達成されたかを示しているといえる．

しかし，業績測定が抱える問題として，設定されたアウトカム指標の変動に対してプログラムがどれほど寄与したのかを把握することは困難である．設定されたアウトカム指標の変動には，プログラム以外のさまざまな要因が関わっているからである．それらを含めた因果関係の解明に資するのはむしろプログラム評価であり，業績測定がアウトカムの背景や状況の内容を説明することはない [Hatry 1999：邦訳 5]．

ハトリーはこのような事実を業績測定の限界として認めるが，一方で業績測定とプログラム評価が，お互いを補強しあう相互補完的な活動であることを強調している [Hatry 1999：邦訳 9]．評価と測定との相互補完性は，近年では業績マネジメントと評価との「相補性」の議論として評価理論の研究者から言及されている [Hunter and Nielsen 2013]．これは従来の評価研究が想定する評価知識の生産と，マネジメント目的の業績測定データの使用とが両立しない現実に対する批判であり，同時に評価者コミュニティが業績マネジメントへ歩み寄ることの意義を強調する言及でもある．

ただし，ここで定義されるパフォーマンスには留意する必要がある．彼らはパフォーマンスを「意図された活動を通じて，測定でき，信頼でき，持続可能な目標を達成するための組織の能力」として定義し，さらに業績マネジメントを「目標達成のために業務から学習し，戦術的・戦略的な調整を行うために組織が用いる，リアルタイムデータの測定，モニタリング，分析に基づいた自己調整過程」として定義している（傍点筆者）．いずれも組織のパフォーマンスを強調しており，これはさきに述べた「実施環境のパフォーマンス」すなわち計

画に基づく行政活動の業績測定に連なる議論として整理することができる．

　測定指標が政策内容のパフォーマンスを示すのが難しいもう1つの理由は，アウトカム指標の設定に起因する困難である．男女共同参画政策の成果を識別する際，「男女共同参画が実現された社会とは具体的にどのような状態か」を操作化してアウトカム指標を設定するのはその作業として考えると難しい．たとえばプログラムの実施から直接的かつ自動的に産出されるアウトプット指標と比較した場合に，アウトカム指標はその測定を能動的に行う必要から多くのコストが必要になるであろうし，またプログラムと指標とのあいだの因果関係はますます不明瞭になることが予想されるからである．

(2) パフォーマンス・レジームの形成

　男女研究では，拠点施設が実施または受けている評価について回答結果をまとめている［内藤・高橋・山谷 2014］．ここで着目すべきは，その最多が「拠点施設として自ら行う評価」(46.6％)であった点である．報告書中のその他の回答では，多い順に「自治体から指定管理者として受ける評価」(31.0％)，「自治体男女共同参画担当課から受ける評価」(25.9％)，「自治体男女共同参画担当課と共同で行う評価」(18.1％)，「拠点施設として自ら，外部に委託して行う評価」(10.3％)となるが，これらはいずれも外部からの評価が想定されている．それでは，「拠点施設として自ら行う評価」が最多である事実からは，拠点施設が自らの学習を目的として評価結果を活用していると判断してよいのであろうか．

　拠点施設を対象としてさまざまな評価が多元的に実施されているが，それらはつぎの2つの評価に整理することができる．第1は，地方自治体が拠点施設に対して実施する評価である．男女共同参画所管課は，拠点施設の事業報告や連絡調整などを直接担当している．このほかにも，指定管理者制度を担当する部局から受ける管理運営状況の点検評価や，行政評価制度担当部局から受ける行政評価などが存在しており，直接あるいは男女共同参画所管課を通じて間接に，これらの評価が実施される．地方自治体が設置する外部評価委員会から受ける評価もこちらに区別される．

　第2は，拠点施設が自ら実施する評価である．この場合の評価は，自己評価

または内部評価と同義である．地方自治体は，拠点施設の自己評価によって作成された評価書に基づき，二次評価を実施する．二次評価によって，自己評価の内容が地方自治体へ適切に反映されることになる．しかし，第1の地方自治体が拠点施設に対して実施する評価の場合も，第2の拠点施設が自ら実施する評価の場合も，外形上は両者を区別することができない．なぜなら，どちらの場合も拠点施設が評価書の策定主体であるからである．そして，この両者にはともに問題がある．

すなわち前者第1の地方自治体が拠点施設に対して実施する評価の場合，地方自治体の求めに応じて拠点施設が評価書を作成するため，提出される評価書はあらかじめ地方自治体職員（一般行政職）が理解でき利用可能な形で作成されている．

また後者第2の拠点施設が自ら実施する評価の場合，自己評価によって得られた評価結果が必ずしも地方自治体の利用可能な形で作成されているとは限らない．自己評価によって得られた評価結果には政策改善に利用可能なものが多いが，二次評価を実施する男女共同参画所管課の職員は定期異動により入れ替わり，結果として評価に関する専門知識の蓄積ができないため，拠点施設が自己評価をもとに作成する評価書を理解するには困難が伴う．結果として素人の男女共同参画所管課の職員が求めるのは，行政評価と同様，一般行政職の職員であれば常識的に理解できるマネジメントに利用可能な評価結果となる．

こうして男女共同参画拠点施設の評価は，評価結果をマネジメントに活用する点で行政評価と共通する．そもそも行政評価の制度は，総務系部局が所管していることが多い．都道府県および市町村においては，その組織編成について法的制約が存在しないために自由な組織編成が可能であるが，実際には地方自治体規模の差異に関わらず全国を通じて同様の組織構造となっている[10]．したがって，総務系部局のうち行政評価を所管する部課は，総務，企画，財政の担当課となる．この場合，拠点施設を直接所管する男女共同参画所管課は，総務系部局に対して評価結果を伝達することが求められる．したがって男女共同参画所管課には総務系部局と同様の対応が期待され，それゆえに男女共同参画所管課が拠点施設に対して実施する評価はマネジメントのツールとして機能することになるのである．

第7章 男女共同参画政策におけるパフォーマンス評価の課題　*131*

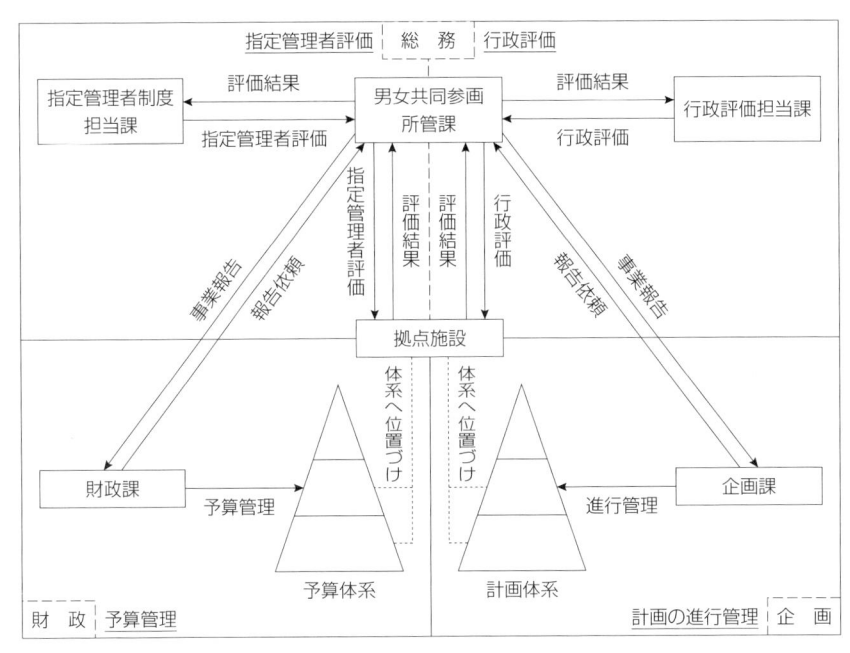

図7-2　総務系部局による行政評価の構造

(出所)　筆者作成.

　この総務系部局を中心とした行政評価の構造を図示したのが図7-2である．拠点施設は，男女共同参画政策の事業を実施する機関として，総務系部局からさまざまな評価が多元的に実施されることになる．総務系部局が基本的にもつ関心の第1は予算管理および計画の進行管理であるため，評価の方法は活動の直接的なアウトプットの測定となり，政策上の効果を示すアウトカムを評価する必要はあっても，それは必須の条件ではない．こうしてマネジメント機能を担う総務系部局が評価制度をも重複して担う構図が，マネジメントのツールとしての評価を推進し，さらにはその経由地として機能する男女共同参画所管課にもマネジメント型の対応を求める要因となっているのである．
　マネジメントを目的とする評価の多元化について，トールボットはそれを「パフォーマンス・レジーム」と称している［Talbot 2010］．トールボットによれば，パフォーマンス・レジームは「制度的状況」と「パフォーマンスによる介入」の2つを表している．

「パフォーマンスを通じた舵取りの制度的状況」とは，プリンシパル・エージェント関係にもとづく垂直的統制と，複数のプリンシパルによる統制の多元化を指している［Talbot 2010：81］．行政内の課室に対する議会や執行部，会計検査機関などによる複数の統制がその典型であるが，これは拠点施設に対する地方自治体各部局の関係として再整理することができるだろう．他の「実際のパフォーマンスに基づく介入の性質」とは，公的機関とそのプログラムに対して，業績に基づく契約や課せられたターゲット，比較一覧表などの達成手段を通じて影響力を及ぼす試みを指している［Talbot 2010：81］．トールボットが立法府によるパフォーマンス報告書を通じた行政府への介入を例として挙げているように，プリンシパルはこれらの介入を選択的に適用できる立場にある．これはプリンシパルである地方自治体，すなわち指定管理者制度担当課，男女共同参画所管課，行政評価担当課などによる拠点施設に対する評価書提出の要求，業務委託先や指定管理先の競争的選定，実績に基づく契約更改の可否などに相当する．

　図 7 - 2 はヒアリング対象となった男女共同参画所管課および男女共同参画拠点施設が実施する評価について，評価に関わる機関との権限と責任関係を明らかにしている［内藤・高橋・山谷 2014］．この図からは，複数のアクターがそれぞれ異なる評価を実施していることが理解でき，男女共同参画政策をめぐる評価の多元的構造を把握することができる．つまり，一見すると拠点施設は男女共同参画所管課の事業下請けの実施主体として一系統の統制に服するように見えるが，実際は男女共同参画所管課を経由して地方自治体の多元的な評価に服しているのである．これが総務系部局による行政評価の実施によって誘発される構造的問題であることはすでに言及したとおりである．しかし他方で，男女共同参画政策に特有の問題も存在する．

　この問題は，中央府省における内閣府の役割を想定すれば理解しやすい．国のレベルにおいて男女共同参画政策を所管するのは内閣府男女共同参画局である．内閣府男女共同参画局は，男女共同参画社会基本法にもとづいて策定される「男女共同参画基本計画」を所管する立場にあるが，計画に規定される具体的施策の実施を内閣府が直接担当するのではなく，むしろ他の省庁が各施策の担当府省として関与することになる［内閣府男女共同参画局 2010b］．内閣府は所

掌事務として，他の省庁に対する調整的立場を期待されているからである[11]．

内閣府に対する他省庁の役割と同様に，内閣府に対する地方自治体の役割もまた各施策の実施担当としての色彩が強く反映されている．男女共同参画社会基本法では地方自治体が男女共同参画計画を策定する際に，中央政府の男女共同参画基本計画を参考にすることが求められている．それにもとづき，第3次男女共同参画基本計画では推進体制として「地方公共団体との連携の強化」ならびに「地方公共団体との支援の推進」について言及されている．各施策を直接担当する地方自治体に対して，内閣府の役割は地方自治体に対する情報提供や広報啓発などの働きかけ，計画の進行管理を通じてそれらの実施状況を監視することに限定される．つまり，男女共同参画政策において内閣府は直接の政策手段を持たないのである．

このことは地方自治体における男女共同参画所管課にもいえる．地方自治体において実施される男女共同参画関連事業の多くは，男女共同参画所管課以外の事業担当課によって担われている．これは内閣府の場合と同様に，男女共同参画政策において男女共同参画所管課は直接の政策手段が限られているからである．男女共同参画所管課が男女共同参画政策のプログラムを主体的に運用できればよいが，実際には別の各事業担当課から提出される取り組み状況報告や評価結果を受けてとりまとめ，結果として男女共同参画計画の形式的な進行管理として各事業を間接的にモニタリングすることに終始する．つまり，地方自治体のなかで男女共同参画所管課を結節点とする各事業担当課への評価が多元的に実施されているのであり，また拠点施設に対する評価もそのような多元的な評価の1つとして位置づけられるのである[12]．

操作化されたプログラムから事業を演繹的に作り出すのではなく，各事業から帰納的に計画を作り出しているのが，地方自治体における男女共同参画政策の現状である．プログラムなき政策の評価は，男女共同参画所管課が果たすこれらマネジメントへの対応によって補われているのである．

おわりに

ここで明らかにしたのは，地方自治体で実施される男女共同参画政策の評価

について，その実態が政策やプログラムの評価ではなく計画の「評価」すなわち業績測定であったこと，そしてそれら業績測定型の評価を多元的に実施することになっている問題であった．本章で批判的に検討したこの問題は，近年では評価と測定の「相補性」の議論として評価理論研究者が扱っている論点でもある．ただし現実として，評価と測定が同一の営みとして誤解されている昨今の風潮が，パフォーマンス概念の混同を招いている現状には，やはり留意する必要があるだろう．

したがって，地方自治体と拠点施設の評価に対する認識上の差異を解消したうえで，現行制度下での漸進的な改善を考える必要がある．その具体的方法として言及されているのが，アウトカム指標の開発である．地方自治体が想定する評価の目的は予算管理および計画の進行管理であるため，評価の方法は活動にかかるコストの算定と，活動から生じる直接的なアウトプットの測定が主となり，政策の効果を示すアウトカムの評価は求められていないのが現状である．アウトカム指標を開発することで，拠点施設は現行の枠組みで地方自治体に評価結果をフィードバックすることが可能となる．ただし，アウトカムは指標化するのが困難であり，またアウトカム指標の測定には追加的な評価コストが発生するが，それを負担する覚悟をもつ地方自治体は少ない．さらに行政が重視する予算編成作業への活用も難しい．こうした現行制度にアウトカム指標を組み込むアイデアの限界を認識した上で，地方自治体と拠点施設の双方が協調し，計画とその評価におけるアウトカム指標を漸進的に開発するのが，現実的な対応ということになる．

注
1) 国とは異なる政治および行政の主体を，地方自治体または自治体という．都道府県，市町村，東京都に設置されている特別区がここに含まれる．地方自治体は中央政府と同様に政府の機能を有しており，中央政府との政府間関係を強調する場合はこれを地方政府という．また，日本国憲法や地方自治法で使用されている法令上の用語として地方公共団体があり，ここには地方自治体のほかに，地方公共団体の組合，財産区，地方開発事業団，合併特例区が含まれる．本章では，引用および法令上の使用である場合を除いて，地方自治体に表記を統一している．
2) 総務省「地方公共団体における行政評価の取り組み状況（平成22年10月1日現

在)」(http://www.soumu.go.jp/main_content/000156645.pdf, 2014年3月7日閲覧).
3) 内田［2010：122］は，小規模地方自治体における職員能力の不足を指摘している．
4) 山谷は，旧自治省行政局行政体制整備室に設置された「地方公共団体における行政評価についての研究会」（古川俊一座長）が公表した報告書『地方公共団体に行政評価を円滑に導入するための進め方』（2000年3月）にて事務事業に内部管理事務が含まれていることを特定している［山谷 2012：166-168］．この行政評価では，地方自治体のあらゆる活動が評価の対象となる．
5) オズボーン＝ゲーブラーによる *Reinventing Government* はアメリカで出版されベストセラーとなり，日本でも『行政革命』として出版された［Osborne and Gaebler 1992］．著者の1人であるオズボーンはコンサルタントであり，クリントン政権下で着手されたナショナル・パフォーマンス・レビューや政府業績成果法に寄与している．
6) 男女共同参画社会基本法第14条では「都道府県は，男女共同参画基本計画を勘案して，当該都道府県の区域における男女共同参画社会の形成の促進に関する施策についての基本的な計画（以下「都道府県男女共同参画計画」という）を定めなければならない」と定められている．また，第14条第3項では「市町村は，男女共同参画基本計画及び都道府県男女共同参画計画を勘案して，当該市町村の区域における男女共同参画社会の形成の促進に関する施策についての基本的な計画（以下「市町村男女共同参画計画」という）を定めるように努めなければならない」と定められている．なお，市町村の男女共同参画計画策定が努力規定にとどまったのは，その行政規模が多様であり，一律に計画の策定を義務づけることが適当ではないと判断されたからである．また，1998（平成10）年7月の調査時点で市町村の計画制定が13.3％にとどまっていた事実も与している．詳しくは，内閣府男女共同参画局「男女共同参画社会基本法逐条解説」（http://www.gender.go.jp/about_danjo/law/kihon/index_02.html, 2014年7月11日閲覧）を参照．
7) 内閣府男女共同参画局［2013］に詳しい．
8) ただし，施設の設置者によって運営形態は大きく異なる．直営の施設である割合は，都道府県では39.1％，政令指定都市では29.4％であるのに対して，20万人以上の市区町村（中核市・特例市相当）では73.4％，20万人未満の市区町村では83.1％であり，地方自治体の人口規模に応じて直営の施設である比率が反比例することがわかる．
9) エンパワーメント評価における評価専門家の役割は，利害関係者が自己決定能力を強化するプロセスを側面から支援することである［源 2008：101］．源によれ

ば，具体的には，利害関係者が評価技術を身につけるように働きかけるトレーナーとしての機能，評価活動が評価対象であるプログラムの中に内在化するように助言するコーチの機能，あるいは合意形成を促進するファシリテーターとしての機能がある．エンパワーメント評価には，評価専門家のパターナリズムを否定する側面があり，評価専門家の機能は技術的かつ補完的な支援にとどまるのである［山谷 2000：98-99］．源［2008：99］は，参加型評価における評価専門家と利害関係者の関係を，従来型評価や他の参加型評価手法と比較している．

なお，拠点施設がエンパワーメント評価を実施する場合には，外部の評価専門家を招請する必要があるが，評価専門家としての技能を職員が自ら獲得する動きがある．評価分野あるいは当該業務分野について専門的技能を習得し，その結果として学位や資格を取得する職員が存在する．一例として，日本評価学会が認定する資格である「評価士」が挙げられる．日本評価学会が主催する評価士養成講座を修了し，かつ日本評価学会による認定試験に合格した者に付与される評価士の称号は，評価専門家であることを証明する資格として認識されている．日本評価学会のウェブサイトに掲載されている評価士一覧には，男女共同参画拠点施設の指定管理業務を受託するNPO法人職員の名前を数多く見つけることができる．詳しくは日本評価学会「日本評価学会認定評価士一覧」（http://www.idcj.or.jp/9evaluation/hyoukashi_ichiran.html，2014年3月20日閲覧）を参照のこと．

10) 都道府県の場合には，1991年の地方自治法改正による「標準局部例」の廃止まで，自治組織権に関する一定の制約が存在した［稲継 2011：134-138］．また，都道府県に対して旧自治省による標準職務表を通じた給料表の指導があったため，地方自治体の組織規模が拡大することで階層分化が進んでも，全国的には比較的類似した組織編成になった［稲継 2011：143-148］．

11) 内閣府設置法第4条には「内閣府は，前条第一項の任務を達成するため，行政各部の施策の統一を図るために必要となる次に掲げる事項の企画及び立案並びに総合調整に関する事務（内閣官房が行う内閣法（昭和二十二年法律第五号）第十二条第二項第二号に掲げる事務を除く）をつかさどる」として，内閣府の所掌事務が総合調整であることが規定されている．第4条第9号には「男女共同参画社会の形成（男女共同参画社会基本法（平成十一年法律第七十八号）第二条第一号に規定するものをいう．以下同じ）の促進を図るための基本的な政策に関する事項」，第4条第10号には「前号に掲げるもののほか，男女共同参画社会の形成を阻害する要因の解消その他の男女共同参画社会の形成の促進に関する事項」として，総合調整が男女共同参画政策に及ぶ旨が規定されている．

12) 男女共同参画所管課が各事業担当課および拠点施設に対する多元的評価の結節点であると判断する理由は，内藤・高橋・山谷［2014］に所収の「評価分析シー

ト」で設定された「指標値の収集方法」欄の記述に根拠を有する．指標値の収集記録が，事業担当課ならびに拠点施設によって行われていることが把握できる．

第 8 章

NPO 評価と行政評価の相剋
―― 指定管理者制度と市民参加 ――

はじめに

　地方自治体においては20世紀末から21世紀初めにかけて，NPM（New Public Management: 新公共経営）の影響を受けた行政改革が進められた．すなわち，地方分権改革，中央省庁等改革，情報公開制度，政策評価制度である．政策評価の導入の検討は，「地方公共団体における行政改革の推進のための指針について」（1994年，旧自治省）にそのルーツをみることができる．その指針には，これまでに経験したことのない新しい社会情勢や経済情勢の到来に対応して，「政策の見直しを通じてガバナンスを変革しよう」という壮大な意図があったのである．しかし，政策評価の導入前後からいくつかの混乱が生じていた．混乱の原因は「政策の見直しを通じてガバナンスを変革しよう」という壮大な意図が，行政コストの削減や業務量の測定，コスト意識，顧客志向という公務員の意識改革にすりかわったことである．そして，先行自治体の物まねに終わる事態が蔓延した．また，行政評価と政策評価，マネジメントとアドミニストレーション，事業と業務など重要な概念の違いが明確にされないまま政策評価は普及したことも原因にある．さらに最も大きな混乱原因は，アカウンタビリティの認識の不一致にある．本来アカウンタビリティは説明責任というだけではなく，さまざまな意味があり，それは複数の価値を追及する手段を総合した概念である．アカウンタビリティを論じることが政治や行政を改革する鍵になるのはそのためである．しかし，これが十分理解されないまま，またアカウンタビリティに内在する意味の違いを区別しないまま，安易に政策評価とアカウン

タビリティは結び付けられたのである［山谷 2002a：146］．

　行政改革の取り組みの1つに指定管理者制度がある．指定管理者制度は，「公の施設の管理に民間の能力を活用しつつ，住民サービスの向上を図るとともに，経費の節減等を図ること」を目的として，2003年に地方自治法を改正して，創設した制度である．指定管理者制度導入により，NPOにも公の施設の管理運営への参入の機会がうまれた．政府とNPOの協働という文脈で「新しい公共」という言葉が頻繁に用いられている．ここでは，政府の財政削減を主たる目的として，いわば小さな政府の補完としてNPOに新しい公共サービスの担い手としての役割を強く期待している．しかし，NPOは単なる市場や政府の失敗を補完することだけが目的ではない．多くの論者がNPOを市民社会の構成主体として，あるいは市民的公共性の担い手としてとらえている．NPOに期待される役割は，パブリック・セクターとプライベート・セクターとの間を媒介する役割であり，サービス供給を越えた社会的機能を果たしていくことが重要なポイントである［藤井 2010：7-9］．

　また，指定管理者制度や「新しい公共」にみられるガバナンスの変容は，アカウンタビリティにも現代的な課題を突きつけている．本章では，名古屋市の男女平等参画政策の推進拠点である名古屋市男女平等参画推進センター（以下，単に「センター」と記すときは「名古屋市男女平等参画推進センター」のことである）を対象とした行政評価と指定管理者であったNPO法人参画プラネットの行ってきた評価を取りあげる．行政評価や指定管理者制度という行政改革の取り組みの中で生じた混乱や成果を確認しながら，NPOによる政策評価の可能性について論じる．この事例をとりあげる理由は，2つある．1つは業績測定型評価（NPM型評価）と分類されている名古屋市の行政評価と，市民の視点による政策志向型評価（NPO評価）が並行して行われている好事例だからである．また節約と効率性を求める評価が多いなか，このNPO評価は独自の評価システムを確立し，有効性とアカウンタビリティを追及しようとしている稀有な事例だからでもある．

1　NPM と行政評価

(1)　NPM の特徴

　日本の行政改革に大きな影響を及ぼしたニュー・パブリック・マネジメント（NPM）とは，1980年代半ば以降，英国・ニュージーランドなどのアングロ・サクソン系諸国を中心に行政実務現場を通じて形成された行政運営理論である．その核心は，民間企業における経営理念・手法などを行政現場に導入することを通じて行政部門の効率化・活性化を図るための体系という点にある［大住 2003：11］．基本的な考え方は，「経済資源の効率化」であり，わかりやすい数値をもとにした合意形成の仕組み，そして戦略計画と業績測定を核としたマネジメント改革であり，目標設定とこれをもとにした行政評価体系の構築が不可欠とされる［大住 2003：5］．

　この NPM は政府の統治能力（ガバナビリティ）の衰弱から生まれた福祉国家体制への懐疑，政府の問題解決能力に対する市民の不信を背景に，懐疑や不信を克服するため経済・社会における自由主義の再評価，市場機能と競争の重視を標榜して登場してきた思想である．そして NPM はイギリスだけでなく，アングロ・サクソン諸国に広まり，政府改革の大きな潮流になっていく．また，類似の思想には，他にアメリカで発展した 'Reinventing Government' の改革思想もあり，両者のエッセンスは「市場機能の活用」，「目標の設定とその達成度，成果についての説明責任（アカウンタビリティ）を重視」，「公共サービスの顧客である市民を重視，彼らに積極的に情報（disclosure）を開示する」「権限委譲（地方分権と規制緩和，民営化とエージェンシー化）」「政策の立案・企画とその執行・実施との区別」「小さな政府，政府機能の発想の転換（エージェンシー化，民間委託の活用）」，「業績評価の導入」，「行政と民間との競争」にある［山谷 2002a：154-155］．

　しかし，NPM 理論自体の定義や概念整理は必ずしも明確ではない．概念整理については，パブリック・マネジメントのモデルを「管理者から経営者へ」，「官僚制から市場メカニズムへ」と捉える OECD による概念整理をはじめ，いくつかの公共部門改革の分類やモデルの議論も行われている．市場メカニズム

を活用した改革や現代化 (Modernization) などは NPM の主要なコンセプトとして考えられてきた．しかし，アングロ・サクソン的 NPM では国民・住民は公共サービスの顧客に過ぎず，参加・協働の概念はない．もっとも，NPM にもさまざまなバリエーションがあるという指摘もあり，ここではエンパワーを特徴とするタイプや市民契約モデルといったタイプも存在する[1]．

NPM 型の政府改革やアメリカの 'Reinventing Government' 改革は，日本でも規制緩和，独立行政法人制度の導入，特殊法人改革，郵政事業の民営化，民間経営手法の導入，地方分権，権限移譲，業績主義という形で導入され，小泉政権が進める構造改革を経て政策評価制度や指定管理者制度の導入につながったのである．

この指定管理者制度は，前述したように2003年の地方自治法改正により創設された制度であるが，その対象となる「公の施設」とは「住民の福祉を増進する目的をもってその利用に供するための施設」(地方自治法第244条) と規定され，たとえば，福祉施設や図書館，市民会館，保育所，児童館，体育館などが対象にされている．

従来「公の施設」の管理主体は，管理委託制度のもとで地方自治体，自治体出資法人，公共的団体に限られていた．しかし，住民ニーズが多様化したことや民間セクターが成熟したことを受け，柔軟な制度へと改めるべきであるとの考え方のもとで，規制緩和を求める動きや経済界からの提言などを受けて，指定管理者制度が創設されるに至ったのである．

指定管理者として公の施設の管理運営を担うことになったのは，株式会社，特例民法法人，公共団体 (特例地方公共団体，土地改良区等)，公共的団体 (たとえば農業共同組合，社会福祉法人，森林組合，赤十字等)，地縁団体 (自治会や町内会等)，特定非営利活動法人 (NPO 法人) などである．こうした施設の管理，運営に効率化を重視する NPM 的なマネジメント手法が入り，その中で評価が用いられるようになった．

(2) 自治体評価の先駆的事例

地方自治体改革に使われた評価は，もともと三重県庁において1996年4月から始められたものを「骨子」とする．三重県の改革は，1995年から3年間をめ

どに展開された行政改革推進運動（「さわやか運動」）の中で事務事業評価を始めることで実現しようとしたのである．具体的には「事務事業」に注目して評価システムを構築したことから開始された［山谷 2006：149］．当時，行政改革が強く意識づけられていた三重県庁内では，のちにマネジメントの改革と呼ばれるように，政策よりは事務事業をマネジメントする体制，組織の改革に関心があり，直接には政策の評価ではなく政策実施過程の見直しが強調されていた．それがアメリカの'Reinventing Government'型 改革とそれを取り入れた政府業績結果法（GPRA: Government Performance and Result Act of 1993）と類似の業績評価手法を導入することにつながり，イギリス起源の「NPM」型思想の受容へとつながっていく［山谷 2006：29］．

　他方，三重県の取り組みとは異なる手法で，評価システムの検討を始めたのが，北海道と静岡県である．1997年，北海道では，「時のアセスメント」を開始したが，これは1970年代にアメリカで注目された「サンセット方式」にも似た「ターミネーター」型の見直しを志向している．その後，北海道庁はこの時のアセスメントを「政策アセスメント」という仕組みに発展させた．

　また，1994年からリエンジニアリングという考え方を導入して行財政改革を進めていた静岡県は，1997年から業務棚卸表を作成し，取り組みを進めていた．この業務棚卸表の考え方は，事務事業より政策・施策を対象としているところに特徴がある．事務事業（予算の単位）を対象とする評価が抱える問題，すなわち非政策的活動までも対象にしてしまう些末主義，目的達成度や有効性よりは節約や経費削減を重視する不都合を回避するために，成果指標を設定できるレベルをめざしている．業務棚卸表は別名「TOPS（Target Oriented Policy-Evaluation System）」と呼ばれ，「政策志向」型の評価システムをめざしていたのである［山谷 1997：152-153］．

　このように地方自治体における評価の取り組みには，都道府県レベルでは，三重県の「事務事業評価（マネジメント）」型，北海道の「ターミネーター」型，静岡県の「政策志向」型などいくつかの類型があったが，三重県の「事務事業評価」のように，業績測定型マネジメント・ツールとして一般化していく方向と，静岡県のような「政策志向型評価」を構築していった方向と大きく2つに分かれた．

(3) 政策評価と行政評価

2001年6月政策評価制度が導入され，国においても政策評価が導入されていく．政策評価の導入の目的は，①「国民に対する行政の説明責任（アカウンタビリティ）」を徹底すること，②国民本位の効率的で質の高い政策を実現すること，③国民的視点に立った成果重視の行政への転換を図ること，の3つである（総務省行政評価局）．

「政策評価」とは「プログラムや政策の改善」すなわち，「これからどのような政策手段を選択すべきか，その際いままで実施されてきた施策・事業が政策目的を達成しているかどうか，達成していないとすればその理由は何か，これから採用可能な代替案は何か」の検討に必要な情報を収集・提供するために「プログラムや政策のアウトカムを一群の明示的暗示的基準として体系的にアクセス」することである．つまり，政策決定に使用する情報提供のツール，政策のデザインやそのプログラム等の見直しを行うための手法である．政策評価制度導入にあたっては，政策の選定や政策手段の選択への貢献，新しいアカウンタビリティ概念への貢献が期待されていた［山谷 1997：31］．

他方，地方自治体で導入されている多くの行政評価は，政策を所与のものとして考慮から外し，組織やスタッフの業務活動・予算を対象にする．行政評価がもつ特徴は，事務事業の重点化，効率化，資源の最適配分，住民参画のツール，総合計画や基本計画に指標・ベンチマーク設定等など，業績測定型評価である．業績測定評価は資源の投入から成果までのどの段階を扱うかによってさまざまなタイプがあり，また必ずしも因果関係の分析を伴うものではなく，プログラム評価を代表とする政策評価とは区別される．しかし業績測定で目標を達成していない場合にはその原因を調査することが必要だが，それは評価（プログラム評価）に頼らざるを得ないのである．ただ，日本ではプログラムの概念の理解が進んでおらず，プログラム評価をとりいれている事例は少ないのが現状である．

国レベルと地方自治体レベルの比較（相違点と共通点）を明示したものが**表8-1**である．対象や手法・評価の主体や活かし方などにおいて異なっているが，さらに1つ付け加えるとすれば，国レベルにおいては政策のマネジメント・サイクルが意識されており，地方自治体においては行政経営のマネジメント・サ

表8-1 政策評価―地方自治体レベルと国のレベルの比較

		地方自治体レベル	国レベル
相違点	対　象	すべての施策または事務事業を対象とする．網羅的に毎年度あるいは定期的に繰り返し継続	計画的かつ重点的に選定する．制度まで対象とする．
	手　法	画一的な評価個票を使用．評価の手法を標準化．漫然と継続されている施策，事務事業の見直しが主眼	政策ごとにその性質に応じて評価基準を柔軟に選択．
	評価の主体	第1次評価：所管部局　第2次評価全庁的な評価チームまたは評価担当組織	内部部局に置かれる政策評価担当組織，又はその統括の下に所管部局等の政策評価担当組織もしくは当該所管部局等
	結果の活かし方	評価の結果を踏まえた当該施策または事務事業の改廃等を首長が決断する仕組み	評価の結果を予算要求等の企画立案作業に反映する責任は当該府省
共通点	目　的	行政過程の透明性の向上とアカウンタビリティ	
	手　法	事務事業の整理見直し	
	評価の種類	行政当局による内部評価	

(出所)　西尾［2000：16-20］を参考に筆者作成．

イクルが意識されていることである．

　国レベルの政策評価と地方自治体，とくに三重県をプロトタイプにする行政評価の手法が異なっている理由は，地方自治体が財政危機から自治体経営，とりわけ財務管理，予算管理，組織管理，人事管理などマネジメントの改善，管理能力強化を重視したのに対して，国レベルでは政策官庁としての政策企画立案能力，政策それ自体の品質改善を重視していたからである．また，中央省庁は政策官庁，地方自治体はその政策の枠内での事業担当機関という位置づけが大きいと思われる．

　政策評価と行政評価の違いを整理するには2つの視点が必要である．1つは，地方自治体の行政評価にみる視点である［山谷 2012：168］．政策には政策手段があり，政策目的と政策手段との適合性，論理的因果関係の確認が政策評価の基本である．したがって，政策手段の選択の議論にあたって，いかなる手段が政策目的達成に（政策課題の解決に）有効かという視点で評価すれば政策評価になるが，「行政が行うよりは民間で実施した方がコスト面で安上がりだ」とい

うだけで政策手段を選択するのであれば，行政評価のカテゴリーに含めるべきであろう．もう1つは，政策の企画立案機関「舵取り（steering）」と実施機関「漕ぐ（rowing）」という視点での整理で，「舵取り」の評価が政策評価で「漕ぐ」の評価が行政評価である［山谷 2012：168］．

政策評価も行政評価も共通点として，行政過程の透明性の向上とアカウンタビリティをあげているが，実はそれぞれのアカウンタビリティには大きなちがいがある．

2　アカウンタビリティ概念の変遷
――政策志向型へ――

そもそも政策評価制度は，情報公開制度とともに体系的なアカウンタビリティのツールとして導入された．アカウンタビリティの概念は多様な意味を内包した歴史的概念であり，またいまだに発展している概念でもある．

(1) アカウンタビリティ概念の変遷――政策志向型へ――

「アカウンタビリティ」とは，「結果について説明する責任」である．そして単に説明すればよいのではなく，「結果について責任を持つ」という意味をもっており，行為の結果について自ら説明（account）する能力（ability）を求めることを意味するのであり，素人が納得できるように説明できる能力，そうした専門家の姿勢を問う概念であり，説明する姿勢と説明される中身の両方が大事なのである［山谷 2002a：161-162］．

古典的な概念区分では，アカウンタビリティは2種類に分類される．公的支出の合規性を問題にする「財務上のアカウンタビリティ」，行政活動が行われるときに従うべき手続きや手順，マニュアルへの整合性を問う「プロセス・アカウンタビリティ[2]」の2つである．

しかし，社会が複雑化し，国民のニーズが多様化するにしたがって，従来の合法性や合規性，会計手続き・基準の順守などを重視してきた従来の2つのアカウンタビリティでは間に合わなくなってきたのである．すなわち1970年代，先進国諸国では経済成長，科学技術の発展，福祉の要求の拡大に伴い政府が政

策を通して社会に介入する方法が大きく変化した．新しい時代の政策においては政策目的を達成する手段，政策資源の獲得と運用の方法，それらを運営する組織体制のために次々と新しいプログラムが作成され，一種社会実験のような状況になった．政策の成果や影響，政策目的と政策手段の論理的整合性を知りたい国民，そしてその代表である議会は，従来型のアカウンタビリティでは満足しなくなり，さらに政策の成果の調査を求めるようになったのである［山谷 2005：14-15］．こうして「プログラム・アカウンタビリティ」が登場したが，それは従来の合法性・合規性・準拠性とは別の次元にあって，プログラムの内容を政策目的からみて有効性を問うアカウンタビリティ概念なのである．そのため，新しいプログラム・アカウンタビリティ概念はプログラム評価を通して「政策志向（policy-oriented）」へとつながった．政策志向とは，1960年代後半に「政策のレリバンス（政策が課題に適切に対応しているかどうか）」を問う動きとしてはじまったもので，これが政策評価の背景に存在したのである［山谷 2002a：153］．

さらにNPMの時代には，「マネジメントのアカウンタビリティ」の発想が取り入れられ，アカウンタビリティの検証方法としてアウトプット測定あるいは業績指標の測定を導入した．このマネジメントのアカウンタビリティと前記3つのアカウンタビリティとの違いは，マネジメント・アカウンタビリティが行政内部において執行レベルが行うマネジメント活動の効率化を狙った内部統制を外部化したものであるのに対し，先の3つは議会や会計検査院が行政を監視するという憲法原理に由来する行政統制の意味合いをもっていたところに違いがある．マネジメントを意識する政策評価が内部評価から始まるのはこのためであり，「アカウンタビリティを追及する」というのには無理があった．アカウンタビリティとは本来外部の権威者が追及するものだからである［山谷 2005：15］．

このようなアカウンタビリティ概念の変遷に対応して，アカウンタビリティはあらためて5つのレベルに区分される[3]［山谷 1997：70］（表8-2参照）．順に政策に対するアカウンタビリティ（レベル1），プログラム・アカウンタビリティ（レベル2），パフォーマンス・アカウンタビリティ（レベル3），プロセス・アカウンタビリティ（レベル4），法的アカウンタビリティ（レベル5）である．

表8-2 アカウンタビリティ概念の構成

レベル1	政策に対するアカウンタビリティ：政策の選択に対する責任 政治的合理性の追及
レベル2	プログラム・アカウンタビリティ：プログラム目標の設定とその達成に対して負う責任 目標達成度（＝有効性）の追及
レベル3	パフォーマンス・アカウンタビリティ；経済的な手段の能率的な運営；損失の最小化・節約・能率，経済的合理性の追及，業績
レベル4	プロセス・アカウンタビリティ；適切で有効性の高い手段の使用；適切さ・有用性，技術的合理性の追及，compliance audit
レベル5	法的合理性の追求法的アカウンタビリティ；法律や（会計などの）規則の遵守，合法性，合規性の追及

(出所) 山谷 [1997：71].

このようにアカウンタビリティという言葉，概念は多様で，複雑な意味が込められている．この多様性を2つのポイントから考えてみると，1つがどんな内容の価値を守らせたいかである．もう1つはその価値に対応した責任確保手段，つまり統制の議論である．

(2) アカウンタビリティが機能するには

アカウンタビリティ概念が機能するためには，4つの前提条件が必要である．① 本人以外の誰か（外部の統制機関・第三者・上位機関・市民や議会）が，② 何らかの強制力を背景に，③ その誰かが求める価値（価値規準）を，④ 実現したのかどうかをあらかじめ指定・明示した方法によって確認する．この4条件が備わってはじめて機能するのがアカウンタビリティなのである［山谷 2002a：162］．つまり，業績測定やプログラム評価そのものにアカウンタビリティを確保する仕組みが入っているわけではない．これら測定と評価によって得られたデータを使ってアカウンタビリティを追及する，アカウンタビリティを果たしているかどうかを検証するということなのである［山谷 2006：95］．

このようなアカウンタビリティの確保にとって「情報」は重要な要素である．政策の良し悪し・成果の有無を判断するためには，評価担当者が内部・外部いずれにいても同じように，その政策の立案から実施過程，そして終了にいたるまでの情報が必要になる．政策についてのアカウンタビリティ（レベル1）や

プログラム・アカウンタビリティ（レベル2）を追及するために必要なのが政策情報であり[4]，他方インプットの確認，業績測定やアウトカム測定によって行政責任を問うためのアカウンタビリティ追及に必要なのは行政情報である[5]．つまり必要な情報が異なるのである．

(3) アカウンタビリティが機能する評価

2011年から2013年にかけて行われた「男女共同参画政策の推進に向けた評価に関する調査研究」では，公共政策を有効に実施するための手段としてのさまざまな評価に注目し，調査研究を行った［内藤・高橋・山谷 2014］．以下では，この調査研究成果報告書からアカウンタビリティ機能に関する部分を取りあげ分析する．

都道府県と政令指定都市に対する質問紙調査から抽出した評価の優良事例（グッドプラクティス）と判断した地方自治体や男女共同参画センターへのヒアリングの結果，ほとんどが「業績測定型評価」であった（調査対象24事例中22事例）．他方で，プログラム評価に準ずる事例もあった．その多面的・多元的な点検・評価を組み合わせ，総合的な点検・評価の体系が構築されている事例は，静岡県と静岡県の施設，名古屋市の施設であり，また大阪府，三重県，川崎市である．言うまでもなくこれらの事例は，政策志向型の評価と考えられる．先述したように静岡県の行政評価（業務棚卸表）は「政策志向」型であり，それは施設の評価にも適応されているので，施設の評価も政策志向型である．つまり，評価が男女共同参画計画と男女共同参画拠点施設を相乗的に活かし，両者があいまって男女共同参画政策として成果を高めるものとして機能するための前提である「男女共同参画計画と男女共同参画拠点施設の密な関連づけ」には，政策志向が重要なポイントになるということなのである．

評価の使途[6]［内藤・高橋・山谷 2014］に「アカウンタビリティ」をあげているのは，調査対象24事例中9事例で，9事例のうち外部の実施機関をあげているのは秋田県の施設，大阪府，川崎市，名古屋市の施設の4事例である．アカウンタビリティの達成を使途としてはあげていないが，外部の実施機関による評価が行われている川崎市の「川崎市民間資金活用委員会」と盛岡市の公募プロポーザルで選定されたNPO法人に委託されている事例が注目される．他方

で，複数の使途をあげている事例も多くあった．

　指定管理者制度を導入した男女共同参画拠点施設においては，地方自治体が設定した枠組みによる評価が導入されている事例が多いが，名古屋市や盛岡市のように指定管理者（NPO法人）により外部委員会（組織）が設置されている事例がある．また，地方自治体の枠組みの中で行われている評価にも外部評価，市民参加の仕組みを取り入れている事例も見られ，評価の外部の実施機関として男女共同参画審議会があげられている事例が多い．岩手県では客観性を担保する外部有識者からなる組織がある．

　アカウンタビリティの内容にかかわる「情報」については，政策指標は少なく，多くは管理指標である．つまり，プログラム・アカウンタビリティを確保しようとするものではなく，従来のパフォーマン・アカウンタビリティ，プログラム・アカウンタビリティ，コンプライアンス・チェックによるアカウンタビリティ確保のための情報である．また，情報の公開に関しては，すべて公表しているのが5事例，部分公表が3事例，記載のないものが1事例であった．

　評価の使途としてアカウンタビリティ確保をあげている事例においては，先の4前提条件のうちの「② 本人以外の誰か（外部の統制機関）」に対して説明したり公表したりする事例は存在する．しかし，最も重要な「③ その誰かが求める価値（価値規準）」に関する情報の多くは，プログラム・アカウンタビリティに対応するものではない．政策評価に期待されているプログラム・アカウンタビリティ概念の理解が欠けているのである．

3　政策志向型評価と業績測定型評価の関係

　ここでは，名古屋市男女平等参画推進センターにおいて行われていた評価をとりあげアカウンタビリティの視点から分析する．すなわち，名古屋市の行う行政評価，そして指定管理者であったNPO法人参画プラネットが独自に行う評価である．

(1) センター設置までの背景

　名古屋市男女平等参画推進センター[7]は，2003年6月に名古屋市の男女平等参

画政策を推進する拠点施設として設置された．当時，名古屋市では，「女性会館」（所管：教育委員会）と「名古屋市勤労女性センター」（所管：市民局勤労福祉室）が女性施設として設置されていたが，設置された時代（いずれも1970年代後半）に対応した条例と目的で事業運営をしていたため，現代的課題には応えていないのが実情であった．名古屋市では「新しいセンター設置の必要性や望ましいセンターのあり方」について検討を重ね，男女共同参画推進センター設置推進委員会は，「名古屋市勤労女性センター」を改組しその機能を引き継ぎながら，総合的な男女共同参画推進の拠点施設として整備することを前提とし，「名古屋市男女共同参画推進センター（仮称）基本構想　つくる，つなげる，つむぎあう未来へ！」をまとめた．

このセンターの理念や事業コンセプトなどを示した基本構想では，センターを「女性のエンパワメント」の拠点であると同時に，「男女共同参画社会の構築，総合的協働社会の構築，パートナーシップの構築」の拠点として位置づけている．同時に，「ジェンダーに敏感なスタッフによる運営」や「評価システムの構築」「政策提言の重要性」についても明言されている．市民参加のもとで検討され，市民によってつくられた基本構想は，「市民に公約された政策目標」である．また，名古屋市の長期総合計画「名古屋新世紀計画」の先導プロジェクトや男女平等参画施策の長期計画である「男女共同参画プランなごや21」に「男女共同参画センター（仮称）の設置」が掲げられ，名古屋市の各種計画のなかで新しい拠点施設の設置構想の位置づけが明確化された．さらに，拠点施設としての役割を効果的に果たしていくため，名古屋市は市民と行政が協働して施設管理や事業の企画・実施などに取り組む「市民参画型」の運営スタイルを取り入れた．指定管理者制度導入前であったが協働の考え方のもとNPO法人を「公共的団体」として位置づけ管理委託を行うことにしたのである．

このような経緯を経て2003年6月にセンターを開館した名古屋市は公募による選考を行い，NPO法人に業務（一部）を委託した．2006年にはセンターにも正式の指定管理者制度が導入され，第1期（2006年4月～2010年3月），第2期（2010年4月～2014年3月）とNPO法人が指定管理者として指定を受け管理運営を行ってきた．その後，2014年4月にセンターは女性会館へ移設され，女性会

館と男女平等参画推進センターを一括管理する指定管理者が管理運営にあたった．なお，指定管理者制度導入以降，政策に関する分野は名古屋市が担当し，センターは政策実施の拠点と整理されている．

(2) 名古屋市の行政評価──業績測定型評価──

名古屋市の行政改革の特徴は，事務事業評価をシステム改革の中心のツールと位置づけ，他のさまざまなシステム改革とあわせて一体的な取り組みを進めてきた点にある［武藤・楢崎 2005：186］．

2000年に名古屋市が策定した「行財政改革計画」では，行財政システム改革のための取り組みを次の「5つの実行」，つまり，①市民ニーズの把握，②市民とともにすすめる市政，③行政評価による市政の点検，④低コストで良質なサービスの提供，⑤迅速で便利なサービスの提供，の宣言をした．市民とのパートナーシップ，市民志向と成果・コスト重視の視点からの市政の転換を図ることにより，より少ない経費で市民にとっての成果をより多くあげる市政運営をすすめ，市民の満足度を高める市政を実現するための取り組みである［武藤・楢崎 2005：152］．その中で行われた行政評価の目的は「市民への説明責任（アカウンタビリティ）の向上」，「職員の意識改革」，「事務事業の効率性の向上」，「事務事業の見直し」である．「市民への説明責任（アカウンタビリティ）の向上」については，「施策・事務事業の目的，内容，達成度などを市民にわかりやすい形で公表することによって市民に対する説明責任（アカウンタビリティ）の向上を図ることである」と説明している［武藤・楢崎 2005：158］．

評価の対象を予算の細事項にしたので，具体的には事務事業，ソフト事業，経常的事務事業，施設の建設，整備事業，施設の管理運営などが対象になった事後評価が行われている．その評価項目は「必要性：公的関与の範囲，事業の妥当性」，「有効性：上位施策が目指している状態に対する事業の有効性」，「達成度：成果及び事業の実績の目標に対する達成状況」，「効率性：経済性・手法の妥当性」の4つで，このチェックポイントについて点検を行い，評点を付す手順になっている［武藤・楢崎 2005：158-163］．こうして得られた点検・評価結果は，事業の改善見直し，整理・合理化，事業の廃止，行政資源（財源・人員）の有効活用に使われる．また，4つの評価項目をもとに総合評価を行い，

その結果を活用した事務事業予算の縮減額が報告されている．その意味で，ここでの評価項目の視点はコスト削減であり，プログラム評価における視点とは異なる．たとえば，効率性についてみると，「経済性・手法の妥当性」に関する4項目，すなわち単位当たりの費用が前回と比較して悪化，従事人員の見直しによるコスト削減，事業改善によるコスト削減，契約方法の変更などによるコスト削減，この4つについて点検を行っている［武藤・楢崎 2005：162］．他方，プログラム評価における効率性（効率アセスメント）とはアウトカムが確認できた場合に行うので，十分に構造化されたプログラム・モデルをもった，成熟したプログラムの構築が前提になる［Rossi, Lipsey, Freeman 2004：61；邦訳60］．

さらに，名古屋市は2011年に新たな行政評価の指針を公表し，全事業を名古屋市中期戦略プランのもとに体系化し，市内部による施策への貢献度の観点を取り入れた点検・評価を実施した．そのなかで，市民や有権者の意見を聴取することが有意義と考えられる事業について，公開された市民参加による外部評価（事業仕分け）を実施している．男女平等参画に関する評価に関して言えば，ソフト事業の対象として「男女平等参画推進のための講座の実施」，「男女平等参画に関する情報提供」，「男女平等参画推進センター市民活動・研究支援事業」などの評価が行われてきた．既に2007年には「施設の管理・運営」の対象として男女平等参画推進センター，女性会館などの施設評価が行われているので，評価が重畳化してきた．

なお，2011年の事業仕分けにおいては，「名古屋市男女平等参画推進センター」は「廃止を含む見直し」と判定され，女性会館は「廃止」と判定された．所管課間において異なる政策の拠点施設の統合・移設が検討されたこともあり，見直しの方向として，名古屋市は2014年4月には男女平等参画推進センターを女性会館へ移設することを決定した．これら一連の評価結果は表8‐3にある．

ここでのアカウンタビリティの視点は，公表することが説明責任を果たすことであるというだけの認識であり，資料や結果，寄せられた市民意見（一部）は公表されている．ただし，市民が知りたい「どのように最終決定が導かれたのか」，「今後，男女平等参画政策はどのように進められるのか」についての説明はない．また，「統合」，「移設」とセンターの方向については説明が迷走し

第8章　NPO評価と行政評価の相剋　153

表8-3　男女平等参画推進センターと女性会館を対象とした評価結果

	男女平等参画推進センター	女性会館
2007年施設評価（市評価）	公共性4，有効性3，代替性・効率性4，達成度3，総合評価B	公共性4，有効性3，代替性・効率性3，達成度3，総合評価B
2007年施設評価（外部評価）	C：施設の有効利用の観点から女性会館の施設の活用や女性会館のホール及びライブラリーの相互利用を図る．	C：他施設との役割分担により事業の整理・縮小を進めてきた結果，事業規模と建物の規模にはかい離が生じている．男女平等参画推進センターへ施設の一部を提供するなど利用者の利便性に配慮し施設の有効活用を図る．
2011年評価票	施策貢献度：極めて大きい	施策貢献度：極めて大きい
2011年評価票（総務局意見）	女性会館とで実施されている講座等との重複がみられることから，事業の整理を行うべき．	男女平等参画推進センターや生涯学習センターで行われている講座との重複がみられることから事業の整理をするとともに管理運営体制の効率化のために指定管理者制度の導入をすべき．また，さらなる収入確保を行うべき．
事業仕分け	廃止を含む見直し	廃止
最終決定	2014年4月から男女平等参画推進センターを女性会館へ移設．指定管理者制度を導入．男女平等参画関連の事業と施設管理を指定管理者が担当し，女性会館の事業は直営で行う．	

(出所)　事務事業評価票（名古屋市ウェブサイト）を参考に筆者作成．

ている．さらに，行政評価（ソフト事業や施設）も指定管理者として受ける評価も，その結果が名古屋市から直接指定管理者に知らされることはなく，適切な説明の機会もない．双方が同じテーブルにつき，今後の方向について検討する機会もないのである．指定管理者は自ら名古屋市のウェブサイトで評価に関する情報を得るだけである．

　2011年の評価票に付された意見「女性会館との事業の整理」について事業仕分けの資料によると，男女平等参画推進センターの所管局の考え方は「男女共同参画社会の実現という大きな命題をもっていることから，重複がみられることもさまざまな啓発機会の確保という面からは必要」であるが，女性会館所管局は「女性の生き方などの講座は女性会館，資格取得などの講座は男女センターが実施するという役割整理を行った．女性会館は『学習』，男女平等参画推進センターは『就労』と整理」と記載している（名古屋市ウェブサイト）．事業整理の方向に整合性はみられず，またセンター設置当時に確認された「総合的な拠点施設」といった視点からは後退している．

(3) NPOによる評価（政策志向型評価）

　参画プラネットは，当初から自らの評価システムを構築することをめざし，取り組みを進めてきた．その特徴は，多面的多元的な点検・評価を併用し，拠点機能および指定管理者となっているNPO法人の活動機能の最大化に活かしている点である．複数のスタッフが評価士の資格をもち，他で確立された評価手続きを受動的に踏むのではなく，自ら必要な評価方法を組立て，評価をアカウンタビリティやマネジメントのツールとして活かすことができることが特徴なのである．

　具体的には，参画プラネットが行う評価の特徴は，第1にアカウンタビリティの視点からの検討が行われていることである．アカウンタビリティを論じるときに重要なポイントである「誰が，誰に，何を説明するのか，どのように集めた情報を使って説明するのか」を，参画プラネットは明確にしている．たとえば，内部評価については「参画プラネットが，市民に対して，指定管理者事業の実施状況について，毎年，担い手としての責任を果たすために，制度として，内部評価を実施すること」を目的とする．ここでも公開先を名古屋市ではなく「市民に対して」と示しており，市民の代表であるNPOが，市民に向けた市民主体の評価を行うことを明確にしている．つまり，市民が選択した政策を効果的に推進する視点である．参画プラネットのミッションとつながる「市民主体」の政策は，男女平等参画政策である［渋谷 2008a：54-55］．

　第2の特徴は，指定管理者事業において多面的多元的な点検・評価を行っていることである．「公の施設」にかかわるNPOとして評価を行うにあたっては，評価の種類やものさし，活かし方などを定めたうえで評価に取り組んでいる．特筆すべきは，評価の活かし方を「市民ニーズの把握につながるマーケティング調査として活かす」，「質と効率を明確化し，事業計画へ反映して活かす」，「公共経営の中心としての評価を政策形成に活かす」と3つあげていることである［渋谷 2008a：54-55］．目的に応じて評価を使いわけ，実験的な取り組みを行っているのである．実施されてきた評価の種類は，①名古屋市に提出する事業報告書に基づく評価，②指定管理者事業のなかで行われる事業の評価，事業を対象とした定性的評価，③名古屋市男女平等参画推進センター外部評価委員会が実施する外部評価[8]，そして，④理事会レベルでのプログラ

ム評価，である．参画プラネットが名古屋市に提出した事業報告書は，名古屋市と交わす協定に沿って作成されていたが，この事業報告書をもとにさらに独自の評価を行っている．ここでは利用者，稼働率，講師活動数（専門性）などを指標としているが，単に数字だけを見るのではなく，その時々の社会状況や要因となる事柄についても考慮して分析をしている．

また事業を対象とした定性的評価においては，「基本構想」に示されている事業コンセプト（自立支援：気づきをつくる，パートナーシップの促進：協働，地域からの男女共同参画：情報発信）を観察の視点とし，アンケートなどを中心に参加者や関係者などの意識や行動の変化などを継続的に観察・調査している．たとえば，講座受講前と受講後の意識の変化や講座の受講が自主グループの立ち上げという行動の変化に結び付いた事例，センターで行った事業がほかの団体や自治体への波及していく過程や企業や他団体との協働事業を継続していくなかで成果などを確認し，記述している．定性的評価においては，前記のように政策情報が蓄積されているのである．

第3の特徴として，理事会レベルでの評価を指摘できる．指定管理者事業を単なる委託事業としてのみ考えるのではなく，その場を活かしNPOとしてミッションである男女共同参画政策を参画プラネットがどのように進めていくのかという視点から，理事会レベルにおいてプログラム評価を実施しているのである．

ここでは6つの視点から目標を設定し，第1期，第2期と8年間にわたって評価を行ってきた．すなわち人材育成，男女共同参画政策への政策提言，男女共同参画のコンテンツづくり，助成金獲得，情報発信，連携の6つである．人材育成では目標を「メンバーがそれぞれ強みを持ち，各分野で必要な人材となる」と設定し，資格取得と転職，大学院での研究を続けるといった成果がみられている．また情報発信ではHPの充実を掲げ，アクセス数を指標としたところ，HPの改善や活用方法の工夫に伴ってアクセス数も増加し，参画プラネットへの講師や講座の企画運営の依頼が増え続けているといった成果も確認されている［林 2009：39］．あわせて，指定管理者事業のスタッフのみならず指定管理者の実施する事業の参加者が大学や大学院等で研究をしたり，新たな資格をめざしたりする動きがうまれた．こうした行動は，「男女共同参画の理念や

目標を結果的に体現しつつある」のであり，この「コミットメントの度合いの高さは，ある分野における行政の限界を補ってあまりあるものである」と指摘されている[9]．

参画プラネットは，当事者としての性格から派生している男女共同参画の分野における専門性にとどまらず，指定管理者事業を通じて評価に関する専門性を身につけてきた．メンバーには自らの問題意識に基づき，その解決に向けた（大学院での）専門研究に取り組むものが複数おり，また日本評価学会が認定する評価士が4名存在する．「政策志向」と「専門性（男女共同参画と評価）」が巧い具合に重なり，「オーダーメイドの良質評価」をうみだしているのかもしれない．

(4) 評価にみる地方自治体とNPOの関係

行政（業績測定型評価）とNPO（政策志向型評価）の関係について示したものが表8-4である．そしてこの表からうかがえるように，行政とNPOの関係には，逆「情報の非対称性」が生じている．従来，玄人（行政）が情報（とくに政策情報）をもち，市民がそれを読み解くことは難しく「情報の非対称性」が生じると考えられてきたが，ここではその関係が逆転している．つまり，本来は政策の企画立案をする行政機関には政策情報が必要であるが，実際に行政評価によって収集する情報は管理情報であり，逆に実施機関であるNPO評価が収集する情報に政策情報が含まれるので，役割と実施されている評価のタイプ，評価によって得られる情報が逆転しているのである．

さらに，NPMの公的部門への適用は，市場原理ルールの活用によってアカ

表8-4 評価にみる地方自治体とNPOの関係

	自 治 体	指定管理者（NPO）
本来の役割	舵取り／政策評価のはず	漕ぐ／業績測定
実施されている評価のタイプ	業績測定型評価	政策志向型評価
評価から得られる情報	管理情報	政策情報
アカウンタビリティ	予算・決算や法律あるいは契約・監視	契約や仕様書

（出所）筆者作成．

表8-5 アカウンタビリティの視点からの整理

項　目	NPO評価	行政評価
誰が	参画プラネット	名古屋市
誰に	市民／社会的・専門的アカウンタビリティ	市民／（上司）管理的アカウンタビリティ
何について	名古屋市男女平等参画推進センター事業の効果的な運営	事務事業の効率性の向上，事務事業の見直し，予算への反映など行政資源の有効活用
なぜ	市民が選択した政策（男女平等参画・男女平等参画推進センター）を効果的に推進するため	行財政システム改革の主要なツールとして市政を点検するため
納得の基準	有効性／効率性	効率性
どのように集めた情報か	事業実施後のアンケート結果，分析，事業報告書，観察・分析等．波及効果や副次効果など政策情報含む	事業報告書・ヒアリングをもとに所管課が評価シートを作成．管理情報
経営モデルとの関係	第3の方策（新しい公務）から第4の方策（新しい公共）へ	第2の方策（NPM）

(出所)　山本［2013］，山谷［2012］による類型化を参考に筆者作成．

ウンタビリティの関係にも変化をもたらした．指定管理者となったNPOは，市場原理ルールの契約や仕様書に従って適格な対応を求められる．契約や仕様書には，政策・施策の目的を達成する手段としての事業ではなく「業務」が示されている．業務実施機関であるNPOが自ら蓄積した政策情報を読み解くことは求められない．ここでは政策内容への貢献は必要ないことになっているからである．したがって，「政策志向」ではなくますます「効率・節約」に向かう．ここに，NPOがマネジメントの手段に堕落しかねないという危さもある［山谷 2006：204］．市民参加によるボランタリーなコミュニティ形成や市民生活上のニーズに根差したイノベーション，そしてアドボカシーといった，企業や行政にとって困難なNPOに固有の社会的機能［藤井 2010：10］を活かすことは難しいのである．

　これまで指定管理者制度のマイナスの側面からの指摘をしてきたが，指定管理者制度のプラスの成果をあげたい．まず市民とその代表であるNPOが公の施設の管理運営に参入する機会となったことである．男女共同参画の拠点施設

の事例からは，一般市民視点での企画が可能となり，当事者視点の事業計画の実施が可能となったことや女性のエンパワーメントが観察されている．そのプロセスを経て，NPOがかかわる政策評価への可能性も生まれている．行政の外部に政策やプログラムのアウトカムを対象に，自らデータを収集し分析できる能力を有する市民の存在，つまりアカウンタビリティを追及する役割を担う存在になることが期待できるのである．

　他方，指定管理者制度の導入により生じた混乱や課題も2つ指摘できる．その1つは「政策の三層構造（政策→施策→事業）」が崩れてしまう恐れである．指定管理者制度では事業費，人件費，管理費を含めて施設全体の予算が設定される．施設評価の対象となるとき，本来施策の対象となるべき「拠点施設」全体が事務事業と同等の扱いになり，施設の機能や費用などの検討がないまま評価や事業仕分けの対象となり，唐突に施設の廃止・統合などが議論されることになる．本来の行政改革にあってははじめに組織改革・組織再編，予算カットではなく，政策の見直しが先行しなければならないが，そうならないという混乱である．

　2つめは，市民参加や協働の仕組みを崩してしまう恐れである．指定管理者制度や政策評価制度などを導入してきた行政改革は，効率性の追及だけではなく，ガバナンスの変革という意図をもって導入されたはずである．しかし，前提である市民参加や協働がうまく機能しない現実がある．たとえば，前述したように名古屋市においては，センター設置に向けた検討時期から市民参加を基盤に検討を進めてきた．「市民参加の段階」で説明されている「関心をもつ段階（1段階）」から指定管理者制度の導入により「市民実行（9段階）」へと進み［田村 2003：127］，さらに，市民による評価の可能性（10段階）がうまれている［林 2008：58-60］．この段階では協働も機能していたと考えられるが，地方自治体の財政状況の悪化や職員の交代をはじめとする組織実態の影響を受け，市民参加や協働の仕組みを後退させてしまう恐れがみえてきている．

　参画プラネットは，健全な評価マインドを男女共同参画政策に活かすことを目的としてきた．しかし，名古屋市男女平等参画政策への反映が困難だと判断した参画プラネットは，第2期をもって指定管理者事業の終了を自ら決めた．政策学の理論における「政策終了（policy termination）」の議論には珍しい事例，

「事業者からの断念」である.

　センター外部評価委員会は，2期8年間の指定管理者事業を対象とした評価コメントのなかで「指定管理者の募集要項にはなかった外部評価委員会の設置と評価を積極的に取り入れてきた試み」を，肯定的に評価している.「評価の試みは，行政の下請けとみなされがちな指定管理者としての立場から，本来あるべき行政と NPO の協働におけるパートナーとして，また政策提言者として行政に対しての立ち位置を変えるきっかけになった」と指摘しているのである. 他方で，「市の行財政改革から経費の削減の方向性，予算主義から来る制約に対して，少なからず翻弄された面もあった」という指摘や「市との協働をめざしてきた NPO に対し，行政の側が応えきれなかった一例」という見解も示している[10].

　参画プラネットは評価を行うなかで,「センターの機能や役割」について整理し，再定義を行ってきたのである.

おわりに

　21世紀初頭の市民参加論はすでに，ネットワーク型の社会において政治（議会）・行政と市民団体との「協働」へと展開している. 政策評価に限れば，行政サービスの供給者である行政側の視点に偏っていた政策評価を，ユーザー・顧客の視点から再構築する役割が期待されるであろう. NPM は「政府の失敗」を市場化思考で克服しようとするため，政策の成否は市場的価値，効率と節約，業績の達成で判断される. しかし，「政府の失敗」を市場ではなく，NPO が媒介する社会の結びつきで解決しようとするとき，そのよって立つ価値規準は NPO の価値規準になる. それはパートナーシップ，協働，参加・参画，持続可能な発展，自立であろう［山谷 2002b：83］.

　政策評価制度は「政策の見直しを通じてガバナンスを変革しよう」という意図をもって導入された. そもそも，政策評価は地方分権や情報公開，行政手続法などおよそ成熟した多元主義的デモクラシー社会に欠かすことのできない健全な統治の仕組みを前提に初めて機能する. さらにその大前提にあるのは，市民が政策主体であり評価主体であるという認識である［山谷 2002a：87］.

NPMに影響を受けた行政改革の波のなかで，市民が公の施設の管理運営を担う指定管理者となり政策実施に深く関与することとなった．ここでは，市民による市民のための政策促進型評価システム構築の可能性がうまれている．このシステムを活用すれば，地方自治体が優先してきた業績測定型評価だけではない，新たな政策とその評価が普及するはずである．

注
1）　NPMの違いや概念整理については，山谷［2006：234-235］，山本［2013：11-14］を参照．
2）　プロセス・アカウンタビリティは，把握しやすい政策のアウトプットやアウトプットを算出するスケジュールの進捗状況をモニターする．政策活動におけるガイドラインの順守状況や公的資金支出の条件，支出状況をみるなどといった「形式的手続き合理性」の評価になっていた．
3）　本書第5章参照．
4）　政策それ自体に関する情報と「システムとしての政策」の構成要素，政策を進めるうえでの枠組みに関する情報が考えられる．政策それ自体に関する情報とは，政策の内容，政策が働きかける対象，政策に基づく施策・事業によって直接提供されるサービスやハコモノ建設などのアウトプット，アウトプットを使用して出てくる成果，長期的なインパクト（プラスの影響，マイナスの影響，副次効果や波及効果）などに関する情報．事前に予定した通りに成果をあげて，政策目標の達成に貢献しているかどうかが重要な情報である．
5）　組織の権限・組織体制・定員・財源などの情報．具体的には，予算，人事管理，施設設備，福利厚生，組織の内部管路，会計記録，財務記録，内部の所掌，権限関係の情報など．
6）　評価の使途は，「形成（改善），アカウンタビリティ，意思決定，マネジメント，総括」として分類されている．
7）　「男女共同参画社会」と「男女平等参画」の表記について名古屋市は次のように整理している．男女共同参画社会は「男女共同参画社会基本法に定める，男女が，互いにその人権を尊重しつつ責任も分かちあい，性別にかかわりなく，その個性と能力を十分に発揮することができる社会のこと」であり，男女平等参画とは「男女平等参画推進なごや条例に定める，男女共同参画社会の実現のために女性と男性の平等とあらゆる分野への参画を推進することである．条例制定の際に市民の強い希望により「男女平等参画」を使用している．
9）　指定管理者（NPO法人参画プラネット）が設置した名古屋市男女平等参画推進

センター外部評価委員会が行う評価である．センターにおける施設の管理運営と名古屋市男女平等参画推進センター指定管理者が施設管理と主体となり実施する事業の運営方法について審議することを目的とする．外部評価委員会は毎年，参画プラネットに評価コメントを提出する．評価コメントについては，参画プラネットの年次報告書『プラネットの軌跡』参照．

10) センター外部評価委員会が参画プラネットに提出した2期8年間の指定管理者事業を対象とした評価コメントからの抜粋である．

11) センター外部評価委員会が参画プラネットの提出した2年8カ月間の指定管理者事業を対象とした評価コメントからの抜粋である．

第 9 章

自治体市場化における
公務との均等待遇と評価
—— NPO 活動を手がかりに ——

はじめに

　1990年代後半から,「官から民へ」の潮流が生まれ,従来の自治体官僚制（ここで「自治体」と言うのは地方自治体のことであり,法律用語の地方公共団体も含む）が担っていた任務が民間企業や民間団体へと移されていくようになってきた．アウトソーシング,民間開放,規制改革であるとともに,「新しい公共」の領域である．「新しい公共」を紡ぎだしていくためには,公的分野（国および地方自治体等）とNPOの間で一定の協力関係が必要となってくる．その際の協力関係のあり方として「協働」という用語（①異質なアクターが,②共通の目標のために,③対等かつ相互に自立した形で協力すること,また,そのような関係性を構築するために,④相互の理解や信頼関係を醸成すること［原田 2010：26］）が定着し理念的に語られてきた．

　「協働」の意義として,次の3点があげられる.

　第1に,利益主導ではない．NPO は "Non Profit Organization" の略で直訳すると「非営利組織」となる．NPO は,利益の配当を目的とする「組織」である企業に対して,NPO は社会的な使命を達成することを目的とする「組織」である．営利を目的としないことが大前提である NPO は,収益の配分を予定して出資を募ることはできないため,活動資金の調達に関する規定がNPO 法には定められていない．NPO 法では,NPO 活動に係る事業以外の事業を実施できることとしているが,その収益は本来の事業である NPO 活動に充当する旨を規定している．こうした状況であるため,事業収支のうち,特に NPO

「活動者」への支払いや役員への報酬等，支出の透明性が重要視される．

　第2は，会社，組織本位ではない運営ができることである．NPOは，市民の自主的な参加により社会貢献活動を行う団体であり，その自由な活動を促進するためには，NPOの業務運営のあり方についてNPO法では細かく規制されてはいない．基本的に，NPO自身が自律的に決めることとなっている．特筆すべきこととして，NPO活動の運営にあたっては，NPO内部の組織管理に加え，広範な情報公開制度に基づき広く市民が監視できるような社会に開かれたガバナンスが構築されている．

　第3は，当事者性を活かした事業を実施できることである．当事者である市民が，自身の権利基準を維持するための「サービスの担い手」となり，利用者（市民）として自らがサービスを選択し責任をもつような事業が実施できるからである．特に，これまでの企業社会は男性市民だけが公的な場で重要な位置を占める性別役割分業型の男性中心社会であったが，NPO法以降，NPOの急増と比例して，女性の役割も増大している．

　本章では，こうした公共圏の変化により，正規公務員[3]以外のアクターが公務における活動領域を拡げていることに着目し，政策と現場と担い手が分断されている評価の実態を浮き彫りにし，さらには，分断された評価によって生じる労働分野における課題を検討する．検討にあたっては実践事例として，筆者が代表理事を務めているNPO法人参画プラネットの活動を取り上げる．

1　国と自治体の市場化の動き

　1990年代後半から顕著になった国と自治体のアウトソーシングと，それに基づいた制度として指定管理者制度に着目する．また，同時並行して起こった動きとして，日経連（日本経営者連盟）が提唱した「新時代の『日本的経営』」と労働法の規制緩和との関連を検討する．あわせて，その背景にあった自治体における評価の混乱についても取りあげる．

(1)　国と自治体のアウトソーシング
1998年に制定された中央省庁等改革基本法4条（中央省庁等改革の基本方針）

では,「国の事務及び事業のうち民間又は地方公共団体にゆだねることが可能なものはできる限りこれらにゆだねる」(3号) ものとされ,「政策の企画立案に関する機能とその実施に関する機能とを分離する」(企画と実施の分離, 4号)とかかげられた. また, 同法32条 (国の行政組織等の減量, 効率化推進方針) では,「民間事業への転換, 民間もしくは地方公共団体への委譲又は廃止を進め」(1号), 次善の策として「独立行政法人の活用等を進め」(2号), あるいは「民間への委託を進めること」(3号) とされている.

　同法の制定により, 実施部分については, 国から自治体へ, 自治体が実施できない事業はアウトソーシング (外部化) することが明確に打ち出された. 自治体においても, これと同様のコンセプトでアウトソーシングが進められてきた. その結果, 人件費はコストとして位置づけられ, コストを削減して価格に見合った品質のサービス提供をめざす新自由主義的な行政経営手法が展開された. この手法は, アウトソーシングされた部分だけではなく, アウトソーシングされない部分においても人件費コスト削減のために可能な限り低賃金労働者である非正規公務員が公共サービスの担い手となっていったのである.

　自治体アウトソーシングには, 公務を市場化し利潤追求の場にしようというねらいもこめられている [城塚 2004:152]. たとえば, 総合規制改革会議は第2次答申 (2002年12月12日) に「民間の多様なサービス産業が発展してきている今日, 公共サービスの提供についてもできる限り民間事業者にゆだねていくことにより, 今まで以上に消費者の多様なニーズに対応した良質で安価なサービスを提供することが可能となっていると考えられる」などとして「民間でできるものは官は行わない」とした. そして, 第3次答申 (2003年12月22日) では,「公共施設・サービスの民間開放促進」の1つとして「指定管理者制度の活用促進」がかかげられた.

(2) 指定管理者制度

　2003年6月, 地方自治法が改正され公の施設の管理については指定管理者制度に一本化された (地方自治法244条の2以下). 1991年改正の旧法では, 公の施設管理の委託先は, 公共団体 (地方自治法の公共団体), 公共的団体 (公益法人, 農協, 生協, 自治会等), 政令で定める出資法人 (自治体が50%以上出資する第三セ

クター）に限られていた（旧地方自治法244条の2第3項）．しかし，2003年の改正で「法人その他の団体」が指定管理者として指定されることになり，民間企業，NPO，地域住民団体などの多様な運営主体が参加することが可能となった．

　指定の要件としては，① 条例の定めるところにより指定すること（法244条の2第3項），② 指定は期間を定めて行うこと（同条5項），③ 指定に当たってはあらかじめ議会の議決を経なければならないこと（同条4項）である．また，条例により，公務員ではないにもかかわらず指定管理者が使用許可の権限を持ち，行政処分の一部を行い，利用料金は指定管理者の収入とでき，料金決定等の裁量が可能となるなど，「自由な経営」ができる範囲が広がった．

　指定管理者制度の導入背景には，2002年の総合規制改革会議による「官製市場の見直し」があったことはよく知られている．官民関係を抜本的に変えようという意図のもとに，市場メカニズムを積極的に導入する方針は，指定管理者制度においても，貫徹されることになった．

　一方，多様な運営主体が指定管理者となることは，自治体以外にも公権力行使にかかわる主体が登場したことを意味する．それは，従来の公共部門のあり方をNPOあるいは地域住民団体や企業などの民間部門との協働によって組み替え，「新しい公共」あるいは「新たなる公」と呼ばれる地域社会の担い手の再構築を探る動きとも連動している［新川2008：4］．ただし，参入する民間事業者は，競争力を強化するために低賃金雇用労働者を活用してコスト削減を図ることになり，市場化による雇用の劣化をもたらす可能性もある．

(3)　労働法制の再編と日経連「新時代の『日本的経営』」（1995年）

　1990年代以降，「労働力の流動化」「非正規雇用の増加」「年功制から成果主義へ」「処遇の個別化」「働き方の多様化」などのスローガンが飛び交い，現実にもこうした雇用慣行の急速な変化によって企業社会の構造は大きく変貌してきた．1997年以降急速に進められてきた労働法制の規制緩和や弾力化は，いうまでもなくこの間の労働関係の変化と密接に関係している［西谷2005：4］．労働法制再編によって，① 労働時間が弾力化し，② 有期雇用の拡大により雇用が不安定となり，③ 派遣労働法制の確立により直用主義の考え方が大幅に後退し，④ 統一的な労働者概念を設定してすべての労働者にできるだけ統一的

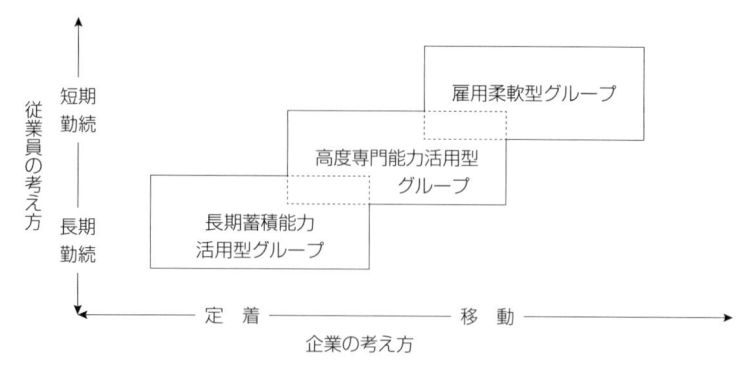

図9-1 雇用ポートフォリオによる処遇のあり方(1)
企業・従業員の雇用・勤続に対する関係

(注) 1 雇用形態の典型的な分類
2 各グループの移動は可能
(出所) 日本経営者団体連盟 [1995：32].

な労働条件を保障しようとるす考え方も，大幅に修正されることとなった［西谷 2005：84-85］．

こうした背景の下，1995年5月に当時の日経連が報告書『新時代の「日本的経営」——挑戦すべき方向とその具体策——』を発表している．ここでは，「長期雇用の重視を含んだ柔軟かつ多様な雇用管理制度の枠組み」が求められているとして，労働者を①「長期蓄積能力活用型」と，必ずしも長期雇用を前提としない②「高度専門能力活用型」，③「雇用柔軟型」の3つのタイプに分け，それらの組み合せによる雇用管理を打ち出し，経営環境の変化に対応した雇用ポートフォリオの作成を提唱した［新・日本的経営システム等研究プロジェクト 1995：32］．

日経連は，これを通じて，一方では長期雇用の仕組みを維持しつつも，同時に，労働力の流動化を通じて必要な人材を確保する体制の整備を進めるとしている．ここでは，長期雇用とフレキシブルな雇用との複合的編成という考え方が明確にされるとともに，それにみあった複線型の人事管理の必要性が示されている．こうした労働力の複合的な編成という雇用管理はとくに目新しいものではないが，1990年代半ばに経済構造の改革が進められている時期にこれが出されたことは，構造変化に対応するために，長期雇用が期待されるコア労働者

表9-1 雇用ポートフォリオによる処遇のあり方(2)
グループ別にみた処遇の主な内容

	雇用形態	対象	賃金	賞与	退職金・年金	昇進・昇格	福祉施策
長期蓄積能力活用型グループ	期間の定のない雇用契約	管理職・総合職・技能部門の基幹職	月給制か年俸制職能給昇給制度	定率＋業績スライド	ポイント制	役職昇進職能資格昇格	生涯総合施策
高度専門能力活用型グループ	有期雇用契約	専門部門（企画，営業，研究開発等）	年俸制業績給昇給なし	成果配分	なし	業績評価	生活援護施策
雇用柔軟型グループ	有期雇用契約	一般職技能部門販売部門	時間給制職務給昇給なし	定率	なし	上位職務への転換	生活援護施策

(出所) 日本経営者団体連盟［1995：32］．

（正規職員）を縮小する一方で，流動的な非正規職員の拡大をはかるという雇用管理の方向を示したということができる．

(4) 「日本的経営」と公務労働

　ここで再び，「政策の立案に関する機能とその実施に関する機能を分離する」「民間への委託を進めること」（中央省庁等改革基本法4条）というかけ声のもと国と自治体が行ったアウトソーシングの実態に，日経連が提唱した「日本的経営」の雇用ポートフォリオをあてはめてみると，政策の企画立案に関する機能については①「長期蓄積能力活用型」として正規公務員が担い，専門的な見地をもつ者へ事業を委託（独立行政法人，指定管理者制度等）することで②「高度専門能力活用型」を取り入れ，日常業務の現業部門については，③「雇用柔軟型」として，自治体の非正規公務員でまかなうか，あるいは民間事業者等へ委託することとなる．

　指定管理者制度に着目すると，②「高度専門能力活用型」として指定管理者事業の担い手は位置づけられ，専門分野での貢献は求められるが公務の企画立案部門には関われないということになる．③「雇用柔軟型」に位置づけられる非正規公務員および民間事業者等は，専門性は必要なく公務の企画立案にも携わらないこととなる．たとえば，自治体にはさまざまな政策を推進する施設が

あり，②「高度専門能力活用型」として専門性をもった指定管理者が業務を担っているが，そこで実施される事業から生まれる政策提言は公務の企画立案部門へ反映される道すじを持ちにくく，かつ，②「高度専門能力活用型」として位置づけていることにより正規公務員も指定管理者からの政策提言については関心を持たないという状況が生まれる．流動性高い③「雇用柔軟型」として，市民とダイレクトに接する現業部門からの意見や提案の吸い上げは，企画立案に徹する①「長期蓄積能力活用型」として正規公務員は関与せずに過ぎていってしまう．こうして，公務における企画立案部門，専門性活用部門，現業部門——この3つの部門の分断が起きることとなった．

　これまで検討してきたように，「官から民へ」の新自由主義的改革とそれにともなう公務と公務員の範囲の縮小が，行政の公共性の後退と行政責任の放棄をもたらすものであり，国民・住民の権利保障の観点からみて大きな問題を生じることなり，改めて，公務員および公務員制度の存在意義は何なのかという問題を投げかけている［晴山 2004：40］．

(5) **自治体と行政評価**——名古屋市を事例として——

　1990年の終わりごろ，政策評価とは異なる行政評価が地方自治体で一般化し行政評価に対する疑問に正面から取り組まないまま行政評価が普及したため，さまざまな混乱が生じた．評価を受けた勧告や提案では，業務費用の見直し，業務の廃止・修了，業務の一元化・集約化，組織のスリム化，競争力の強化，公と民の役割分担の重視，業務の外部委託・アウトソーシング，要員の合理化・縮減，受益者負担などといった言葉が使われていた．2000年代になってからは，指定管理者の評価やPFI事業関係の評価を含め，また2010年ごろになると行政評価とは言いながら「事業仕分け」と同じ進め方をしている地方自治体も出てきた［山谷 2012：161-162］．

　名古屋市においても，1997年に「行政改革実施企画」を策定し，行財政システム改革の取り組み「5つの実行」の1つとして行政評価をかかげた．2002年度からは第三者による外部評価を導入し，学識経験者等からなる「名古屋市行政評価委員会」を設置し，2003年度には，全体最適の目線を重視して行政評価委員会は個別の事務事業の評価にあたった［武藤・楢崎 2005：157-158］．外部

評価は「公的関与のあり方に関する点検指針」を基本方針とし，公の施設や組織のあり方をめぐる変化（指定管理者制度等）を捉えた可能性を探り，「施設の管理・運営」について市が設置した施設について踏み込んで検討した．さらに，「総括コメント」として，「市が提供するサービスについて，サービスの具体的な活動は民間でできる業務が多い」とし，「民間が担うことができる部分は民間に任せることが望ましい」と提言した．

　名古屋市行政評価委員として，筆者は2002年度から2003年度まで名古屋市全体の事務事業評価を担当した．特に，2003年度には前記のように「公の施設や組織のあり方をめぐる法的枠組みとの整合性」をテーマに検討した経験がある．評価のとりまとめにあたっては，事業所管局とのヒアリングを実施し双方向コミュニケーションを図りつつ判断していった．市の評価と行政評価委員会の評価が異なることも多々あったが，市民主体という立場を保持した行政評価委員会としての姿勢を打ち出すためにも，あえて評価を一致させずに異なった評価を公表した．行政評価委員会での議論や検討の際には，「全体最適の目線，市民満足の目線，企業経営の目線」［名古屋市総務局行政システム部行政経営室編 2003：5］といった3つの視座に基づいて行っていった．「行政サービスは，それ自体を供給することが目的なのではなく，行政サービスを需要する市民の満足度の向上が目的である．したがって，行政サービスの提供には，供給者の論理（市役所の目線）ではなく，需要者の論理（市民の目線）が優先されなければならない」［名古屋市総務局行政システム部行政経営室編 2003：6］という合意のもと，筆者自身は「市民主体の視点」と「女性の視点」を重要視して判断していった．とはいえ，戸惑うことも多くあった．具体的には，内部評価担当者（市の職員）とのヒアリングで，「この事業は昨年度も同じように実施しています」という説明が多々あったことである．昨年度に実施していたことが事業の継続に合理的な理由になるという発想自体は，「市民主体であること」からかけはなれているといえよう．また，成果として，参加者人数や対象人数といった数値目標に偏った傾向もあり，新たな指標づくりを提案したが，担当者からの反応は鈍かった．「もし，評価をされる側になったら，このような指標が考えられるのでは」と筆者が提案したこともある．こうした行政評価委員会での議論や検討に参画し，「評価をする側」となったことは貴重な体験であった．

同時期，2003年6月に名古屋市は，男女共同参画政策を推進する拠点施設「名古屋市男女平等参画推進センター」（以下，センター）を設置した．名古屋市は，センターの運営において市民との協働をかかげ「協働運営NPO」を公募し，所属していたNPO法人が「協働運営NPO」として施設管理（一部）と事業運営（一部）を受託することとなった［渋谷 2005：85-100］．その後，2006年度からは，自治体アウトソーシングの波に乗り，名古屋市はセンターへ指定管理者制度を導入する．

　2006年度から2009年度までの第1期の指定管理者の公募に筆者が代表理事を務めるNPO法人参画プラネット（以下，参画プラネット）が応募し，指定管理者として指定され，その後，第2期（2010年度から2013年度）も引き続き指定管理者となった［渋谷 2009：136-145］．筆者は，2003年6月から2013年3月までの11年間にわたって名古屋市の男女共同参画政策の拠点の運営に携わることとなり，自らが自治体のアウトソーシングの渦中で過ごすこととなった．さらに，行政評価という視点からみれば，行政評価委員として「評価をする側」から，センターの指定管理者として自治体から「評価をされる側」へと双方の役割を果たすこととなったのである．

　次節からは，全国各地の自治体が設置しており，筆者が運営に関わった男女共同参画政策を推進する拠点施設「男女共同参画センター」を取り上げ，自治体アウトソーシングによって生じた労働分野の課題を抽出して報告したい．あわせて，自らの事例として，参画プラネットが担った指定管理者事業のスタートから修了までを検証する．

2　自治体アウトソーシングと男女共同参画センター

　男女共同参画社会基本法[5]にも定められている男女共同参画政策を推進するために設置された拠点施設「男女共同参画センター」（以下，拠点施設）は，自治体アウトソーシングの対象となり，2003年以降に直営もしくは指定管理者制度の導入のどちらかで運営することが決定された．本節では，「男女共同参画政策推進に向けた評価に関する調査研究」[6]の調査結果からみえてきた拠点施設の実態について，特に労働および評価に関する項目に着目して報告したい．

(1) 職員体制の現状と課題

「男女共同参画政策推進に向けた評価に関する調査研究」[7]による質問紙調査の結果をみると，職員数は全施設（191施設）では1650人となった．そのうち，法定労働時間が適用され期間の定めのない雇用（以下，正規雇用）は，429人（26.0%）であった．非正規雇用として位置づけられる雇用（法定労働時間が適用され期間の定めのある雇用，法定労働時間が適用されず期間の定めがない雇用及び期間の定めがある雇用）は，1221人（74.0%）であった．また，半数に近い771人（46.7%）の職員については，法定労働時間が適用されず期間の定めがある雇用であった．同時期（2011年度）の労働力基本調査をみると，非正規雇用の割合は35.4%（男性：20.1%，女性：54.5%）であった．本調査では，非正規雇用の割合が76.0%と非常に高く，労働力基本調査の2倍以上に達していることがわかる．

また，在籍する職員数については，10人以上の雇用が発生している施設は54施設（28.4%）にとどまり，職員数が5人以下の施設が91施設（47.6%）と1/2を占め，そのうち16施設は職員数が0人であった．

職員の雇用形態の詳細をみると，「法定労働時間が適用され，期間の定めがない」形態と「法定労働時間が適用されず，期間の定めがある」形態の組み合わせが50施設（26.3%）とほぼ1/4を占めている．次いで，「法定労働時間が適用され，期間の定めがある」形態と「法定労働時間が適用されず，期間の定めがある」形態が26施設（13.7%）となっている．一方，職員数が少ない（4人以下）施設では，「法定労働時間が適用され，期間の定めがない」形態のみで運営されている施設が6施設あった．

①予算，②職員の雇用形態，③指定管理者制度，④事業運営，⑤利用者，⑥連携，⑦施設，⑧その他といった枠組みで施設運営上の課題についてとらえると，課題として回答が集中しているのは，⑤利用者（利用者・利用団体の固定化／48.9%，自立した利用団体が増加しない／40.0%，男女共同参画推進の目的以外の利用者が多い／35.0%）である．さらに，②職員の雇用形態（正規雇用の職員が少ない／38.9%，職員の異動が多く専門性が蓄積できない／22.8%，専門職員が非正規雇用で十分力を発揮できない／21.7%）が続き，④事業運営，⑥連携が続いている．予算が足りない（32.8%）や施設・設備が不十分（23.9%）といった回答

もあった．

② 職員の雇用形態については，運営主体の違いにより異なる側面も抱えている．たとえば，自治体が直接，運営している公設公営の施設の場合には任用という形式で，自治体の正規公務員，非正規公務員（非正規職員，嘱託職員等）が担っている．また，指定管理者制度によって民間が運営している公設民営の施設では，民間事業者が雇用している正規職員，非正規職員をはじめとして，NPO等が参入している場合には雇用している職員に加えて有償ボランティア[8]，無償ボランティアも運営に参加しているケースもみられる．公設公営および公設民営のどちらも，さまざまな形態と立場の人々が担い手となっていることにより，労働という視点から連帯することが困難であり権利意識を持ちにくい構造となっている．

一方，評価に関しては，実施に対するスタッフへの影響の回答をみると，肯定的影響として「事業等を対象化し点検し，改善意識が高まった」（67/105施設63.8％），次いで「評価結果に基づき業務や事業が修正された」（62/105施設59.0％）が多く選択された．一方，約3割の施設が否定的影響「作業負担が大きい」をあげた．否定的影響の背景には，多数の「期間の定めがある」雇用の職員がいることから継続して取り組めないといった事情がみえてくる．雇用形態という視点からみた場合には，それぞれの基盤（自らの立ち位置）が異なる状態で評価をすることになり混乱が生じる可能性も高いといえよう．

(2) 男女共同参画政策と拠点施設

「男女共同参画政策推進に向けた評価に関する調査研究」[9]による事例研究の対象となった拠点施設と設置した自治体における同時期の男女共同参画政策（特に，労働政策に着目）との関係を検討する．

　a　拠点施設と男女共同参画条例および所管課

男女共同参画に関する条例に拠点施設が位置づけられている自治体は，越谷市，川崎市および名古屋市のみであった．なお，岩手県は努力義務として記されている．所管課をみると，男女共同参画政策を庁内で横断的に取り組める部署に設置されている自治体は，越谷市（企画部人権・男女共同参画課），名古屋市（総務局総合調整部男女平等参画推進室）および松戸市（総務部男女共同参画課）で

あった．

b 男女共同参画計画における労働政策の位置づけ

男女共同参画計画（以下，計画）と施設の労働政策のあり方の関係をみると，どの自治体も計画全体図（ツリー図）の第1段階に労働政策に関する目標がかかげられている．さらに，第2段階，第3段階と進んでいくと詳細にわたって記載されている．特記すべき事項は，次のとおりである．

非正規雇用に関して計画でとりあげている自治体については，静岡県，盛岡市と岩手県である．静岡県では，重点テーマ4において「格差や貧困の視点を織り込んだ男女共同参画の推進」をかかげ「女性が非正規労働に就かざるを得ない就労環境」の実態をとりあげ「労働に見合った賃金等の確保」をあげている．盛岡市では，行動目標2-(7)に「労働形態は，パートタイマーなどの非正規雇用に加えて，派遣や請負など多様です．非正規雇用においては，その割合が高まるとともに，従来の補助的・定型的な業務から基幹的な業務へと拡大し，非正規雇用者の中での収入や労働条件の格差の原因になっています．しかし，基幹的な業務に従事しても，責任ある地位への登用などにはつながっておらず，正規雇用との均衡処遇が求められています」と計画に記している．岩手県では，特にパートタイム労働者をとりあげ「パートタイム労働等の多様な形態で働く女性の雇用の安定や適正な労働条件等を確保するため，パートタイム労働法及び労働者派遣事業法の周知を図ります」と記している．

女性の就労支援といった視点では，さいたま市と秋田県があげられる．さいたま市では，施策の方向で「安心して働くことができる環境の整備」をかかげ「女性の就業継続支援制度の普及・啓発」をあげている．秋田県では，「雇用分野での参画拡大」として「女性の雇用については，総務事務や軽作業労働に止まらず，技術分野，専門分野，経営管理部門などにおける幅広い女性人材の採用，キャリア形成，そして登用を求めていきます」とかかげている．川崎市では「『労働状況実態調査』を通じて，女性の就業状況に関する実態調査を実施します」と明記されており，大阪府の計画では指標に「雇用形態別有業者数」が設置されている．

男女共同参画計画では労働政策に関する目標が掲げられているにもかかわらず，計画の実施拠点である施設の担い手は流動化した雇用形態のなかで業務に

就いているという矛盾した関係がみられる．

(3) 拠点施設における労働のあり方について

　指定管理者事業に関する評価をみると，運営主体である指定管理者を評価する指標に労働の担い手を評価する指標の設定はみられない．近似するものとして，「母子家庭等就業・自立支援センター活用による就業困難者の雇用」（大阪府），ISO9001に基づく「教育訓練計画」による評価（三重県・施設），「女性のエンパワメント・プログラム」「女性の活躍推進休暇」（名古屋市・施設）がある．

　特筆すべきこととして，指定管理者制度の枠組みで雇用している場合には「期間の指定」といった限界があり，正規雇用[10]が困難ではあるが，官製ワーキングプア問題を抱えている自治体直営の施設と比べてさまざまな工夫がなされていることが判明した．たとえば，三重県・施設では，有期雇用専門員が所属長の推薦と財団の総務部門での審査を経て年俸制専門員（1年契約・更新回数制限なし，異動あり）へ契約の変更ができる制度がある．また，盛岡市・施設では，1年間の有期雇用で5回まで更新可といった契約でフルタイム雇用を実施している．名古屋市では，ワークシェアリングと短時間雇用を活用し「女性のエンパワメント・プログラム」を実施し指定管理者事業そのものを男女共同参画推進のツールとして位置づけている．ただし，有期雇用の場合は，2012年の労働契約法の改正により，新たな規定として「有期労働契約の無期契約への転換」（第18条），「有期労働契約の更新等」（第20条），有期であることによる「不合理な労働条件の禁止」（第20条）が設けられた．こうした状況の下，三重県と盛岡市の雇用契約については，5年以内に見直しを図る必要が生じている．

　雇用の流動化が進み，非正規雇用が増加し，同時並行して官製ワーキングプアといわれる非正規公務員も増大している．こうした社会全体の労働と雇用に関する課題を拠点施設も引き受けているといえよう．

(4) 裁判事例について

　拠点施設の裁判例として，最高裁まで争われた事件を取り上げる．それぞれの事件は労働問題が争われているが，その背景には自治体アウトソーシングや

男女共同参画政策に対するバックラッシュ[11],専門性に対する評価など課題が満載である.

a 福岡市女性センター・アミカス（福岡市女性協会）事件
平成15（2003）年10月2日福岡地裁,平成16（2004）年10月1日福岡高裁,平成17（2005）年2月4日最高裁確定

本件は,臨時的任用職員として雇用期間を6カ月（週3日）とし,出向補助員および嘱託職員の補助業務を行うとして雇用契約を締結し,1992年から2001年まで約10年間にわたって6カ月ごとに雇用契約の更新をしていたが,雇用条件が「週3日,6カ月勤務」から,「週5日,2カ月勤務」（その後,2カ月の間をおいて同一条件での再雇用を予定）へ変更されることになり,それに応じなかったために雇用終了となったことを争った事件である.

裁判の争点は,①雇用契約上の地位確認等請求,②それにともなう給与の支払いである.地裁判決では,原告の雇用契約上の権利が認められたが,高裁判決では一審判決が取り消され最高裁で確定した事件である.

その背景には,福岡市から運営経費の支給を受けていた福岡市女性協会の予算が,2002年度に10％追加削減され,人件費が削減対象となったことがあげられる.これは,自治体アウトソーシングが開始された時期とも重なる.また,臨時的任用職員となったきっかけは,福岡市女性協会が開催したイベントに参加し,その後,ボランティアとして活躍していた際に人員不足であった協会が採用したという経緯があったことも明記しておきたい.

b とよなか男女共同参画推進センターすてっぷ（豊中市,とよなか男女共同参画推進財団）事件
平成19（2007）年9月12日大阪地裁,平成22（2010）年3月30日大阪高裁,平成23（2011）年1月20日最高裁確定

本件は,開館と同時期に有期で雇用契約して就任した非常勤館長が,3回にわたって雇用契約を更新していたにもかかわらず,4年目の終了時に,非常勤館長から常勤館長へと組織体制が変更されるという理由で雇止めになり,常勤職に応募したにもかかわらず不採用となったことを争った事件である.

裁判の争点は,①本件雇止めの違法性,②本件不採用の違法性,③共同不法行為の成否である.第一審においては請求が棄却された.控訴審では新たに,

原告への人格権侵害による慰謝料請求が追加され，大阪高裁判決では豊中市と財団法人とよなか男女共同参画財団に対し原告に対する人格権侵害が認められ，最高裁では上告棄却となり控訴審判決が確定した．

　こうした背景には，男女共同参画とジェンダーへのバックラッシュといった政治的な動きがあったことをあげておきたい．こうした動きに対して，自治体（豊中市）や財団，センター職員（特に，館長であった原告）がどのように対応したのか．また，これらの3者の間は，どのような関係であったのか．こうした例は今後，政治的な動きと拠点施設との関係を考えるために示唆となる．また，労働問題の視点でいえば，バックラッシュといった政治的な動きにより拠点施設が標的となり，そこで雇用されている人々への影響も考えられるからである．

　c　ウィングス京都（京都市女性協会）事件
　　平成20（2008）年7月9日京都地裁，平成21（2009）年7月16日大阪高裁，
　　平成22（2010）年2月5日最高裁確定

　財団の嘱託職員で相談事業を担当している女性職員が，一般職と同等の仕事内容であるにもかかわらず，嘱託であることによって賃金差別を受けていることを訴えた事件である．

　本裁判の争点は，①原告に対して一般職員とは異なる給与規程等をあてはめて低い賃金を支払った本件賃金処遇は，憲法13条および14条に反して不法行為といえるか，②本件賃金処遇は労基法3条（社会的身分による差別）に違反する不法行為か，③本件賃金処遇は労基法4条（性別による差別）に違反する不法行為か，④本件賃金処遇は同一（価値）労働同一賃金原則に反する不法行為かといった4つがあげられている．

　本件は，地裁判決と同様，控訴審においても請求が棄却され最高裁において確定した．判例法上の意義は，パートタイム労働者の正社員（フルタイム労働者）との賃金格差の合理性が争われた事例であるといわれている．

　もう1つの視点としては，拠点施設におけるスタッフ等関係者（担い手）が持つ専門性への問いがあげられる．相談員や事業企画者としての専門性はどのように評価されるのであろうか．そして，専門性に対する対価はどのように設定されるのであろうか．専門性を的確に判断する職務評価システムの確立が望まれる．

3　自治体アウトソーシング
──実践事例からみえてくる成果と課題──

(1)　指定管理者事業への参入

　参画プラネットは，2005年5月24日に愛知県からNPO法人として認証を受けた団体である．自治体からの講座企画などの事業を受託し「事業型NPO」としての活動を開始し，2006年度には名古屋市男女平等参画推進センターの指定管理者となり事業規模が拡大した．指定管理者事業へ参入した経緯は下記のとおりである．

　2005年9月，名古屋市男女平等参画推進センター（以下，センター）において指定管理者制度の導入が決定された．参画プラネットがミッションとしてかかげている「男女共同参画の形成を図る活動」と合致するため公募プロポーザルに応じることを決定した．審査の結果，指定管理者の候補となり，市議会の議決を経て2006年4月からセンターの指定管理者となった．指定管理者の業務に携わる者（以下，メンバーという）の就業形態については「NPOにおける有給労働とボランティアにまたがる中間領域に存在する者」であり「公務労働と民間労働の間に存在する者」であることから，労働法の「二重の境界線上に存在する者」[渋谷 2008b：110-120]といえる．そうした背景のもと，この点に注視し，重きをおいた参画プラネットは，指定管理者事業の公募プロポーザルで，短時間労働およびワークシェアリングといった手法を取り入れた「新しい働き方」を提案した．

　「新しい働き方」，それは当事者（女性）が責任を持ってセンターの業務を推進し，従来の企業とは異なる（つまり，従来の働き方では負荷が高い状況の人々が参画できるような）新しい組織形態を持った働き方のモデルを構築することである．そして，参画プラネットが設立当初から独自事業として実施している「キャリア・デザイン事業」との連携でトライアル・ワーク制度を実施する．独自の「新しい働き方」のモデルの構築により，女性が社会とつながる機会を増やし，そのプロセスで力をつけて次のステップを踏み出すこと（Education Empowerment）を目標とする．こうした提案を実現するために，業務全体の内

容や手順を可視化し1人ひとりの業務内容を明確にし「カスタマイズされた働き方」を具体化した．現在は，この「新しい働き方」のモデルで仕事に就いた女性たちを追跡調査し，1人ひとりのエンパワーメント・プロセスを評価する仕組みを構築中である．

(2) 参画プラネットと評価

　指定管理者事業への応募にあたって，参画プラネットは評価システムを構築することを企画提案書に明記した．応募した当時，まだまだ，評価については重要視されていない項目であった．しかし，NPOとしてのミッションと自治体の男女共同参画政策の推進を的確に判断するためにも，評価は必須アイテムと考えたからである．

　まず，評価に関する参画プラネットの姿勢を記したい［渋谷 2008a：49-55］．行政の活動は，政策―施策―事務事業という3層の構造（図9-2）をもって成り立っている．指定管理者事業は，「男女共同参画を進める」ための事業である．そこで，政策は「男女共同参画の推進」とし，その手段としての施策として「男女平等参画推進センターの設置」とした．さらに，施策を具体的に実現する手段としての事業として「センターで実施されるさまざまな事業」を位置づけた．

　参画プラネット自らは，内部評価および外部評価の2種類の評価を行うこととした．内部評価は，「参画プラネットが，市民に対して，指定管理者事業の実施状況について，毎年，担い手としての責任を果たすために，制度として，内部評価を実施する」とその趣旨をかかげた．外部評価は，「第三者として専

図9-2　行政活動の三層構造

（出所）　石原［2005：16］の図表1-1「政策体系図」を参考に筆者作成．

門家が，市民に対して，指定管理者事業の実施状況について，毎年，事業概要が的確であるかどうか判断するために，制度として，外部評価を実施する」ことを決定した．なお，専門家としては，弁護士，税理士および他都市で男女共同参画政策を担当していた行政職員が委員を担当した．いずれも，「市民主体」の視点を最優先するために，公開先を指定管理者事業の協定先である名古屋市ではなく「市民に対して」とかかげ，「市民主体」の評価であることを明確に打ち出したのである．さらに，「制度として」とかかげたことにより，毎年，実施することが公約となった．

評価を客観的に示すためには，どのような表し方がよいのか．参画プラネットでは，時系列に4つの「ものさし」を設定し，これに沿って評価を表すこととした．この「ものさし」は，筆者が行政評価委員として事務事業を評価していたときに，チェックポイントとして常に意識していたことである．

① どれだけ使ったか（インプット）＝コスト（人件費も含むトータルコスト）
② どのようなサービスをしたのか（活動，事業）＝サービス業務の内容等
③ どれだけ生み出したか（アウトプット）＝提供したサービスの量等
④ どれだけの効果をあげたか（アウトカム）＝成果，結果，影響

それぞれの事業について，第1段階では，前記の4つの「ものさし」にあてはめ数値化（量的評価）し，第2段階においては継続的な調査研究をすることにより，アウトカムを明確化する評価（質的評価）へと発展させていった．

評価をする目的は，評価のための評価ではなく，事業を継続するための評価でもない．「市民主体」の視点に立った評価であり，市民が選択した「男女共同参画を進める」ための評価であるという考え方を常に中心に据えることが重要である．参画プラネットは，評価システムそのものが，市民にとっての男女共同参画推進に結びつくよう，次の3つの視点をもって活かし方を考えた．

① 市民ニーズの把握につながるマーケティング調査として活かす．
② 質と効率を明確化し，事業計画へ反映して活かす．
③ 公共経営の中心としての評価を政策形成に活かす．

3つの活かし方が達成されてこそ，生きた評価となるはずである．

(3) サンセット方式[12]を取り入れた指定管理者事業

名古屋市男女平等参画推進センター「つながれっとNAGOYA」指定管理者事業の枠組みは，表9-2のとおりである．

第1期は，名古屋市との協働運営という形式をとり5名の名古屋市職員が常駐していたが，第2期には組織改編によりすべて本庁へ引き上げることが決定し，2010年4月に単独運営となった．

特筆すべきこととして，第2期は名古屋市との協働運営ではなくなるため，責任分担表と業務分担表が作成された．責任分担表によれば，「広報（講座・講演会・セミナーについての広報体制）」，「苦情対応等（利用者からの一般的な苦情等への対応）」は指定管理者が特に責任を負う部分と記され，利用料金制による「利用料金収入の減」や運営費の上昇についてもすべて指定管理者の責任とされた．また，業務分担表によれば「災害及び事故等の不測の事態（緊急事態等）の対応に関すること」は指定管理者の担当となり台風や地震による施設待機が必要となったのである．さらに，経年劣化が進む施設の維持管理についても，1件250万円以内の修繕は指定管理者の費用分担のままで継続となり，指定管理者がセンターに関する全責任を担うことが募集要項で明記された．

前記をふまえ，第1期指定管理者事業の内部評価，外部評価，自治体からの

表9-2 名古屋市男女平等参画推進センター「つながれっとNAGOYA」指定管理者事業の推移

	第1期	第2期
所　管	名古屋市総務局	名古屋市総務局
指定期間	2006年4月〜2010年3月（4年間）	2010年4月〜2014年3月（4年間）
形　態	名古屋市との協働運営	単独運営
予算規模	28,000千円	43,000千円
人件費	16,000千円	20,000千円
事業内容	①事業運営関係（一部）　②情報交流関係　③管理運営関係　④外部委託関係	①事業運営関係　②情報交流関係　③管理運営関係　④外部委託関係
人員配置	名古屋市職員（所長，係長，主査，主事2名）指定管理者職員（統括責任者，責任者2名，職員15名）	指定管理者職員（センター長，副センター長3名，職員15名）

（出所）　筆者作成．

評価を分析した結果，法人としてミッションを具現化できる事業として公募に応じることを決定し，責任分担表と業務分担表等を基に，センター長はじめ職員全体に「判断と責任」への対価を付加し応募書類における人件費積算額を約3000万円とした．ところが，ヒアリング審査前に提出書類に関する質問事項が届き「管理運営業務に要する収支の見込み額の詳細を知らせてほしい」との申し出が届いたのである．名古屋市が募集要項で提示した「過去の実績に基づく参考金額」と対比すると，人件費が1000万円ほどプラスして積算されていたからであろう．この申し出を受け，理事会で議論を重ねた結果，人件費の積算を約2000万円として再提出し，最終的には指定管理者として選定されることとなった．

このプロセスは，参画プラネットにとって大きな転換点となった．政策そのものに対して評価が確実に実施されている場合，政策推進に対応して施設への予算が配置され担い手に対しても適切な対価設定が可能となる．一方，行政評価による「コスト削減が第一」という観点であれば施設への予算は削減され，担い手の雇用処遇も劣化する．政策の評価，施設の評価，担い手の評価――この3つが総合的に判断される評価が行政内部で実施されないことによる「指定管理者事業の限界」がみえてきたのである．

その後，センターは事業仕分けの対象となり，2014年4月に名古屋市女性会館（所管：教育委員会）に併設されることとなる．新たな施設においても指定管理者が公募されることとなったが，名古屋市が募集要項で提案している指定管理者事業の枠組みでは法人としてのミッションを果たせないと判断し，2013年6月に実施された指定管理者への公募を見送る決断をした．評価の視点でいえば，事業の修了というサンセット方式を取り入れたことになる．

参画プラネットは，指定管理者事業に参入する段階で指定期間があることを特徴ととらえ，4年ごとに修了できるよう評価においてサンセット方式の視点を取り入れていた．サンセット方式を取り入れた背景には，次のような示唆があったからである．公の施設をNPOが管理運営していくことは，NPOにとって仕事を得るための手段ではなく，ミッションを実現してくためでなければならない．であるならば，ミッションと極めて近い意味合いを持つ長期的なアウトカムを見据えた，成果主義の発想に基づく評価を基礎に据えて事業を行っ

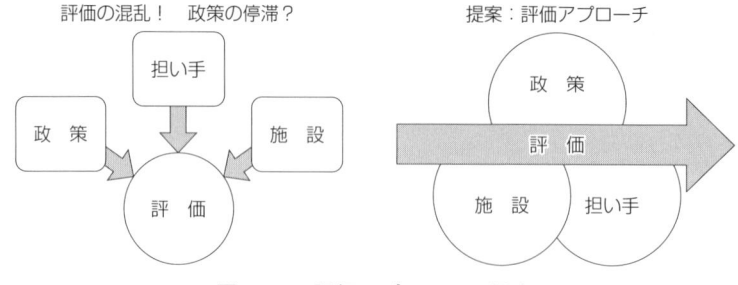

図9-3 評価アプローチの提案

(出所) 筆者作成.

ていくことの重要性が理解できるだろう．これにより，NPOによる指定管理の質が向上し，指定の継続の可能性を高めていくとともに，公の施設の社会的意義も引き上げていくことができる．この意味で，成果主義に基づく評価の実践は，指定管理者制度におけるNPOの役割を最大限に発揮させていく1つの重要な手法になるといえよう［柏木 2007：284］．

　具体的には，指定期間が終了するごとに，①名古屋市の男女共同参画政策と参画プラネットのミッションとの整合性，②男女共同参画政策を進めるための手段として拠点施設の有効性，③担い手の処遇（対価を含む）の的確性を見極めていたのである．

　男女共同参画政策に関する評価の確立，施設運営に関して下請け化しない協働のあり方，担い手への的確な労働評価——政策，施設，担い手——この3つの分野全体を見通す評価の確立が急がれる．次節では，労働法からのアプローチで，公務との均等待遇についてNPO活動者を手がかりに検討を深めたい．

4　公務との均等待遇とNPO
——労働法からのアプローチ——

(1)　公務の民間化に関わる課題

　行政活動とそうでない活動の境界は曖昧であるが，行政活動は，必ずしも選挙によって選ばれたものではない行政職員（役人・官僚などの職業公務員）が，公権力を背景に行う活動で，裁判などの司法活動を除いたものである．公権力

を持っている活動を広く捉えると，行政活動は，必ずしも職業公務員の活動だけではないことになる．再任用や再雇用，非常勤職員，臨時職員，さらには外部団体職員，民間業者，アルバイト，インターン，研修生，派遣，ボランティア，NPO，行政委嘱員など，さまざまな人々から形成されている．こうしたなか，官製ワーキングプアが社会問題になりつつあるのが，格差・貧困時代の自治体の実像でもある．近年の民間化・市場化で，民間事業者やNPOがさらに関わる方向で，行政活動の非職業公務員制が再編されつつ再強化されており，行政活動の外延は拡散している［金井 2010：4-5］．

　そこで課題となるのは，まず，公的な業務のあり方そのものに対する課題である．民である企業やNPOが公務を引き継ぐ場合，公共性を担保しつつ「形式知」（言語化された情報）として自治体から業務の引継ぎを受けることができるのであろうか．民間化によって自治体から公的な業務が外れてしまった場合，その業務内容について責任をもって引き継いでいくシステムの構築が課題となってくる．

　次に，公務労働そのものについての課題である．いわゆる，「公務の民間化」の問題である．この問題には，2つの側面があるといえる．第1には，従来公務員が担ってきていた「公務」がさまざまな形で民間部門の業務に転換されようとしていることである．公務と民間の境界があいまいとなり，公務員の担う業務の範囲が縮小されつつある状況があげられる．これは量的民間化として公務員削減と結びついた方策として位置づけられていることである．第2には，公務員の賃金や人事管理等に民間類似の手法が取り入れられていることである．これは質的民間化として位置づけられている．これは，公務員の賃金や人事管理等に能力と成果主義を取り入れる動きである．たとえば，短時間勤務，フレックスタイム制，裁量労働制の検討などがある．あわせて，公務部門で正職員を臨時・非常勤職員に転換する動きや民間企業が採用してきた手法を公務員にも適用する傾向がみられる．このような背景のもと，量的民間化がさらに進行していくならば，公務労働として残るのは，職務内容が公権力行使の性格をもつなど，民間とは大きく性格の異なった部門にしぼられていくことになる．現実には，こうした部門でも管理手法の民間化は着実に進んでおり，現在は，量的民間化と質的民間化が同時並行的に進んでいる［晴山 2005：79-118］．

そもそも公務とは何か，公務労働とは何か，それぞれの業務はなぜ公務員によって担わなければならないのか．根本的に問われる時代がきている．

(2) NPO が担う公務の現状

NPO と自治体が行う協働事業の形態としては，「委託事業」「指定管理者事業」等があげられる．現在，協働事業という美名のもと，行政からの委託事業や指定管理者事業を担う NPO が増加している．こうした事業では，実際に自治体正規公務員が事業を実施した場合の対価は想定されず，NPO の対価で動いていく［松井 2010：259-264］．そのため，同様な事業を担当している自治体正規公務員との待遇格差が生まれている．たとえば，指定管理者事業の場合では施設管理という重要な役割を担っているにもかかわらず，そのような責任への対価発生は積算に組み込まれない場合がある．また，積算根拠については，ボランティア（有償・無償を問わず）が担っている部分への対価が積算されないケースもある．さらに，NPO が公的分野からの事業を受託するにあたっては可視化できないコスト（たとえば，人事労務関連や経理関係を担う事務局部門，研修等の費用，他団体との連携費用等）があるにもかかわらず，そのコストが反映できる積算体制が構築されていないケースもみられる．

今後は，フルコスト・リカバリー[13]による積算を試行し，まずは NPO 側が現実を直視し，可視化することが重要である．そのうえで，NPO 自身の専門性を向上させ，自治体との契約において交渉力をつけていくことが求められている．

(3) 評価アプローチ——労働法の視点から——

公務の市場化が進み，協働事業という観点をもって NPO 活動者が公務を担う場合，労働法の視点をふまえた評価アプローチとして，正規公務員との均等待遇が第 1 の課題としてあげられる．均等待遇であるかどうかを評価するためには，「公務員と民間化された協働事業の担い手に関する職務評価システム」の構築が急がれるところである．このシステム構築にあたっては，先行研究「日本における同一価値労働同一賃金原則の実施システムの構築——男女平等賃金に向けて」[14]の成果［森・浅倉編 2011］から示唆を得ることができる．同書

によれば，職務評価とは，職務自体の客観的評価（使用者にとっての価値ではない）を計る方法であり，得点要素法を用い，①負担，②知識・技能，③責任，④労働環境とった4つのファクターを基にして実施する．さらに，使用者からの影響を受けることを避けるために，①評価基準や評価のウエイトの置き方，②評価の主体，③調査票の形式などについて考慮することが必要であり，職務評価のシステム設計には高度な専門知識と能力が必要となってくる．

そこで重要となるのが同一価値労働同一賃金原則である．この原則は，その理念と歴史的展開において同一労働同一賃金原則を発展させたものであり，さらに「同一価値」でない場合でも，職務の価値に比例した賃金の支払いを求める「比例価値労働比例賃金」の概念を含んでいる．日本は，この原則を規定するILO第100号条約を1976年に批准したが，それに対応する国内法の整備は行われていない［辻村編 2011：195］．労働法の学説では，職務給を採用している欧州的な賃金形態を前提として構築されたものであるから，この原則は日本では適用不可能である，あるいは，かなりアレンジしないと適用ができないとする否定的な見方がある［日本ILO協会編 2008：278］．あわせて，ジェンダーの視点も重要である．医療および介護サービス職を調査したデータによれば，女性が多くを占めるホームヘルパーの賃金は男性が多い施設介護職員に比べて低いことが判明し［森・浅倉編 2011：76-78］，スーパーマーケットで働くパート（女性の割合が高い）は正規従業員と比べて賃金が低かったのである［森・浅倉編 2011：122-123］．ジェンダーの視点をふまえて，アンペイドワークであった労働がペイドワークへと変化した時点で，対価設定がもともと限りなくゼロに近かった（ボランティアなどにおいては持ち出しの場合もある）ために，労働としての対価設定が不適切に行われたケースもみられる．たとえば，拠点施設では学習ボランティアとして女性の社会参加の機会を提供するという方式をとりボランティアから職員へと採用していくプロセスがみられた．[15] こうしたケースは，同一価値労働同一賃金原則といった視点は全くなかったのではないだろうか．

イギリスにおいては，ジェンダー平等義務が創設され，2006年の平等法により，公的機関に対して，ジェンダー平等義務が課せられ，公共調達や外部委託を通じた民間・ボランティアへの間接規制［森・浅倉編 2011：210-211］が実施されており積極的なアプローチが展開されている．日本においても，2009年に

公共サービス基本法が施行され第8条に「公共サービスを委託した場合の役割分担と責任の明確化」として「国及び地方公共団体は，公共サービスの実施に関する業務を委託した場合には，当該公共サービスの実施に関し，当該委託を受けた者との間で，それぞれの役割の分担及び責任の所在を明確化するものとする」とされた．あわせて，第11条においては「公共サービスの実施に従事する者の労働環境の整備」がかかげられ「国及び地方公共団体は，安全かつ良質な公共サービスが適正かつ確実に実施されるようにするため，公共サービスの実施に従事する者の適正な労働条件の確保その他の労働環境の整備に関し必要な施策を講ずるよう努めるものとすると明記された．しかし，基本法という位置づけのため，まだまだ効力を発揮できない部分が多々ある．また，自治体においては，ILO（国際労働機関）94号条約に基づき公契約条例に「労働条項」を定めるケースもみられるようになってきた．[16] ILO（国際労働機関）94号条約の土台には，「市民の税金を基とする公的事業で利益を得る企業は，労働者に人間らしい労働条件を保障すべきであり，発注者である国，自治体や公的機関はそれを確保するための責任を負っている」ということがある［小畑 2010：10］．

　法や制度が整いつつある現在，こうした動きを後押しするためには，何が必要なのか．

　一般に，ある社会的事象や制度の基本的性格は，それが歴史的経過のなかで変化し衰退しようとする段階に至ってかえって明確に浮き彫りにされる．これまでは，公務という場では公務員が主人公であったが，公務の分野に新たな主人公としてNPOが参画することとなり，NPOが関わることによって公務そのもののあり方が変容していく可能性がある．同様に，労働という視点からみても，国や自治体（公）と企業（民）が担っていた部分へNPOが積極的に参画している．こちらもまた，NPOが参画していくことにより，労働のあり方そのものが変化していく兆しがある．

　公（公務）および民（企業）のみで動いていた社会の枠組みが変化し社会的な課題が浮き彫りになってきた段階で，NPOが果たす役割は何なのか．今後は，公共サービス基本法や公契約条例など，すでに整備された法制度をとらえつつ労働法の視点から「公務との均等待遇」についての評価アプローチを継続していきたい．

注

1） 本章で対象とするのは特定非営利活動促進法（以下，NPO 法）により，認証された特定非営利活動法人（以下，NPO）とする．
2） 意味を正確に伝えるために「民間非営利組織」と訳すことが多い．「民間」とは，「政府の支配に属さないこと」であり「非営利」とは，「利益が出ても構成員に分配せずに団体の活動目的を達成するための費用に充てること」である．また，「組織」とは，「社会に対して責任ある体制で継続的に存在する人々の集まり」である．
3） 地方公務員に関わる法制上，「常勤職員」や「非常勤職員」の明確な定義はなく，実務上，任期の定めがなく，勤務時間条例に定められた勤務時間を勤務し，本格的かつ恒常的業務を担う職員を常勤職員，それ以外の職員を臨時・非常勤職員とみなして地方自治体は職員の処遇を行ってきたとされる［上林 2009］．臨時・非常勤等職員には，特別職非常勤職員（地方公務員法3条3項3号），一般職非常勤職員（同17条），臨時的任用職員（同22条2項・5項），任期付短時間勤務職員（任期付職員法）などの種別がある．本章では，自治体の常勤職員を正規公務員，臨時・非常勤職員を非正規公務員と表記する．
4） 公の施設とは，「住民の福祉を増進とする目的をもってその利用に供するための施設」（地方自治法244条）と定義され，保育所，老健施設，病院，会議場，公民館，図書館，都市公園など広範なものが含まれる．
5） 男女共同参画社会基本法（1999年）は，男女共同参画社会の形成を促進する施策を総合的に策定・実施するために，国（第8条）と地方公共団体（第9条）の施策を定めている．総合的施策の具体的な形として，国（第13条）と都道府県（第14条）に男女共同参画基本計画の策定を義務づけ，市町村（第14条の3）に策定の努力を求めている．これにより，地方公共団体で，計画の策定をはじめ，男女共同参画に係る担当部門の設置，条例制定，拠点施設の設置等が進められた．
6） 「日本学術振興会科学研究費補助金基盤研究C」（研究代表者 内藤和美）の成果による．
7） 内藤・高橋・山谷［2014］における質問紙調査の回答を分析した結果である．
8） 有償ボランティアについて詳細は渋谷［2014：175-184］を参照．
9） 「男女共同参画政策の推進に向けた評価に関する調査研究」における事例研究（事例対象機関は男女共同参画所管課が9事例，男女共同参画拠点施設が9事例である）の回答を分析した結果である．
10） 厚生労働省・非正規雇用のビジョンに関する懇談会『望ましい働き方ビジョン』（2012年3月27日）では，原則として，①契約期間の定めがない，②所定労働時間がフルタイム，③直接雇用の3つを満たすものを「正規雇用」と呼び，これに④勤続年数に応じた処遇，雇用管理の体系，⑤勤務地の業務内容の限定がなく時

間外労働がある，という要素も満たすイメージで論じられることが多い，と指摘している．
11） バックラッシュとは，ある政治的言説で，政策などが進められたときに生じる，その言説に対する「反動」や「より戻し」のことをいう．
12） 個々の事業に寿命（期限）を入れて，その年限が来たときに自動的に事業は終了する，延長したいのであれば評価を行って効果があることを証明する，あるいは継続によってさらなる効果が出ることを証明する立証責任を，事業継続・延長の主張者に負わせるのが「サンセット」である［山谷 2012：148］．
13） 英国の中間支援組織 ACEVO（Association of Chief Executives of Voluntary Organizations）が開発したフルコスト・リカバリーの特色は，間接費（施設および事務所費用，本部機能費用等）を積算に含めることにある．詳細は，松井［2010：264-272］を参照．
14） 「日本学術振興会科学研究費補助金基盤研究 B」（研究代表者 森ます美）．
15） 「福岡市女性協会事件」『労働判例』890, p.90．
16） たとえば，2009年に野田市は全国ではじめて工事や業務委託に係る公契約に最低賃金を定める条例を制定し注目を集めた．

第10章

男女共同参画推進と評価
――静岡市女性会館の指定管理者としての経験から――

はじめに

　現在ある女性関連施設の多くは，1980年代後半から1990年代にかけて全国各地で地方自治体によって設置された．1992年6月に開館した静岡市女性会館（アイセル21）も例外ではない．国立女性教育会館のデータベースによると，2014年6月現在，女性・男女共同参画センターとして登録されている施設は389存在する．このように多くの施設が，ほぼ地方自治体によって設置されている例は，海外ではほとんどみられない．

　2003年に地方自治法の一部改正によって創設された指定管理者制度は，2014年6月現在，104の女性関連施設に導入されている．静岡市でも2004年に静岡市女性会館の民営化研究会（全6回）が行われ，ワークショップ形式で行政と市民がともに導入を検討した．翌2005年，指定管理者制度導入を見据えて一部業務委託が始まった．

　特定非営利活動法人・男女共同参画フォーラムしずおか（以下，フォーラムしずおか）は，静岡市女性会館の人材育成講座「アイセル女性カレッジ」（1995年開講）の1期から6期の修了生が中心となって，2005年3月に設立した団体である．女性会館の指定管理者制度導入を女性の仕事起こしのチャンスととらえ，一部業務受託の2年間を経て指定管理者選定審査に臨み，2007年4月から指定管理者となり，現在に至っている．

　指定管理者制度は，公共部門のサービスに関する市場開放，民営化の流れを背景として，自治体の持つ公の施設管理を民間でもできるようにしたものであ

る.後に勉強会に招いた総務省で指定管理者制度の設計に関わった講師の話によれば,「制度そのものは自由度を確保するために,NPOも含めた広い選択肢が持て,指定期間の定めもなく,競争入札も1者指名も可能な極めてラフな仕組みにした」という.

しかし,実際の運用はどうであろうか.私たちは,これまで静岡市女性会館の指定管理者選定という「評価」を2期,2回受けた.また,指定管理者となってからは,年度評価,総合評価という行政評価に否応なく向き合うこととなった.

女性関連施設の指定管理者制度導入の動きは全国に広がり,評価に対する関心が高まると同時に,さまざまなレベルで議論や研究がされるようになった.本章では,これまでの指定管理者として「される評価」の経験と,主体的に取り組んできた「する評価」をふり返り,今後の課題を考察したい.

1 静岡市における男女共同施策の取り組み

(1) 男女共同参画行動計画にみる女性会館の役割

2003年4月1日,旧静岡市,旧清水市が合併して新「静岡市」が誕生.政令指定都市となった.同年「静岡市男女共同参画推進条例」(条例第112号)と「静岡市女性会館条例」(条例第113号)が施行され,翌2004年3月には「静岡市男女共同参画行動計画」(2004〜2008年度)を策定.現在,「第2次静岡市男女共同参画行動計画」(2009〜2014年度)に基づいた施策が進められ,2015年度から始まる「第3次静岡市男女共同参画行動計画」(2015〜2021年度)を策定している.

「静岡市男女共同参画行動計画」は,「静岡市男女共同参画推進条例」に掲げられている「豊かで活力ある男女平等な社会を実現すること」を目的としている.「第2次静岡市男女共同参画行動計画」は,9つの基本的施策を定めているが,6カ年の重点施策として,以下の4項目があげられている.

① 仕事と生活の調和(ワーク・ライフ・バランス)の推進
② 政策・方針決定への女性の参画推進
③ 女性に対する暴力の根絶に向けた取り組み
④ 市民との協働による男女共同参画の推進体制

4つ目の「市民との協働による男女共同参画の推進体制」には「男女共同参画社会の実現に向け，市民が主体的に活動を展開する場として，また，女性をとりまく諸問題の解決を担う場として『静岡市女性会館』の機能を充実し，市全体への取り組みを広げる」と詳述され，その役割が明記されている．

　また，「第2次静岡市男女共同参画行動計画」を着実に実施し，男女共同参画の推進を実効性のあるものとするために「計画を推進する体制の整備」「市民参画による推進体制と拠点の充実」「計画の進ちょく状況の点検・評価」「計画の進ちょく状況の情報公開」の4点があげられている．

　4点のうちの2番目にある「市民参画による推進体制と拠点の充実」においては，男女共同参画を推進する拠点として，静岡市女性会館の機能を充実させるために，「活動団体等への中間支援の実施」「男女共同参画に関する各種事業の充実と対象別啓発プログラムの開発」「男女共同参画に関する情報の収集・提供」「市民等との協働による事業の企画や実施」「市民団体・グループ等自主活動への支援」「広域的事業の展開」を行うよう求めている．

(2) 男女共同参画行動計画の進捗状況の点検と評価

　「第2次静岡市男女共同参画行動計画」では，「静岡市男女共同参画推進条例」第24条に基づき男女共同参画審議会が評価指標の策定を行い，2014年度末の計画終了時までの目標値を設定している．静岡市男女共同参画審議会では「事業の結果ではなく，成果に着目したもの」「定点観測でき，時間の経過とともに視点がずれないもの」「(技術的，予算的に) 定期的に測ることが可能なもの」「外部要因の影響をなるべく受けないもの」「目に見える客観的な実態として把握でき，なるべく数値化されたもの」を，男女共同参画の進捗状況を測る「指標」と「目標値」として検討したという．

　こうして設定された指標と目標値を広く市民に知らせるため，静岡市はパンフレット「成果のミカタ」(2005年3月)，「評価のシカタ」(2010年3月)を発行している．「第2次静岡市男女共同参画行動計画」に合わせて作成された「評価のシカタ」には，9つの基本施策ごとに2つずつ指標が紹介され，現状値と目標値を親しみ易いイラスト入りで説明している．

　女性会館に関わるものとしては，「基本的施策2　男女の人権を尊重する教

育や学習の充実と意識改革」の指標として女性会館の新規利用者数（主催講座新規参加者）があげられており，計画実施期間中に累計1200人以上が目標値として定められている．

その他，「静岡市男女共同参画推進条例」の第17条には，計画の進捗状況の公表が義務付けられており，担当課は毎年度，「静岡市男女共同参画行動計画進捗状況調査報告書」をまとめ，進捗状況を管理している．報告書には，進捗状況概要一覧，重点施策に係る事業の進捗状況，個別事業進捗状況一覧，参考資料が掲載されており，ホームページ上からも閲覧することができる．各所管課が前年に計画した事業や目標について，その達成度を自己評価し，この結果をふまえ，その年度の事業内容や目標値等を申告する内容となっている．

静岡市男女共同参画審議会は，「静岡市男女共同参画行動計画進捗状況」に関する結果について，意見書を市に提出する．2012年12月には，静岡市長に対し，審議会の会長および副会長から意見書が手渡された．

審議会の総合意見として，「行動計画に係る179事業は，着実に進められており評価する」としており，女性に対する暴力の根絶が喫緊の課題であることや市職員自らが市民のロールモデルとしてワーク・ライフ・バランスに取り組むことなど，「インパクトある施策」への期待が述べられている．

静岡市女性会館に関するものとしては「女性会館の事業は，いずれも男女共同参画の視点が明確であり，『人材育成事業の充実』や『市民等との協働による事業の企画や実施』を，市が女性会館指定管理事業に委ね，後方支援をしている現状は，バランスのよい協力関係が図られていると評価できる」と述べている．

2　静岡市における指定管理者評価

2003年，地方自治法の一部改正により指定管理者制度が導入されることになり，静岡市でも地方自治法第244条の2第3項の規定に基づき指定管理者の選定等を適正に行うため，翌2004年，静岡市指定管理者選定委員会（以下，選定委員会）が設置された．制度導入が決まった施設を持つ所管課は，指定管理者の審査委員会を設け，最適な団体を選定し，その後は，設置者・委託者として，

管理運営状況を点検・評価することとなる．

(1) 指定管理者の選定

選定委員会では，公募・非公募および募集の条件（応募資格）を決定する．市が特定の団体に限定して募集を行う（非公募で募集を行う）場合には，対象となる団体の選定等を行うことが定められている．

選定委員会の決定通知を受けて，所管課は指定管理者を募集．申請者から提出された事業計画書，収支予算書等の申請書類に基づいて審査を行う．審査委員会は，関係部局長や関係課長等5名以上とし，市民委員を2名以上置くことが義務付けられている．市民委員は当該施設の事情に精通したものが望ましいとされるが，申請団体との利害関係に注意を促している．審査委員の職および氏名，審査結果は，市ホームページで公開される．審査は，書類審査とプレゼンテーションを併用するなど，最適な方法を所管課が決定する．

(2) 選定後の年度評価・総合評価

指定管理者の選定後は，提出された報告に基づき，施設ごとに評価を実施する．評価委員会を設置して行い，市民委員を2名以上含めた5名以上の審査員で構成される．選定委員会同様，その人選については指定管理者と利害関係がある者を排除し，客観性に配慮した上で行われる．

年度評価，総合評価の目的として「指定管理者制度を導入した公の施設の一層の効率的，効果的な活用を図る」「市民参画による公の施設の管理運営の実現を図る」「それぞれの施設の設置目的を十分に反映した中での管理運営を図る」「市民サービス向上，経費削減など指定管理者制度の導入目的の達成度を確認する」ことがあげられている．

年度評価は，毎年度終了後，当該年度の指定管理業務の履行状況の確認を中心に行う．担当は所管課である．指定管理者から提出された事業報告書と，協定書，仕様書および事業計画書の内容を比較・検証し，「1．履行状況（業務が予定どおりに実施されているか，目標が達成されているか）」「2．市民（利用者）からの意見・要望の内容とその対応状況（クレーム対応等）」「3．市民（利用者）へのアンケートや満足度調査の状況評価」「4．指定管理者の経理状況の

表10-1 静岡市の指定管理者総合評価の観点

評価大項目	評価の観点
1．履行状況　50点	協定書や仕様書，事業計画書等の業務内容が予定どおりに実施されたか，設定した目標が達成されているかを確認し評価を行う．この評価は，毎年度実施する年度評価の結果を基礎として行う．
2．指定管理者の創意工夫　15点	指定管理者が示した事業計画や指定管理者の持つ専門性，経験，実績を活かした事業の実施状況について評価を行う．
3．市民（利用者）サービスの向上　15点	指定管理者が実施する利用者満足度調査および市民アンケート調査の結果をもとにして評価する（年度評価の結果を基礎とする）．また，施設の利用状況，稼動状況などについても同様に評価を行う．これらの評価については，指定管理者制度導入前や従前の指定管理者との比較をする観点も含めて実施する．
4．施設固有の評価項目　20点	施設の設置目的や性格に応じた，施設ごとの個別の観点で評価を実施する．

(注)【評価A】90点以上：非常に良好な運営状況　　【評価B】75点以上90点未満：良好な運営状況
　　【評価C】60点以上75点未満：普通の運営状況　　【評価D】50点以上60点未満：やや課題のある運営状況
　　【評価E】50未満：課題のある運営状況
(出所)「静岡市指定管理者制度の手引」を基に筆者作成．

評価」「5．総括的な評価（課題事項・指摘事項及びそれらの改善状況など）」の5つの観点から評価する．数値化はせず，文章で記載される．

　総合評価は，指定期間が満了する年度に当該指定期間中の指定管理業務について行う．原則として，指定管理者の指定期間が満了する年度の5月末日現在で実施される．総合評価は100点満点で数値化され，大項目と配点は全市の指定管理者に共通するが，大項目ごとの小項目の内容と配点は所管課ごとに異なる．評価委員は，総合評価シートに従って評価項目ごとに採点し，大項目ごとの所見と業務全体に関する所見（採点理由や意見・要望など）を記載．各評価委員の評価結果をまとめたものを総合評価としている．所管課がこの結果を指定管理者に通知した後，行政管理課のホームページでも公表する（総合評価の大項目と評価の観点，総合評価の評価点は表10-1を参照）．

(3) 静岡市女性会館の指定管理者に対する行政評価

　静岡市女性会館では2007年4月から指定管理者制度を導入することが決まり，2006年11月に指定管理者の募集が行われた．実際に行われた選定の過程をみてみよう．まず，静岡市女性会館の指定管理者募集は「経営の効率化よりも，市

第10章 男女共同参画推進と評価

表10-2 静岡市女性会館の指定管理者選定結果

	1期目	2期目
指定管理期間	2007〜2011年度（5年間）	2012〜2016年度（5年間）
課内審査（書類審査）	2006年11月17日	2011年10月31日
所管審査委員会	2006年12月10日	2011年11月18日
※公開審査会会場	静岡市女性会館研修室	静岡市役所本館会議室
審査委員	委員長　女性会館運営協議会会長 委員　　女性会館運営協議会委員 委員　　学識経験者 委員　　静岡市企画部長	委員長　静岡市生活文化局長 委員　　学識経験者 委員　　学識経験者 委員　　市民生活部長 委員　　文化スポーツ部長
選定された団体	（特非）男女共同参画フォーラムしずおか	（特非）男女共同参画フォーラムしずおか
指定管理料提示額	81,242千円	83,123千円
結果（基準点70点）	80.2点	91.2点
総評（選定の理由）	2年間の受託実績を基にした，講座や図書コーナー運営における企画力や独自性が高く評価された．また，県内外に及ぶ団体としての広域的なネットワークを構築しており，これまで行政が実施してきた事業の枠を超えた展開が期待できる点や，中間支援組織という認識を明確にしており，団体育成やネットワーク化の分野においても，事業の活性化が期待できる．	管理実績に基づいて現在の運営上の課題を分析するとともに，社会情勢や国・市の動向を見極め，男女共同参画に関する積極的な施策推進を図り，男女共同参画推進の拠点としての女性会館の役割を一層明確にしていることなど事業実施に関する提案が高く評価された．また，国，市が掲げる男女共同参画の理念を十分に理解し，それらを踏まえたうえで団体としての考えをしっかり持ち，事業推進活動に取り組んでいる点や男女共同参画推進の重要な拠点としての役割を明確にするとともに，課題解決型の男女共同参画推進事業を展開していることに加え，職員の更なるエンパワーメントを図るため，ゼミ形式による研修を実施していることなどが選定の決め手となった．

（出所）　静岡市HP（http://www.city.shizuoka.jp/deps/danjo/shiteikanri_kettei.html）に公表されている「女性会館の指定管理について」の「指定管理者の選定結果」を基に筆者作成．

民団体との連携や育成が優先され，公募になじまない施設である」と考えられ，市があらかじめ選定した団体に限定して募集を行うことになった．指定管理者選定では応募書類提出を締め切った後，課内審査を経て，所管審査委員会が行

表10-3　静岡市女性会館の指定管理者年度評価

	総　括　評　価
2007年度	講座開設，図書コーナーの運営業務については，NPOの専門性や利用者の視点が十分に発揮され，利用者のニーズを的確に捉えた積極的な事業展開が見られた．さらに，利用者に対する意見聴取を積極的に行い，改善に努める姿勢が見られた． 　施設の利用方法等について改善を行うに当たり，施設ボランティアや一部既存団体との関係において，一時的な関係悪化も見られたが，説明を重ねるなかで改善が図られた． 　また，導入当初は，特に貸館における許可や施設修繕などについて，判断に迷うような場面も見られたが，制度理解が進んだ結果，指定管理者として積極的な対応が行われていた． 　全体として，履行状況は非常に良好であり，会館運営の随所に，指定管理者の専門性や利用者の視点を活かした工夫が見られた．次年度以降も，この姿勢を忘れず，会館運営に取り組むことを望む．
2011年度	利用者アンケートの結果からも，利用者ニーズを的確にとらえた事業展開であることが窺える．また，利用者団体の活動を支援し，必要な助言をするとともに，団体とのコミュニケーションの構築に努めており，良好な関係を築いている． 　NPOのネットワークを活かした講座運営や，課題解決型事業への取り組みが新規来館者獲得に繋がっている．職員の研修への参加，自主研修の実施など積極的な姿勢も評価できる． 　施設管理においては，複合施設である葵生涯学習センターとの連絡調整をより密にし，円滑な会館運営に努められたい． 　今後も，社会情勢や国，市の動向を見極めながら，男女共同参画推進の拠点として事業を展開するとともに，男性やさまざまな年代のニーズを検討し，一層の男女共同参画推進につなげてほしい．

（注）　1期初年度と最終年度分
（出所）　静岡市HP（http://www.city.shizuoka.jp/deps/danjo/shiteikanri_hyoka_.html）に公表されている「女性会館指定管理年度評価シート」を基に筆者作成．

われた（表10-2参照）．

　1期，2期とも他に応募者はなくフォーラムしずおかのみだったが，基準点に達するか否かをみるため，応募者によるプレゼンテーションと審査委員との質疑応答が行われた．審査が公開で行われたことが大きな特徴である．

　審査方法は各所管課に任されており，静岡市女性会館の場合は特定の団体に限定して募集を行ったことから，透明性を確保するために公開にしたと思われる．公開の審査は選定する側にもされる側にもプレッシャーがかかるが，選定の透明性，応募者の市民に対する提案の説明責任といった点から，フォーラムしずおかも肯定的にとらえていた．

　しかし，静岡市でも実際にはほとんどの審査は非公開である．一時，市民活

動センターの指定管理者の審査委員会は公開で行われていたが，現在，静岡市において公開審査を行っている例は静岡市女性会館の他にない．静岡市行政管理課にその理由を尋ねたところ，「公開にすると独自提案のノウハウや財務上の情報が洩れてしまう」といった応募者側からの要望があること，応募者側だけでなく所管課の公開審査準備の負担も大きい点が考慮され，非公開にされることが多いのではないかという回答だった．他の政令指定都市でも公開審査会を行っているのはごく僅かであり，部分公開という方法がとられているという．

選定後，指定管理者となって受ける年度評価は，前述の「1．履行状況（業務が予定どおりに実施されているか，目標が達成されているか）」，「2．市民（利用者）からの意見・要望の内容とその対応状況（クレーム対応等）」，「3．市民（利用者）へのアンケートや満足度調査の状況評価」，「4．指定管理者の経理状況の評価」，「5．総括的な評価（課題事項・指摘事項およびそれらの改善状況など）」の5つの観点から評価され，文書で通知される．「非常に良好」「良好」「期待できる」「課題である」などと文章で表されるため，当初は，文脈を読み込み，評価ポイントを理解するのが難しかった（フォーラムしずおかが初年度の2007年度と1期最終の2011年度に，実際にもらった総括評価は表10-3参照）．

3 される評価からする評価へ

(1) 初めての年度評価

フォーラムしずおかは静岡市女性会館の指定管理者となり，初年度は実施事業の定員割れをなくすという目標を持ち，事業タイトルや内容，広報を工夫した．直営時以上の来館者を得，すべての事業に定員割れはなかった．指定管理者として常に評価を意識することによって，利用者サービスの向上，事業の見直し，経費の効率化などに取り組めたことは事実である．しかし，男女共同参画事業は，多くの場合，短期間で事業効果の可視化や成果は望めない．指定管理者として事業の「質」を評価されたいと思っても，短期間で「質」を測るのは難しいことが実感できた初年度であった．目に見えるサービスや図ることのできる数値ばかりを意識していると，そもそもの理念が置き去りにされるリスクを伴うこともわかった．

また，今後，指定管理が何期か続いた場合に，審査する側が経験や実績より新しい応募者の新鮮さを重視すれば，即退場のリスクもある．経費削減だけを求めるような募集条件になった場合には，応募しないという選択肢を持つことも必要だろう．指定管理者として，市の施策の下請けをするのではなく，現場こその目標，戦略をもたなくてはならないと改めて感じた．

　指定管理者として1年を経過する頃から「される評価」に一喜一憂するのではなく，自ら進んで厳しい自己評価をしていくことが重要ではないかと考えるようになった．

(2) 内部評価の取り組み

　男女共同参画政策には「男女共同参画社会の実現」という大きな目標はあるものの，社会の変化によって，課題も変化する．静岡市女性会館のこれまでの利用者は，時間的にも経済的にも余裕のある層が多かった．そうした市民にもさまざまな悩みはあり，それに応えることも大切ではあるが，経済格差，雇用の非正規化，孤立という厳しい状況が静岡市にも広がりつつあることを知りながら，非正規職にとどまるしかない若年女性，シングルマザー，高齢単身女性に向き合わない施設でいいのだろうかとも考え始めた．多くの市民が抱える潜在化したジェンダー問題に対応した事業，少数であっても困難を抱えた女性の切実なニーズに対応した事業が充分できていないことは，指定管理1年目終了時の大きな課題だった．

　大学教員，地域の女性団体顧問，地域活動団体代表，企業経営者，社会保険労務士等で構成するフォーラムしずおかの理事会は，初年度の事業報告や次年度の計画について報告を受け，「生涯学習センターやカルチャーセンターの事業との違いは何か」「科学的なデータから今を読む力をつけ，地域課題にあった企画を立てることが重要」「職員が共通認識を持っているか」と指摘した．行政とは別の視点による数々の助言は，結果として厳しいプログラム評価となった．2008年度からは事業の方向転換を図ることとなり，指定管理者として初年度に出すことができた「定員割れなし」をはじめとする数値結果は落とさないように努めると同時に，意識啓発・学習型事業から課題解決型事業に挑むこととなった．課題解決に必要な事業に取り組むことで，従来の講座形式だけで

なく，その方法もワークショップ，相談，居場所づくり等，多様であることに気づくことになる．

(3) 事業評価システム開発への参加

2009年7月には財団法人横浜市男女共同参画推進協会で男女共同参画センターにおける事業評価システムの開発と普及の調査研究が始まり，その研究メンバーに加わることとなった．財団法人横浜市男女共同参画推進協会の総括本部長であり，全国女性会館協議会の常任理事（当時）でもあった桜井陽子氏は，女性関連施設は図書館や博物館のような設置の根拠法や統一的な設置運営基準を持たず，その評価システムについてもこれまで調査や研究が充分に行われていないことに危機感を持っていた．桜井氏の「事業評価は次の改善へとつなげるツールであり，また，自分たちの施設の使命や事業の意義などを説明する際に有効な根拠となるもの．総合的事業評価システム開発と確立は，女性関連施設の喫緊の課題である」という思いを研究メンバーも共有し，先行事例の調査や評価に関する概念の整理を行った．その上で事業における自己評価システムを開発し，ワークシートを完成させた．次に自己評価システムによる研修の有効性を図るため，2009年末から全国3カ所の女性関連施設でプリテストを行った．研修プログラムは，丸1日かけて職員全員で行うことを基本とし，以下のように行う．

① 講義：女性関連施設で行う事業評価の意義，自己評価の必要性を学ぶ．
② ワーク：施設で行うすべての事業について「事業ピラミッド」を作成し，全体の事業の構造を理解する．
③ 講義：事業の自己評価の方法と留意点を学び，何をどう評価するのか理解する．
④ ワーク：担当部門ごとに評価項目の選択（何を評価するか），評価指標の作成（どの視点で評価するか），評価基準の作成（どの尺度で評価するか）を行う．
⑤ ワーク：事業評価会議（いつ，誰が評価するか，それを何に使うか）の設定．
⑥ ふり返りと質疑応答

プリテスト参加者は「自己評価にも質的な評価をする必要があるのではない

か」という意見を持つ者も多かったが，充分な定量評価が行われていない現段階では，質的自己評価は客観性が担保できないことを伝えた．「自己評価は個人評価ではなく，組織を強くするために自律的に行うもの」「まずは定量評価を積み重ねること」を研修中に繰り返し伝えた．実施後の感想には以下のような感想があった．

- 事業ピラミッドのワークシート作成で，センター全体の事業が理解できた．
- 自己評価をしていくために，とっておくべき必須の数値があることがわかった．
- 評価に必要な数値目標について整理ができた．
- 質的な評価に対する考え方を整理する必要がある．
- 評価は，結果を見るためというより計画を立てるために重要．
- 評価によって組織や事業のありかたを見直していくことができる．

現在，この事業評価システムは，プリテストで得た課題を修正し，全国女性会館協議会の「事業評価に関する研修事業」に引き継がれ，各施設の要望に応じて，研修が実施されている．

(4) 自己評価の取り組み

フォーラムしずおかは，静岡市女性会館の指定管理者となった初年度から事業ごとに応募者数，受け入れ人数，実際の参加者数を記録．さらに参加者アンケートを使って，開催を知った広報の種類，参加動機，新規来館か否か，年代，性別，居住地などを基本情報として集めた．満足度調査も行い，「満足」3点，「まあ満足」2点，「やや不満」1点，「不満」0点と数値化し，その理由も尋ねている．結果は，所管の男女共同参画課にも報告し，情報を共有し，データの集積を次の企画に活かしていった．

フォーラムしずおかは前述の事業評価システムの開発で学んだことも取り入れながら，複数の独自の自己評価に取り組み始めた．現在，指定管理者として行っている自己評価は以下のとおりである．

a　事業実績評価

　事業実績評価は個別事業ごとの事業計画書，事業報告書を使って，担当者自身が行う．業務受託時の行政書式を一新し，作成する側も読む側も簡単に済むように A4 裏表 1 枚を基本としている．1 つの事業の実施について PDCA サイクルが意識できる独自の書式を作成し，統一した．

　計画書の事業の目的，目標は「第 2 次静岡市男女共同参画行動計画」のどこにあたるかを意識できるよう設定し，対象と内容は具体的に記入する．その事業独自の評価指標と評価基準も決めておく．報告書には，応募率，新規来館者数，参加者満足度等の全事業共通の評価指標の他，その事業独自の評価指標に対する結果，担当者評価を加え，総合評価する．各評価指標に対しては予め評価基準を定め，ABC の 3 段階で事業評価を行う．裏面には担当者が事業実施において「工夫してうまくいったこと」「予想外にうまくいったこととその原因」「予想外にうまくいかなかったこととその原因」を記入．最後に「次の機会に向けてのヒント」を簡潔に申し送る．

　評価指標や評価基準を決める時，悪い結果が出そうなものを避けていた職員も，厳しい評価こそが改善の素材であることが実感できると，あいまいさを排除した具体的な指標をあげ，厳しい評価基準も自ら設定できるようになる．

　試行錯誤しながら，徐々に独自の事業実績評価システムができ上がっていった．

b　年度事業の総合評価

　年度の総合評価は，外部から年 1 回同じファシリテーターを招いて，全常勤職員が 1 日かけて行う．前半は，昨年度，明らかにした課題が，今年度改善されたかを確認する．次に最も時間を割いて，その年の事業の有効性を検証し「継続」「改善して継続」「廃止」を決める．たとえ応募率や満足度が高くても，一定の目標が達成された場合や他施設で同じような事業が多く実施されるようになれば，廃止する事業も出てくる．

　後半は，今後の社会的，地域的ニーズを予測し，全員で次年度改善したい課題を共有する．全員で総合評価することにより，担当以外の事業，仕事について理解を深める効果もあった．事業計画案は後日，理事会に諮られる．

c　職員自身の自己評価

　年度末にA4裏表一枚の自己評価シートを配布．職員は自身の担当業務について，4段階で達成度を自己評価する．20の達成項目を100点満点で評価し，裏面には問題点と改善策，要望，次年度の努力目標を記入．他に，参加した指定研修，自主的に受けた研修も記入し，提出する．そのシートをもとに管理職と個別面談する．

　以上のような複数の自己評価を積極的に導入することによって生まれた利点として，「厳しい事業実績評価が改善のためのPDCAサイクルの中のマネジメント・ツールになった」「ミッションを共有し，第2次静岡市男女共同参画行動計画のなかでのどの施策にあたるかを意識して会館運営，事業企画ができるようになった」「評価項目，評価指標，評価基準を自ら考えることで，主体性が発揮できるようになった」ことがあげられる．その他，「積み重ねた定量評価で行政に有効な提案ができるようになった」「定量評価の集積で客観性が担保され，自信を持って市民，行政への説明責任を果たすことができるようになった」ことも，自己評価実施の大きな成果だった．

　今後の課題としては，事業実績評価の評価指標，評価基準の見直しと評価設定時のルールの共有などが考えられる．

(5)　職員研修の改善

　年度末に向けて行われる理事会では，事業の今後の方向性，取り組むべき課題が話し合われる．指定管理3年目の2009年度は「職員の当事者性，経験値にだけ頼っている事業には限界がある」という指摘により職員の専門性の向上に取り組み始める年となった．

　職員の専門性向上のための研修としては，国立女性教育会館主催をはじめとする外部研修がいくつもあり，これまでも計画を立てて積極的に職員を参加させていた．その他，2007年から2012年度まで，女性関連施設の指定管理者を務める全国各地のNPOの6団体と持ち回りで合同研修会も行った．当番になった団体が決めたテーマを議論し，貴重な情報交換の場となった．

　これまでも職員の内部研修は休館日等を利用して定期的に行っていたが，情

表10-4　代表理事による職員研修

年度	内容	回数
2009年	平成21年度版男女共同参画白書の読み込み	年間6回の内部研修のうち3回
2010年	国の第2次基本計画と第3次基本計画の比較　他	年間8回の内部研修のうち5回
2011年	課題図書の読み込み	年間6回の内部研修のうち3回
2012年	女性会館の今後の方向性の検討	年間8回の内部研修のうち1回
2013年	第3次静岡市男女共同参画行動計画策定に向けて盛り込むべき内容の検討	年間5回の内部研修のうち1回

(出所)　筆者作成.

報共有の打合せ程度のものが多かった．しかし，2009年度からは居城舜子代表理事（当時）を講師に迎え，ゼミ形式の研修を行った．職員は決められた課題図書を読み込んだ上で，各自レジュメを作成し，それを基に全員で議論することが求められた（表10-4参照）．この意欲的に取り組まなければならない研修は，その後，個人の積極的な対外研修への参加の強い動機づけにもなっていき，最も職員の力量形成に役立った．

(6)　静岡市の総合評価の結果

「静岡市指定管理者制度の手引き」によると，指定管理者として選定された団体は，提出した事業計画書に基づき，過去の実績，当該施設の現状および類似施設の状況等を考慮しつつ，静岡市と協議して数値目標を設定することになっている．数値目標の達成度は，年度評価および総合評価の実施の際に目安とされる．

また，指定管理者は，事業報告の一環として，毎年度終了時に当該年度の業務に関して自己評価を行い，その結果を事業報告書に記載して報告することが定められている．指定管理業務に関する計画（目標）と実績との差異に関する分析や指定管理業務の成果と今後の展開など，次年度以降の指定管理業務の改善を図ることが定められている．

事業報告書には，「管理業務の実施状況（事業計画との比較）」「公の施設の利用状況（利用者数，目標との比較，利用拒否等の件数・理由等）」「指定管理業務収支状況報告書」「財務諸表」「利用者からの意見，要望および苦情の内容と対応

表10-5　静岡市女性会館の指定管理者総合評価

施設所管課としての意見	履行状況については，職員1人1人が施設の設置目的を十分に理解しており，事業運営や施設管理等も業務仕様書や事業計画書に沿って適切に実施されていた． 　指定管理者の創意工夫では，NPOがもつ専門性や情報ネットワークを十分に活かし，年度ごとに新たな目標を掲げ，従来の男女共同参画に係る知識習得や意識啓発を行う講座等に加え，事業の有効性からキャリア教育や男性の介護など社会的問題とされる難しいテーマにも積極的に取り組み，課題解決型事業を実施するなど段階的に転換を図っている．また，個別事業ごとに，それぞれ応募率，新規来館者数，参加者満足度等の評価指標による事業評価とともに，担当者評価を行うなど厳しい自己評価に努めていることは大いに評価できる． 　市民（利用者）のサービス向上では，利用者満足度調査において高い評価を受けるだけでなく，随時，利用者懇談会や各種団体からの意見聴取の場を設け，必要な点は改善するなど利用者等とも良好な関係が築けている． 　施設固有の評価項目では，複合施設として葵生涯学習センターとの連携を図っているが，引き続き連携を深め，円滑な会館運営を進めることが望まれる．

（出所）　静岡市HP（http://www.city.shizuoka.jp/deps/danjo/shiteikanri_hyoka_.html）に公表されている「女性会館指定管理（H19-23）総合結果報告書」を基に筆者作成．

状況」「利用者満足度調査及び市民アンケート調査の実施状況」「指定管理者による自己評価結果」「その他指定管理者による管理の実態を把握するために必要な事」の記載が求められているのである．

　指定管理者として求められているこうした報告書への記載事項は，既に取り組んできたことばかりであった．報告書の一部は年度事業報告『アイセルの風』にも掲載し，市民に説明責任を果たす資料にもなっている．

　求められる記載以上に詳細な報告書を毎年，所管課に提出してきたことや，厳しい自己評価に継続的に取り組むことによって，所管課との間に，適度な緊張感は保ちつつも信頼関係が醸成されていった．

　2011年に実施された指定管理1期目の総合評価の結果を踏まえて出された所轄課の意見は**表10-5**にあるが，「厳しい自己評価に努めていることは大いに評価できる」と自己評価への取り組みを肯定的に認めている．

　男性4人，女性1人の5人の審査員による総合評価は，95.6点，A評価だった．この年，総合評価を受けた施設のなかで最も高い評価を受けることができた（表10-6参照）．各委員の所見は匿名ではあるがホームページ上でも公表され，ある委員は，特に評価できる点として「評価をした4年間の指定管理期間中，単に前年踏襲の事業運営をするのではなく，年度ごとに新たな運営目標を掲げて，施設認知度や意識啓発を図ることから問題解決型の事業実施へと施

表10-6 静岡市女性会館の総合評価結果総括表

施設の名称「静岡市女性会館」　　課名「男女共同参画課」
指定管理者名「特定非営利活動法人　男女共同参画フォーラムしずおか」

評価委員		A	B	C	D	E	平均点
1	履行状況の確認　【配点50点】						
	(ア) 職員が女性会館の設置目的および管理に関する基本的な考え方を理解している。（5点）	5	5	5	5	5	5.0
	(イ) 当初, 計画書等に示された事業が予定どおり円滑に実施されている。（10点）	10	10	10	10	10	10.0
	(ウ) 適正な能力を持った職員が適正な人数で配置されている。（5点）	5	5	4	5	5	4.8
	(エ) 利用団体に対して, 指導助言を行い, 団体活動支援を行っている。（5点）	4	5	5	5	5	4.8
	(オ) 利用者に対して, 施設や講座等の情報提供に努めている。（5点）	5	5	4	4	4	4.4
	(カ) 職員の利用者に対する応対が親切丁寧であり, 利用者に安心感を与えるとともに, 利用者の信頼感を得られるよう努めている。（5点）	5	5	5	5	5	5.0
	(キ) 施設及び設備等の利用許可に関する業務が適切に実施されている。（5点）	5	5	5	5	5	5.0
	(ク) 適切な会計処理がなされ, 概ね予算どおりに執行されている。（5点）	5	5	5	5	4	4.8
	(ケ) 施設の保守・管理・点検・清掃等が適切に実施されている。（5点）	5	5	5	4	5	4.8
	小　計	49	50	48	48	48	48.6
2	指定管理者の創意工夫　【配点15点】						
	(ア) 指定管理者のもつ専門性・技術等を活かしたさまざまな事業が企画・実施されている。（5点）	5	5	5	5	5	5.0
	(イ) 指定管理者の持つネットワーク・ノウハウを活かし, 情報を積極的に市民に提供している。（5点）	5	5	4	5	5	4.8
	(ウ) 利用者が安心・安全・快適に利用できるよう努めている。（5点）	5	5	5	5	5	5.0
	小　計	15	15	14	15	15	14.8
3	市民（利用者）のサービス向上　【配点15点】						
	(ア) 利用者の満足度調査において高い評価を受けている。（10点）	10	9	9	10	8	9.2
	(イ) 利用者の意見等を積極的に集める仕組みをつくり, 意見等に対して速やかに対応している。（5点）	5	5	4	4	5	4.6
	小　計	15	14	13	14	13	13.8
4	施設固有の評価項目　【配点20点】						
	(ア) 複合施設として葵生涯学習センターと連携・協力し, 施設の運営を行っている。（10点）	10	9	9	8	8	8.8
	(イ) 静岡市男女共同参画行動計画に沿った事業運営が実施されている。（5点）	5	5	5	5	5	5.0
	(ウ) 図書コーナーを適切に運営し, 男女共同参画に関する情報の収集, 発信に努めている。（5点）	4	5	5	5	4	4.6
	小　計	19	19	19	18	17	18.4
		98	98	94	95	93	95.6

(注)　1　評価委員名は記載しない.
　　　2　平均点は小数点以下第2位を四捨五入する.
(出所)　静岡市HP (http://www.city.shizuoka.jp/deps/danjo/shiteikanri_hyoka_.html) に公表されている「女性会館指定管理（H19-23）総合結果総括表」を基に筆者作成.

設運営のストーリーを作り，段階的に質的レベルアップを図っている」ことをあげている．

さらに，長期的視野に立ったとき，今後考慮すべき点として「成果指標としての数値目標は必要と思うが，数値にばかりに拘ると，講座等の場合，事業本数や募集設定をどこに置くのか数値そのものの妥当性を評価しなければならなくなる．講座の内容や，事業者の先進的な取り組みの姿勢など数値で表せない部分も評価する視点を組み入れることが，今後は必要と思われる」と，量的評価だけでなく質的評価にも言及し，評価される側も大いに納得できる所見を述べている．

最後に評価委員会全体の意見として「各項目において単に前年を踏襲することなく毎年新たな運営目標を定め，講座内容も段階的にレベルアップをしている点は評価できる．3年連続で全国女性会館協議会事業企画大賞・奨励賞を受賞していることから，全国的にもレベルの高い活動が裏付けられている」とあり，外部評価の1つとして利用してきた全国女性会館事業企画大賞応募とその結果が，質的評価として認められていることが窺えた．また，「利用者満足度調査においては，常に協定書における数値目標を上回るとともに，アンケート調査や懇談会を通して利用者の意見等の把握を行い，要望事項の改善に取り組むなど利用者ニーズに対して積極的に対応している．利用者目線で行うことはもちろんだが，数値目標ばかりにとらわれることなく，集客参加型事業の見直しによる新たな視点や講座の内容，事業者の先進的な取り組み姿勢など数値で表せない部分の評価をする視点も今後必要と思われる」と，ここでも行政側の今後の評価のあり方や質的評価についての言及があった．委員の側も提出した資料を丁寧に読み込み，評価のあり方を模索していることがうかがわれた．

おわりに

本章では，静岡市女性会館の指定管理者として「される評価」の経験と，主体的に取り組んできた「する評価」について振り返ってきた．厳しい自己評価への取り組みと積み重ねが，結果として，所管課との信頼関係を築く大きな力となり，評価委員からも質的評価に言及した意見を得ることができた．

静岡市に指定管理者制度が導入されて10年が経過し，行政管理課は指定管理者に初めてのアンケート調査，ヒアリング調査を実施し，制度導入の効果を検証している．また，フォーラムしずおかは，2013年10月に指定管理者となって初めての指定管理者監査を受けた．11月には行政管理課のアンケートに基づくヒアリングを受けた．いずれも大きな指摘事項はなく，静岡市における指定管理者の好事例として評価されていることがわかった．

　行政管理課は指定管理者制度が自由度の高いものであることを十分認識し，指定管理者には独自の創意工夫による市民サービスの向上を求めている．しかし，行政管理課に前述の調査結果から得られた課題を尋ねたところ，所管課の段階で仕様が詳細になり過ぎ，具体的，直接的な結果を早急に求める傾向にあること，そのために信頼関係を築けていない所管課と指定管理者が予想以上にあったという．

　指定管理者制度が統制に陥る危険をなくすためには，細かな仕様で縛るのではなく，指定管理者が創意工夫できる裁量を担保することが重要である．短期的な費用対効果が中心の評価は，指定管理者のモチベーションを下げるだけである．所管課に指示されなくても改善や改革にすぐ取り組める自立したマネジメントこそが評価されれば，市民にとってより価値の高いサービスの提供に真剣に取り組む指定管理者が増えるだろう．

　静岡市女性会館の所管課である男女参画・市民協働課は「第3次静岡市男女共同参画行動計画」(2015〜2021年度)を策定した．フォーラムしずおかは計画の推進を担う拠点施設の指定管理者であり，地域のジェンダー問題の解決に取り組む団体として，より良い計画が策定されるよう求める提言書を事前に提出し，非公式ではあるが，フォーラムしずおか理事と所管課職員が新しい計画に関する意見交換の場を持つこともできた．

　このような良好な信頼関係を続けていくためには，所管課と指定管理者いずれもが，協働による男女共同参画推進を常に意識し続けることが重要である．男女共同参画政策は，成果が見えにくく，評価が難しい．男女共同参画社会の実現には，さまざまな機関・団体との連携と信頼関係の構築が鍵となる．さまざまな機関・団体との協働のプロセスで生まれる波及効果なども広く成果と捉えるなど，評価のあり方についての考察をさらに深めたい．

巻末資料

科学研究費補助金 基盤研究(C)課題番号 235103520001 平成23〜25年度
「男女共同参画政策の推進に向けた評価に関する調査研究」の結果より

内藤和美，山谷清志，高橋由紀

1．目 的
　本研究は，「男女共同参画社会基本法」（1999）施行後の地方自治体の，① 男女共同参画計画の評価の実態と課題，② 男女共同参画拠点施設の評価の実態と課題，③ 男女共同参画計画の評価と男女共同参画拠点施設の評価の関係の実態と課題，④ 男女共同参画計画と男女共同参画拠点施設を相乗的に活かし，相俟って男女共同参画政策としての成果を高め得る評価のしくみ，を明らかにするために実施された．

2．研究デザイン
　「男女共同参画政策の推進に向けた評価に関する調査研究」は，目的を達するために，包括的実態把握のための質問紙調査（1年目），2年目にその結果に基づいて焦点化された課題事項を事例に即して把握検討するための事例研究（2年目）の2段階の調査で構成し，3年目に，2段階の調査の結果に基づく包括的な分析考察を行うこととした．

3．質問紙調査
3．1．目 的
　全国の地方自治体で，男女共同参画計画と男女共同参画拠点施設についてどのような評価が為され，評価の実施がどのような意味をもち，両者の評価がどのように関連づけられ活かされているのか等の実態と課題を包括的に把握することを目的に第1段階の質問紙調査を実施した．調査結果自体から知見を得るとともに，第2段階の事例研究で，事例に即して把握・検討すべき事項を抽出する役割を併せもつ．

3．2．倫理的手続き
　研究成果報告書に委ねる［内藤・高橋・山谷 2014：5］．

3．3．対 象
　男女共同参画社会基本法に基づく男女共同参画計画と，公設の男女共同参画拠点施設両方をもつ地方自治体（都道府県，政令指定都市，市区町村）の男女共同参画所管課，および男女共同参画拠点施設を調査対象とすることとした．男女共同参画計画を策定している地方自治体と担当課は，内閣府「地方公共団体における男女共同参画社会の形成または女性に関する施策の推進状況」［内閣府男女共同参画局 2011a；2011b］によって，拠点施設は，同資料と（独法）国立女性教育会館「女性関連施設データベース」登録施設の照合によって把握した．これにより325の地方公共団体男女共同参画所管課と331施

設を調査対象とすることとした．

3.4. 方　法
3.4.1. 調査協力依頼書の作成
　研究目的等調査の説明と誓約事項を記した，男女共同参画所管課（以下，行政）宛，男女共同参画拠点施設（以下，施設）宛2種の調査協力依頼書を作成した．
3.4.2. 質問紙の作成
　先行知見と研究協議を踏まえて原案を作成し，プレテストを通じた修正を経て，以下内容から成る男女共同参画所管課用，男女共同参画拠点施設用2種の質問紙を作成した．
　【男女共同参画所管課用質問紙】
　　① 評価実施の有無，② 評価体系の構築主体，③ 業務上もっとも重要な評価，④ ③の評価の目的，⑤ ③の評価の実施方法，⑥ ③の評価の手法，⑦ ③の評価の指標，⑧ 評価結果の活用，⑨ 評価実施の職員への影響，⑩ 複数の異なる評価に取り組む意味，⑪ 評価を行っていない理由，⑫ 拠点施設とその評価，⑬ 所管課の体制，⑭ 評価の課題
　【男女共同参画拠点施設用質問紙】
　　① 評価実施の有無，② 評価の実施主体と種類，③ 業務上もっとも重要な評価，④ ③の評価の目的，⑤ ③の評価の手法と指標，⑥ 評価結果の活用，⑦ 評価結果の公表，⑧ 評価実施のスタッフへの影響，⑧ 複数の異なる評価に取り組むことの意味，⑨ 評価を行っていない理由，⑩ 評価に関する意見
3.4.3. 質問紙の送付と回収
　調査協力依頼書，質問紙を送付し，切手貼付済返信封筒または電子メールによる回答を依頼した．回答期間は2011年9月4日～10月15日であった．
3.4.4. 回答された質問紙の整理，入力，集計，分析
　回答された質問紙の有効／無効を確認の上，有効票のデータをコード化して入力し，単純集計とクロス集計を行った．設置主体別および，男女共同参画施設対象調査の運営形態別クロス集計結果には，ライアンの方法により比率の差の有意性の検定を行った．有意水準は5％とした．集計結果を分析し，知見をまとめるとともに，これに基づいて2012年度に実施するインタビューによる事例研究を立案した．

3.5. 結果と考察
　研究成果報告書に委ねる［内藤・高橋・山谷 2014：6-19］．

4．事例研究
4.1. 目　的
　第1段階の質問紙調査の結果から抽出された評価の先進事例の内容，運用，課題等を

詳細に把握し，事例ごとに評価の特徴を明らかにするとともに，事例の重ね合わせ・対照を通じて，男女共同参画計画と男女共同参画拠点施設を相乗的に活かし成果を上げる評価の原則を見出すことを目的とする．

4.2．倫理的手続き
本インタビュー調査は，以下に係る群馬パース大学（研究代表者調査実施時所属機関）の研究倫理審査の承認を経て実施された．

4.2.1．個人情報の保護
本インタビュー調査は，個人を対象としておらず，個人情報は扱われない．

4.2.2．説明と同意
調査協力依頼書に，① 研究全体の目的，② インタビュー調査の目的，③ 個人情報は扱われないこと，④ インタビュー調査への参加の任意性と回答者の中断の権利，⑤ 聴取内容は筆記記録すること，⑥ 筆記記録を扱う者の範囲，⑦ 結果の公表，⑧ 筆記記録の管理と研究完了後の処理，⑨ 研究倫理審査について説明した．

また，筆記記録および対象者の連絡先は，本研究の目的にのみ使用することを誓約した．

これら説明・誓約事項を，調査協力依頼書に記して送付の上，調査実施時に再度説明し，聴取者・回答者双方が署名した同意書を交わした．

4.3．対象と方法
4.3.1．対　象
質問紙調査の回答で，① 複数の評価を実施または受けている，② 10種以上の指標を用いている，③ 独自あるいは特徴的な指標・定性的情報を用いた評価が行われている，④ 評価結果を複数の使途に活かしている，の4要件を満たす拠点施設17施設と，それら施設の所管課である男女共同参画所管課17課（うち1カ所は拠点施設と一体）を，一定レベル以上の評価が行われていると解されるがゆえに聴取対象候補とした．これら計33カ所に，調査協力依頼書と可否返信はがきを郵送し，承諾が得られた課・施設を調査対象とした．

4.3.2．調査内容
以下を聴取内容とした．
【男女共同参画所管課】
① 男女共同参画所管課の体制と業務 ② 拠点施設との関係 ③ 実施または受けている評価の全体像 ④ 男女共同参画計画の進捗管理の体制と流れ ⑤ 男女共同参画計画の進行管理における評価の主体・対象・内容・方法の概要 ⑥ 評価における指標による量的評価と質的方法の組み合せ方 ⑦ 評価における評価基準とその設定理由・根拠 ⑧ 男女共同参画計画の進捗管理における評価と拠点施設の評価

の関係 ⑨ その他

【男女共同参画拠点施設】
① 実施または受けている評価の全体像 ② 各評価における指標による量的評価と質的方法の組み合せ方 ③ 評価における評価基準とその設定理由・根拠 ④ 拠点施設の評価の男女共同参画計画等政策の評価と関係 ⑤ 職員体制と施設の運営・機能 ⑥ その他.

4.3.3. 調査実施方法

所要の手続きを経て，各対象に1～1.5時間の半構造化インタビューを行い，筆記により記録した（平成24年8～9月）．記録に基づいて「聴取内容のまとめ」（案）および「評価マップ（個別版）」（案）を作成した．これらを各対象課・施設に送付して確認・修正を依頼し，確認・修正を経て「聴取内容のまとめ」，「評価マップ（個別版）」として確定した．「評価マップ（個別版）」は，聴取を通じて把握された，当該課・施設が実施または受けている評価とその根拠文書，評価に関わる機関，組織，それらの権能関係を図示したものである（図1）．さらに，確定した各「聴取内容のまとめ」から評価に関する記述のみを抽出し，評価に関する公表資料の情報と統合して，事例に含まれる評価活動の詳細を，表1の項目について整理した1活動1葉の「評価分析シート」を作成した（表1）．

「評価分析シート」を主な分析対象とし，質問紙調査結果と文献知見をも照合して，分析・考察を行った．

4.4. 結果と考察

4.4.1. 聴取対象

インタビュー調査への協力を依頼した男女共同参画所管課17カ所と拠点施設計17カ所（うち所管課と施設を兼ねる1カ所は両方に計上）のうち，応諾が得られた5府県・4市男女共同参画所管課と5府県・4市拠点施設（うち担当課と施設を兼ねる1カ所は，担当課・施設両方に計上）を聴取対象とした．男女共同参画所管課のうち拠点施設を兼ねる1課のほか2課では，所管課として男女共同参画拠点施設の機能管理・評価についても聴取でき，他1課では男女共同参画拠点施設の機能管理・評価についての聴取となった（表2）．

4.4.2.「評価分析シート」の作成

18事例の「聴取内容のまとめ」から，男女共同参画計画の進捗管理における評価9活動，男女共同参画拠点施設の運営管理における評価15活動計24の評価活動の「評価分析シート」が作成された．末尾に，男女共同参画所管課，拠点施設各1例ずつの評価分析シート例を掲載する（資料）．

4.4.3. 各事例，各評価活動の先進性，積極的特徴の重ね合わせより

「評価分析シート」を用い，各計画進捗管理事例・施設運営管理事例としての，また

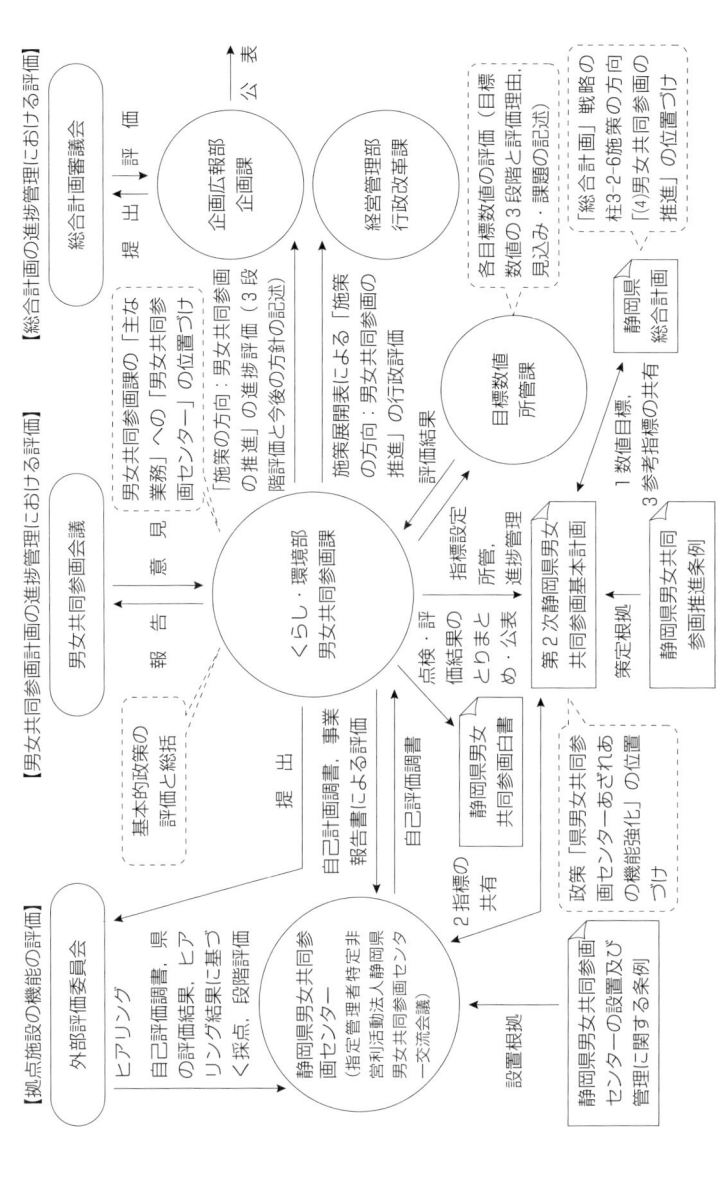

図 1 a 評価マップ（静岡県くらし環境部男女共同参画の例）

(出所) 筆者作成［内藤・高橋・山谷 2014：81］．

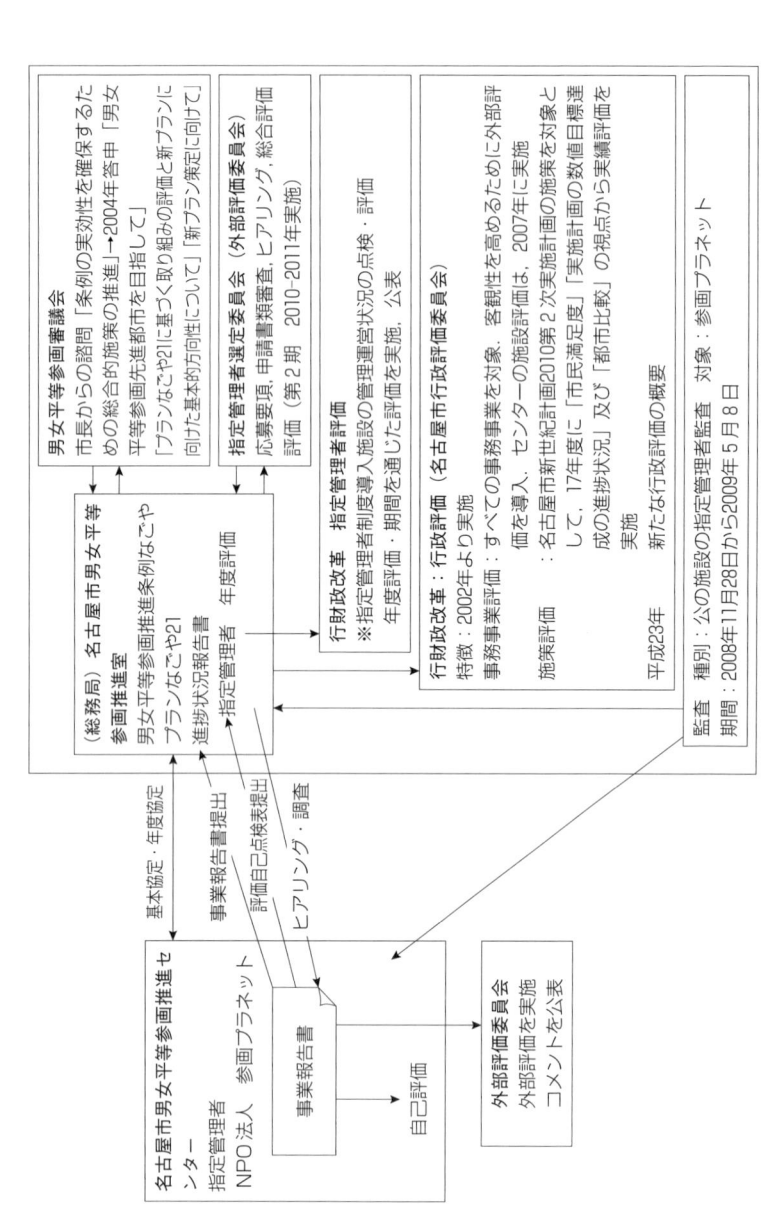

図1b　評価マップ（名古屋市男女平等共同参画センターの例）

（出所）　林やすこ作成［内藤・髙橋・山谷 2014：120］.

表1　「事例に含まれる評価分析シート」の項目

評価の種別	評価対象	評価結果の使途	評価主体
評価の流れ	評価結果の提供先	評価の時期	評価項目
指標			
指標値・定性的情報の収集方法		評価の水準と定義	
評価方法（事実の特定　価値判断）		評価結論の表示	評価結果の公表
政策と拠点施設の関連		評価に関するその他の情報	

（出所）　筆者作成［内藤・高橋・山谷 2014：21］．

表2　インタビューによる事例調査対象機関

男女共同参画所管課	男女共同参画拠点施設
岩手県環境生活部青少年・男女共同参画課	秋田県北部男女共同参画センター
大阪府府民文化部男女参画・府民協働課	岩手県男女共同参画センター
静岡県くらし環境部男女共同参画課	大阪府立男女共同参画青少年センター
広島県県民環境局人権男女共同参画課	広島県女性総合センター
三重県環境生活部男女共同参画・NPO課	三重県男女共同参画センター
越谷市企画部人権・男女共同参画推進課	川崎市男女共同参画センター
さいたま市市民生活部男女共同参画課	名古屋市男女平等参画推進センター
松戸市総務企画本部女性センター	松戸市総務企画本部女性センター
盛岡市市民部男女共同参画青少年対策室	もりおか女性センター

（出所）　筆者作成［内藤・高橋・山谷 2014：22］．

評価活動単位での先進性，積極的特徴を抽出した．本調査は18事例24評価活動の事例研究であり，数を論じ得ないことは言うまでもない．抽出された各事例・各評価活動の積極的特徴の重ね合わせから，男女共同参画計画と男女共同参画拠点施設が相俟って成果をあげるために，またそこにおける評価のあり方として，見出された事項のうち，本稿では，(1)男女共同参画政策として成果を上げる計画と拠点施設機能の組合せ，(2)男女共同参画計画の進捗管理と拠点施設の機能管理における評価の性格，および(3)指標について報告する．

(1)　男女共同参画政策として成果を上げる計画と拠点施設機能の組合せ
①　計画と拠点施設を深く関連づける組織体制

評価以前に，計画と拠点施設が男女共同参画政策の両輪として相乗的に機能するための前提として，

- 計画のPDCAを担当する男女共同参画所管課と拠点施設が一体化されている〔松戸市〕，
- 拠点施設が男女共同参画所管課の一部となっている〔さいたま市〕，

- 男女共同参画所管課が，計画の PDCA を担当する計画班と，拠点施設の事業を所管する事業推進班の 2 班体制から成っている〔静岡県〕等，計画と拠点施設を深く関連づける組織体制が採られている．

② **男女共同参画計画基本計画への拠点施設の位置付け**

　まず，すべての事例で，計画掲載事業中，男女共同参画所管課が所管する事業の一部が拠点施設の事業として実施されている．それら事業の実施と成果は，施設が提出する事業報告書により，男女共同参画所管課を通じて計画事業として進捗管理される．中でも，

- 拠点施設の事業が計画に深く包摂され，男女共同参画所管課が日常的に拠点施設と協働し，拠点施設事業を計画事業として密に管理する〔松戸市，川崎市施設〕．
- 男女共同参画計画の成果指標として，拠点施設に係る指標を用いる〔越谷市，静岡県，名古屋市施設，広島県，三重県〕．
- 拠点施設が個別の計画掲載事業の担当部門となるだけでなく，事業に分解されない拠点施設機能全体を基本計画の施策以上の階層に位置付け，施策として拠点機能の発揮に取り組む〔秋田県施設，さいたま市，静岡県，名古屋市施設，広島県，松戸市，三重県〕．

等が注目された．

(2) **男女共同参画計画の進捗管理と拠点施設の機能管理における評価の性格**

　本調査で聴取した評価活動は，計画期間・委託期間終了時に期間全体を振り返って行われたプログラム評価に準じる評価の事例が 3 例〔大阪府，三重県，川崎市施設〕あったほかはすべて，計画期間・委託期間中毎年行われる業績測定型評価であった．

　プログラム評価は，「プログラム（アウトカムを生み出すためにいかなる政策手段を選択し，実施するのかを詳細に定め，その資源とスケジュールを指定するソフトウェア）が想定通り進み，狙ったアウトカムを生み出したか，そうでなければ原因は何かを厳密に知るために，統計学等の科学的手法を用いて行う評価手法．組織の外部の人間によって行われる」[佐々木 2010：93；田中 2012：18；山谷 2012：19] である．

　通常，プログラム評価に対置されるのは「業績測定」，すなわち「評価対象の施策や事業に設定した指標によって当該施策・事業の結果であるアウトカム（成果）とその効率を定期的に測定・把握すること．測定結果は，測定業務遂行にフィードバックするとともに，情報を公表する．組織内部の職員によって行われる」[佐々木 2010：93；上野宏・上野真城子 2008：62] である．しかし「業績測定」は，「具体的な目標値や評価基準を設定しその達成度を評価することで」，「単なるモニタリングから『評価』と呼ぶべき仕掛けに変わり，個々のプログラムの改善やマネジメントの改善を導いて PDCA サイクルを形づくることを可能にする」[小野 2011a：1-2] のであり，また，本調査の聴

取事例でも，実務の場では，業績測定が「評価」と呼ばれていることから，本報告では，業績評価を「業績測定型評価」［小野 2011a］と表記する．

本調査で聴取・記述された24の評価活動のうち22活動を業績測定型評価と判断したのは次の2事由による．①プログラム全体の進捗と成果，その原因を，事後に，体系的・包括的・科学的に厳密に調査するという規模・性質の作業ではなく，期間中の進捗管理における点検である．②特定された事実に基づいて判断されているのはほとんどの場合価値ではなく進捗の状態である．

こうして聴取事例のほとんどを占めた業績測定型評価（業績測定）として，次のような事例が注目された．

- 対象―事業／施策／計画全体，方法―定量的評価と定性的方法，主体―事業担当課・自施設／男女共同参画所管課／外部，と多面的・多元的な点検・評価を組み合わせ，総合的な点検・評価の体系が構築されている〔業績測定型評価ではとくに静岡県，静岡県施設，名古屋市施設．他に，プログラム評価に準じる大阪府〕（図1）．
- 実施単位である各事業を，定量的評価と定性的方法を組み合わせた多面的点検・評価によって，徹底管理する（実施の管理に徹する執行中評価）〔さいたま市，松戸市〕．
- 利害関係のない外部の評価者による，周到に収集された情報に基づく事実の特定と明確な基準に基づく価値判断から成り，プログラム評価に通じる性格を備えている〔盛岡市（施設指定管理評価）〕．

しかし一方，これら取り組みは，制度設計・文書上も口頭説明上も「評価」とされており「業績測定」という表現が用いられている事例は1つもなかった．

(3) **指 標**

指標は「直接には数量として現れない現象を間接的な手法で数量化したもの」，精確にはそのうち「1つの要素（一次式）から成るもの」である（「インデックス」，見田宗介・栗原彬・田中義久編『〔縮刷版〕社会学事典』弘文堂，1994年）．ここでは，男女共同参画計画や拠点施設機能の実施状況や実施結果や成果を数量的に可視化するものである．

① 政策指標と管理指標

評価体系の中での役割に着目した，政策・施策の成果を表わす「成果指標」と，事業・施策の実施状況を表わす「行政活動指標」の区分とは別に，山谷は，指標そのものの性質によって，事例に設定されている指標を「政策を検証評価する制度に必要」な「政策の目標とその達成度合を分かりやすく示す」「政策指標」と，施策・事業の実施を管理するための「アウトプット指標」（管理指標）を区別・対置させている〔山谷

2006：156]．男女共同参画計画や男女共同参画拠点施設の事業計画の目標達成に向けた進捗管理において，成果は，計画を構成する施策体系の上位で点検・管理され，実施は，体系の最下層，実際の実施単位である事業の次元で点検・管理される．点検・管理のために指標を用いる場合，上位の施策階層に設定される「成果指標」は，当然に「政策指標」である．一方，実施管理のために事業の次元に設定される「行政活動指標」は，事業の実施結果の指標「アウトプット指標」であることが多く，時に実施（インプット）の指標であることも少なくない．しかし，たとえば事業等実施数・開催数等インプットの指標はもちろん，たとえば利用者数・参加者数のような「アウトプット指標」も，その事業が施策・政策・計画の目標達成や施設使命の実現にどのように貢献できたのかを確かめるには甚だ限界がある．そもそも本研究の主要な動機の1つとなり，男女共同参画拠点施設を中心に質問紙調査にも多く回答された，現場が外部から受ける評価への違和・不本意感は，しばしば，「政策指標」で見てほしいことが「アウトプット指標」（管理指標）で測られることに起因している．施策次元だけでなく事業次元でも，目標達成・成果追求につながるよう事業実施を管理するためには「アウトプット指標」だけでなく「政策指標」が設定されることが望ましい．聴取事例に用いられていた指標の中には，事業次元の「政策指標」と解される指標が散見された．「受講料を助成した技能習得講座等受講者のうち受講後就労に結びついた女性人数」，「女性センター運営協議会からの改善につながった意見数」〔松戸市〕というように．

②　指標の成熟へ

　表わすべきものを精確に表わす有用な指標とは，「妥当性（測定すべきものを測定すること）があり，信頼性（同じ条件あるいは同じ事象の測定から同じ結果が得られること）を有する」指標である［小野 2011a：2］．さらに，指標における「目標値の根拠や性格の明示，目標達成に影響を及ぼす外部要因の把握」（同前：3），性格の異なる指標の区別等がきちんと為されてこそそれら指標は活かされる．本調査で聴取記述された事例においてなお，「アウトプット指標」への依存，施策によって目標達成をめざし得る指標と施策以外の要因の関与が大きい指標，成果指標と行政活動指標，フローの指標とストックの指標，指標と定性的情報の混在など，指標自体の妥当性・信頼性においても指標の運用の精緻さにおいてもいまだ課題が大きいと感じる．各地方公共団体における男女共同参画に関する情報，各拠点施設における活動機能に関する情報の増設・整備，経年比較，算出方法の共通化が可能・機関／団体が置かれている条件や特徴の違いによって決定的な影響を受けない等比較可能性が高い指標の抽出・創出による自治体間比較等を通じて，男女共同参画指標とその運用の成熟をはかっていく必要がある［小野 2011b；熊倉 2011］．

　他の知見は，研究成果報告書に委ねる［内藤・高橋・山谷 2014］．

付　記

「男女共同参画政策の推進に向けた評価に関する調査研究」は，科学研究費補助金基盤研究Ｃ（課題番号235103520001）によって実施された．質問紙調査および事例研究は，全国の地方公共団体の男女共同参画所管課および男女共同参画拠点施設の協力によって行われた．ご協力にあらためて謝意を表します．

＊研究成果報告書を入手ご希望の方は下記にお申し込みください
　内藤和美（芝浦工業大学男女共同参画推進室）naitok@sit.shibaura-it.ac.jp

資料　評価分析シート記入例

課／施設名	静岡県くらし・環境部県民生活局男女共同参画課

要　素	
評価の種別	業績測定型評価
評価対象	「第2次静岡県男女共同参画基本計画」の進捗管理における評価
評価結果の使途	男女共同参画の推進に関する施策の実施状況の把握と公表 総括　　　　　○形成（改善）　　　　　創知 意思決定　　　○アカウンタビリティ　　　○マネジメント
測定主体　委託/依命者	静岡県知事
実施者	外部（　　　　　　　　　　　　　　　　　　　　　） 内部：点検評価担当部門/者　○男女共同参画所管課　●事業実施部門/者 事業実施部門/者による自己測定の場合、利益相反[1]を回避する仕組み　○有（男女共同参画審議会による「内部評価」結果に対する意見提言）　　無
評価の流れ	1.「内部評価」 (1)目標数値所管課：各指標の目標達成度の測定 ・計画に設定された「社会的成果指標（アウトカム指標）」29、「行政活動指標（アウトプット指標）」37の目標達成効果率による3段階判断 ・判断の理由や考え方の記述 ・目標達成に向けた見込みや課題等の記述 (2)男女共同参画課 ①基本的施策ごとの判断 ・目標数値所管課による各指標の評価結果の評点換算、基本的施策ごとの平均値算出、その値による5段階判断、 ・基本的施策ごとの課題等のとりまとめ ②計画全体の判断 ・基本劇施策ごとの評価結果の評点換算、全体の平均値の算出、その値による5段階判断、 ・基本的施策ごとの課題等の総括、県としての男女共同参画推進に向けた課題等のとりまとめ 2.「外部評価」 　男女共同参画審議会による「内部評価」結果に対する意見提言 3. 施策へのフィードバック 　検証結果の、男女共同参画推進本部の審議を通じた施策へのフィードバック 4. 公表
評価結果の提供先	男女共同参画推進本部、男女共同参画審議会、指標所管課・事業所管課、県民
評価時期	事前　　　　○中間（計画期間中毎年）　　　終了時　　　　事後
評価項目	基本計画の第2施策階層「基本的施策」ごとに設定された「社会的成果指標（アウトカム指標）」29、「行政活動指標（アウトプット指標）」37
指標	Input　　○Output　　○Outcome　　Impact　　○定量的指標　　定性的指標

	社会的成果指標（アウトカム指標）	区分
慣行	性別にかかわりなく個性と能力を発揮できる機会が確保されていると思う人の割合	誘導
意識	「男は仕事、女は家事育児」という役割分担意識にとらわれない人の割合	誘導
	「法律や制度」「社会通念・慣習・しきたり」における男女の平等感	誘導
教育	「人権尊重の意識が生活の中に定着した住み良い県となっている」と感じる人の割合	誘導
	「学校教育」における男女の平等感	誘導
女	「政治の場」における男女の平等感	誘導

性の参画拡大	事業所の管理職に占める女性の割合		誘導
	公立学校PTA会長の女性割合		誘導
	町内会等の代表における女性割合		誘導
	農協における女性性組合員数及び役員数の割合		誘導
	漁協における女性正組合員の割合		誘導
	女性農業委員の割合		誘導
	農協総代の女性の割合		誘導
	商工会、商工会議所、中小企業団体中央会の役員等に占める女性役員等の割合		誘導
	森林組合における女性役員の割合		誘導
家族役割	「家庭生活」における男女の平等感		誘導
	自分の住んでいるまちが子どもを生み、育てやすい所と感じている県民の割合		誘導
	介護サービス利用者の満足度		誘導
	育児休業の取得率　（女性、男性）		誘導
	4月1日現在の保育所入所待機児童の解消		推進
就業環境	「職場」における男女の平等感		誘導
	生産年齢人口における女性の有業率の全国順位		誘導
	決まって支給する現金給与額（男女格差）		誘導
	年間所定外労働時間		
	年次有給休暇取得日数		誘導
地域	「地域」における男女の平等感		誘導
	地域活動に参加しない人の割合		誘導
暴力	過去1年間にドメスティックバイオレンスを受けたことがある人の割合　女男		誘導
	過去1年間にセクシュアルハラスメントを受けたことがある人の割合　女男		誘導
女性健康	乳がん年齢調整死亡率		誘導
	子宮がん年齢調整死亡率		誘導
	10代の人工妊娠中絶率		誘導
	成人の週1回以上のスポーツ実施率		誘導
行政活動指標（アウトプット指標）			
慣行意識	「男女共同参画社会」という用語の周知度		誘導
	市町の条例制定および計画策定率		誘導
	男女共同参画センター「あざれあ」HPアクセス数		誘導
	県が提供した男女共同参画に関する新聞記事掲載件数		推進
	静岡県男女共同参画社会づくり活動に関する知事褒賞受賞個人・団体累計数		誘導
教育学習	『お父さんの子育て手帳』を使って役に立った」と答える人の割合		誘導
	PTAや市町における「父親の会」の設置数		誘導
	男女共同参画室が行う啓発講座の男性参加率		推進
	県立高校における保育介護体験の実施率		推進
	「男女共同参画啓発副教材」を活用して授業を行った学校の割合		推進
女性の参画	市町の審議会等委員に占める女性比率		誘導
	市町職員の女性登用状況（課長相当職以上）		誘導
	県の審議会等委員に占める女性比率		推進
	県職員の女性登用状況（課長相当職以上）		推進
	教員の管理職における女性の割合		推進
男女共	ファミリーサポートセンター会員数		誘導
	緊急一時的保育、特定保育		推進
	延長保育		推進

	に	休日保育	推進
	家族役割を果たす環境	乳幼児健康支援一時預かり事業	推進
		保育所の受け入れ児童数	推進
		放課後児童クラブ	推進
		地域で気軽に親子が集える場の整備	推進
		訪問介護の年間延べ利用回数	推進
		通所介護の年間延べ利用回数	推進
		短期入所生活介護の年間延べ利用日数	推進
		地域包括支援センター設置個所数	推進
		特別養護老人ホーム必要入所定員総数	推進
		介護老人保健施設必要入所定員総数	推進
	能力発揮の就業環境	フレックスタイム制を導入している企業割合	誘導
		育児休業制度を就業規則に規定している企業の割合	誘導
		次世代育成支援対策推進法に基づく一般事業主行動計画を策定した中小企業数	誘導
		男女共同参画社会づくり宣言事業所数	推進
		家族経営協定の締結数	推進
		女性による農山漁村起業活動数	推進
		女性の役職者セミナー受講者数	推進
		静岡県男女共同参画社会づくり活動に関する知事褒賞受賞事業所数	推進
		静岡県男女共同参画社会づくり活動に関する知事褒賞チャレンジの部受賞事業所数	推進
	地域	国際交流協力の推進を目的として実質的な活動をしているNPO法人数	誘導
		男女共同参画の推進を目的として実質的な活動をしているNPO法人数	誘導
		女性の活躍事例（ロールモデル）の件数	推進
	暴力根絶	「配偶者暴力相談支援センター」の周知度	誘導
		市町におけるドメスティックバイオレンス防止ネットワーク設置率	誘導
		ドメスティックバイオレンスに対応できる相談員を設置している市の割合	誘導
		ドメスティックバイオレンス一時保護委託先件数	推進
	女性健康	基本健診受診率	推進
		多くの人が利用する施設における分煙禁煙実施割合	誘導
		食事バランスガイドの認知割合	誘導

指標値の収集方法	事業実施に伴い、目標数値所管課において収集
評価水準、定義、指標値の範囲	各目標数値の「評価」（目標数値所管課）

具体的目標値の場合

水準[1]	定義[2]	指標値の範囲
A	目標年度より早く目標数値の達成が可能 （目標年度には目標数値を上回ることが見込まれる）	―
B	目標年度には目標数値の達成が可能 （目標年度に向け、順調に推移している）	―
C	目標年度における目標数値の達成が厳しい状況 （目標年度に向け、より一層の推進が必要である）	―
―	達成状況が把握できない （評価に必要な実績値が得られないなど）	―

「全国平均を上回る」という目標数値の場合

A	実測値が基準値以上でありかつ全国平均値を大きく上回る	110％＜実測値／全国平均値

巻末資料　225

	B	実測値が基準値以上でありかつ全国平均値以上である	100%＜実測値＜110%全国平均値
	C	実測値が基準値を下回っている、または、実測値が全国平均値を下回っている	同左
	—	達成状況が把握できない（評価に必要な実績値が得られないなど）	—
	\multicolumn{3}{l	}{「継続的に増加」という目標数値の場合}	
	A	実測値が基準値以上でありかつ継続的に増加している	—
	B	実測値が基準値以上でありかつ前年度数値以上である	同左
	C	実測値が基準値を下回っている。または実績値が前年度数値を下回っている。	同左
	—	達成状況が把握できない（評価に必要な実績値が得られないなど）	—
	\multicolumn{3}{l	}{「継続的に減少」という目標数値の場合}	
	A	実測値が基準値以下でありかつ継続的に減少している	—
	B	実測値が基準値以下でありかつ前年度数値以下である	同左
	C	実測値が基準値を上回っている。または実績値が前年度数値を上回っている。	同左
	—	達成状況が把握できない（評価に必要な実績値が得られないなど）	—
	\multicolumn{3}{l	}{「継続的に格差縮小」という目標数値の場合}	
	A	実測値が基準値と比較して改善しており、かつ継続的に格差が縮小している	—
	B	実測値が基準値と比較して改善しており、かつ前年度数値と比較して改善している	—
	C	実測値が基準値と比較して改善していない。または実績値が前年度数値と比較して改善していない	—
	—	達成状況が把握できない（評価に必要な実績値が得られないなど）	—

基本的施策ごとの「評価」（男女共同参画課）
各指標値の達成度評価を、A5点、B3点、C1点と評点換算し、基本的施策ごとの平均値を算出し、その値によって5段階で評価する

A	—	4.5点より大きい
B+	—	3.5点より大きく4.5点未満
B	—	2.5点より大きく3.5点未満
B-	—	1.5点より大きく2.5点未満
C	—	1.5点以下

内部「評価」（くらし環境部）
各基本施策ごとの評価結果を、A5点、B+4点、B3点、B-2点、C1点と評点換算し、全体の平均値を算出し、その値によって5段階で評価する

A	きわめて順調に進んでいる	4.5点より大きい
B+	順調に進んでいる	3.5点より大きく4.5点未満
B	ある程度進んでいる	2.5点より大きく3.5点未満
B-	ある程度進んでいるが十分ではない	1.5点より大きく2.5点未満
C	今後、積極的な取り組みが必要	1.5点以下

1) 価値に基づく言葉で表されているか？

		価値に基づく言葉ではなく記号である
		2) 判断基準となる具体的な状態が示されているか？
		示されているが、内容は価値ではなく状態である
評価方法	事実の特定	目標数値所管課による各指標値の目標達成度の測定、男女共同参画課による基本的施策ごとの目標達成度の測定、くらし環境部による計画全体の目標達成度の測定
	価値判断	目標数値所管課が実施する指標の目標達成に係る評価：指標値（数値）とその推移、目標達成に係る状況等を分析し、達成度の見込みを、目標数値の性質種類(1)～(5)別に設定した評価基準によって3段階評価 男女共同参画課が実施する基本的施策ごとの評価：目標数値所管課による評価結果を数字に置き換え、基本的施策ごとに平均値を算出し、その値によって5段階評価する。そのうえで、基本的施策ごとの評価結果を数字に置き換え、全体の平均値を算出し、5段階評価
評価結論の表示		指標ごと4段階、基本的施策ごと・計画全体5段階 ＋「評価の理由や考え方」、「目標達成に向けた今後の見込みや課題」の記述
評価結果の公表		○すべて公表　　　　部分公表　　　　公表しない
政策の評価と拠点施設の評価の関連		男女共同参画計画の進行管理における評価と、男女共同参画センターの評価は、3点において深くつながっている。まず、男女共同参画課が計画班と事業推進班の2班体制から成り、計画班が男女共同参画計画の進行管理を、事業推進班が、施策実施拠点である男女共同参画センターの事業を所管している。すなわち、所管課が計画と拠点施設を車の両輪として機能させ管理する体制になっており、課の業務において拠点機能と計画の管理が密に関連づけられている。2つ目に、「第2次静岡県男女共同参画基本計画」の第三施策階層「施策の方向」に「県男女共同参画センター『あざれあ』の機能強化」を位置付け、計画の実施過程で、拠点施設の機能が、施策として管理される。3つ目に、男女共同参画センターの3段階評価の2段階目として、所管課が評価を行う。
測定に関するその他の情報		・高度に構造化体系化された多面的多元的点検測定活動が組み込まれている。 ・「社会的成果指標」（アウトカム指標）と「行政活動指標」（アウトプット指標） 「推進目標」と「誘導指標」が分けられているが、評価手続きにおいては使い分けられていない。

巻末資料

課／施設名	名古屋市男女平等参画推進センター
	1. 指定管理者が独自に行う指定管理者事業の評価

要素	
評価の類型	業績測定型評価
評価対象	名古屋市男女平等参画推進センターの指定管理者事業
評価結果の使途	指定管理者事業が、名古屋市男女平等参画推進センター設置の基本構想に示されている事業コンセプトの実現に向けて有効に行われているかを確認する
	総括　　　　　　　○形成（改善）　　　　　　創知
	意思決定　　　　　○アカウンタビリティ　　　○マネジメント
評価主体 委託/依命者	名古屋市男女平等参画推進センター指定管理者非営利特定活動法人参画プラネット
評価主体 実施者	外部（外部評価委員会）
	内部：評価担当部門/者　　男女共同参画所管課　　○事業実施部門/者
	事業実施部門/者による自己評価の場合、利益相反を回避する仕組み
	○有（内部評価が的確であるどうかを判断するため、指定管理者が設定する外部
	無　　評価委員会の評価が行われる）
評価の流れ	毎年、指定管理事業について以下過程を踏む。
	1. 指定管理者による内部評価
	量的評価（指標の目標達成度による段階評価）と質的分析（事業がセンター設置の基本構想に示された事業コンセプトに沿った変化を生み得ているかの分析記述）による。評価・分析結果は、指定管理者であるNPO法人参画プラネットの年報『プラネットの軌跡』（ウェブ、冊子）に収録し、公表する。
	2. 外部評価委員会による外部評価
	年2回開催する委員会での、利用者アンケートの結果と事業報告書の検証に基づく意見交換による。結果は「外部評価委員会のコメント」としてまとめ、指定管理者であるNPO法人参画プラネットの年報『プラネットの軌跡』（ウェブ、冊子）に収録し、公表する。
評価結果の提供先	指定管理者（NPO法人参画プラネット）、名古屋市民
評価時期	事前　　　○中間（指定管理期間中毎年度）　　　終了時　　　事後
評価項目	1. 指定管理者による内部評価

定量的評価	定性的分析
公共性の担保	事業コンセプトから、事業ごとに設定する
平等参画（設置目的）の達成	例：事業から生まれる変化の内容や波及効果
事業計画の達成	
管理経費縮減	
平等参画の専門性	

2. 外部評価委員会による外部評価
指定管理者事業の実施と成果、指定管理者による内部評価の指標・方法

| 指標 | 1.指定管理者による内部評価における定量的評価 |

評価項目	指標	種別
公共性の担保	利用者数増加率	Outcome
	セミナー室等利用率	Output
平等参画の達成	事業の定員充足率	Output
	参加者満足度	Outcome
事業計画の達成	事業収支（収入/支出）	Output
	参加費（対予算費）	Output
	事業実施数（対事業計画数）	Output
管理経費縮減	参加費と事業費の関係（参加費/事業費）	Input

			平等参画の専門性	講師派遣数、 資格取得、 研究活動取組数	Input Input Input
		2. 指定管理者による内部評価における定性的分析 　質的分析における指標＝分析の着眼点 　例：市民交流事業 　　　事業が、事業コンセプト①②③に対応した変化や波及効果を生み出し得たか			
指標値の収集方法		管理運営、事業実施に伴って、指定管理者が記録収集する			
評価水準と定義		指定管理者による内部評価における量的評価 | 水準1) | 定義2) | 指標値の範囲 | |---|---|---| | S | — | 100%以上 | | A | — | 80%以上 | | B | — | 60%以上 | | C | — | 40%以上 | | D | — | 30%以上 | | E | — | 30%未満 | 1) 価値に基づく言葉で表されているか？ 　指標値の範囲に記号を付したものである。価値に基づく言葉で表されてはいない 2) 判断基準となる具体的な状態が示されているか？ 　指標値の範囲が示されている。定義はされていない。			
評価 方法	事実の特定	管理運営、事業実施に伴う指定管理者による指標値と定性的情報の記録収集による			
	価値判断	Ｓ　Ａ　Ｂ　Ｃ　Ｄ　Ｅの６段階評価と分析記述			
評価結論の表示		Ｓ　Ａ　Ｂ　Ｃ　Ｄ　Ｅの６段階評価と分析記述			
評価結果の公表		〇すべて公表　　　　部分公表　　　　　　　公表しない			
政策の評価と拠点施設の評価の関連		「名古屋市男女平等参画基本計画 2015」の「3. 計画の推進のために」に「(2) 男女平等参画推進センターの活用」が位置付けられており、計画掲載 80 事業中 11 事業が、総務局男女平等参画推進室を事業担当課とし、男女平等参画推進センターで実施される事業となっている。これら事業の実施と成果は、センターから提出する事業報告書により、男女平等参画推進室を通じて、計画事業として進捗管理される。			
評価に関するその他の情報		1. 指定管理者事業に関する点検・評価として、(1) 指定管理者が独自に行う評価 ①内部評価、②指定管理者が設定する外部評価委員会の評価、(2) 名古屋市のルールに則った評価 ①自治体男女共同参画課から受ける評価 （男女平等参画審議会の評価、市の設置する外部評価委員会の評価）、②自治体から指定管理者として受ける評価（指定管理者制度導入施設の管理運営状況の点検・評価、自治体から受ける行政評価）、　そのほかに、施設の現指定管理者である NPO 法人／組織として行う自己評価と、多面的多元的な点検・評価を併用し、拠点機能および指定管理者となっている NPO 法人の活動機能の最大化に活かしている。 2. スタッフが評価士の資格をもち、他で確立された評価手続きを受動的に踏むのではなく、自ら必要な評価方法を組立て、評価をアカウンタビリティやマネジメントのツールとして活かすことができることが他にない GP としての特徴である。 3. 内部評価において、指標自体は測定に用いられている。定性的分析が組み合わされることによって「評価」になっている。			

(出所)　筆者作成 [内藤・高橋・山谷 2014：158-162；189-190].

: お わ り に

　男女共同参画政策の評価，ジェンダー政策評価については外務省で政府開発援助評価の担当者であった時期（経済協力局評価室長，2002～2003年）に実務を通していろいろと勉強した．開発援助政策におけるジェンダー評価，この評価結果を活用したジェンダーの主流化，ジェンダー予算の可能性などである．その成果は国際協力機構の事業事前評価，プロジェクト実施計画にも反映されるようになっている．また，2001年4月から2014年3月まで男女共同参画会議の専門調査会委員として苦情処理，監視，影響調査の場面で，国の政策，施策をジェンダーの視点を使い分析・評価する活動に携わってきた．政策評価と同じ手法で，ジェンダー評価が可能になることが会議で共通了解を得たと思っている．そしてジェンダーの視点から政策を評価することは「ポジティブ」な意味があり，男女共同参画政策における評価の役割は大きいと信じてきた．
　しかし，本書で一緒に執筆された方々と日本評価学会で出会い，地方自治体において何が起きていたのかお話を伺ったとき，私が信じたことが間違いであったと気づいた．評価は男女共同参画政策にダメージを与えている，そう思わざるをえない惨状が見えてきたからである．いろいろな意味で評価に「イノセント」な人，意図的に違う使い方をする人が，多元化・重層化させた評価によって男女共同参画政策を蝕むのである．
　そもそも評価は「はさみ」と同じく道具であり，それ自体に罪はない．あくまでも使う人の姿勢が問題なのである．たとえば洗濯ばさみ，料理ばさみ，裁ちばさみ，紙を切るハサミなどすべて使用目的が違うように，評価で使うツールも用途が違う．調査する（research），分析する（analyze），測定する（measure），チェックする（check），比べる（compare），監査する（audit）など，評価関連の実務と研究で使われるツールは多い．また，そのそれぞれの使用目的が違うので，巧く使い分ける技量（エキスパタイズ）が使う人に求められる．しかし現実には同じハサミでなんでも切っている人や，洗濯ばさみで紙を切ろうと無理してい

る人が多い．大事な政策であればあるほどハサミの選択には慎重であるべきだが，残念なことに，その慎重さを欠いているのが日本の現実である．

たとえば図1b（216ページ）の評価マップには，10種類の評価業務が存在している．それがどんなハサミなのか，何に使うのか，簡単に例示してみよう．括弧内のローマ数字は図5-1（77ページ），そして表5-2（83ページ）にあるⅠ～Ⅶに対応する．

① 名古屋市男女平等参画推進センター（以下「センター」）が，名古屋市男女平等参画推進室（以下「推進室」）に提出する事業報告書（Ⅳ）と，それに基づいて行われる進捗状況チェック（Ⅲ）
② センターの評価自己点検表（Ⅲ・Ⅳ）
③ センターを管理するNPO・参画プラネットの自己評価（Ⅱ・Ⅲ・Ⅴ）
④ 推進室が行う指定管理者の年度評価（Ⅲ）
⑤ その年度評価をみて行財政改革担当課が行う指定管理者評価（Ⅱ・Ⅲ）
⑥ 男女平等参画審議会の外部評価（Ⅰ）
⑦ 指定管理者選定委員会が行う外部評価（Ⅱ・Ⅵ）
⑧ 行財政改革の視点で行われる行政評価（Ⅱ）
⑨ 参画プラネットを対象に行う監査（Ⅱ・Ⅲ）
⑩ 参画プラネットの事業報告書を対象に行われる外部評価委員会の評価（Ⅴ・Ⅶ）

この10種類に担当者が気づいているかどうか，これは男女共同参画政策の推進にとってとても重要な条件である．そして，一番残念なのは，NPOの担当者だけが気づいていて，他の関係者がすべて「イノセント」である場面である．

地方自治体が財政難の時代に，組織経営の効率と節約を追求したい気持ちはよく分かる．しかし，課題軽減や問題解決の成否を判断するツールが無い政策の実施・運営体制に，男女共同参画政策をはじめとする政策の推進を期待するのは難しい．危うさも感じる．はたしてそれで良いのかどうか，その問いかけが本書を執筆した動機であった．

研究担当者，NPO，実務家が研究協力者となって政策の研究と調査をするのは，政府機関や複数大学の研究者が集って行う大規模プロジェクトの姿が一般的であった．しかしそれとは違う形での研究プロジェクトを，男女共同参画という重要な政策分野で得られたのは僥倖に恵まれたと言うより他はない．科学研究費補助金も頂戴した．この僥倖が可能になったのは共同執筆者のみなさんとの出会いのおかげであった．この方々の熱い想い，そしてわたしたちの調査にご協力をいただいた全国の地方自治体と男女共同参画センターの人々のご親切が，こうした形での研究成果として現れた．人と人との不思議なご縁が，学問研究にこれほどのポジティブな成果をもたらすことを，私じしん還暦になってはじめて経験した．

　そして，私たちの研究成果を世に問いたいと不遜なことを考えたとき，その「救いの神」として現れたのが晃洋書房編集部の丸井清泰氏であった．難しい編集の作業でご支援を頂戴した阪口幸祐氏にも，ひとかたならぬお世話になった．お二人には心から感謝したい．

　　2015年3月

　　　　　　　　　　　　　　　　　　　　　　編著者　山谷清志

参 考 文 献

邦文献

アジア女性資料センター
 2009 『女たちの21世紀』60.

伊岐典子
 2011 「女性労働政策の展開──『正義』『活用』『福祉』の視点から──」『労働政策レポート』9.

石原俊彦
 2005 「自治体行政評価の基礎知識」，INPM 行政評価研究会編『自治体行政評価ケーススタディ』東洋経済新報社.

伊藤静香
 2011 「女性関連施設の指定管理者を担う NPO で働く女性のエンパワーメント」『女性学』18.

稲継裕昭
 2011 『地方自治入門』有斐閣.

井上輝子・上野千鶴子・江原由美子ほか
 2002 『岩波　女性学事典』岩波書店.

岩崎忠
 2009 「指定管理者制度と政策評価──神奈川県立都市公園を例にして──」『自治研究』85(11).

岩本聖光
 2006 「占領期の民間情報教育活動──1947，8年の長崎県を中心として──」『立命館大学人文学研究所紀要』86.

上野宏・上野真城子
 2008 「パフォーマンス・メジャーメント」，三好皓一編『評価論を学ぶ人のために』世界思想社.

上村千賀子
 2007 『女性解放をめぐる占領政策』勁草書房.

内田真
 2010 「小規模自治体における評価活動の実態──現状の認識と今後の展望──」，山谷清志編『公共部門の評価と管理』晃洋書房.

エル・パークで活動を続けたい!!　市民のつどい事務局編
 2007 『エル・パーク仙台で活動を続けたい！』

大住荘四郎
 2003 『NPM による行政改革』日本評論社.

荻野美穂
 2014 『女のからだフェミニズム以後』岩波書店.

小野達也
 2011a 「業績測定型評価における目標設定と達成度評価の妥当性——行政評価の形骸化を避けるための条件——」『地域学論集』(鳥取大学地域学部紀要) 8(2).
 2011b 「自治体ベンチマーキングと指標の比較可能性」『日本評価研究』11(2).

小畑精武
 2010 『公契約条例入門』旬報社.

景山ゆみ子
 2005 「女性センターにおける総合相談の取り組み」, 須藤八千代・土井良多江子・湯澤直美・景山ゆみ子『相談の理論化と実践——相談の女性学から女性支援へ——』新水社.

梶田叡一
 1992 『教育評価 第 2 版』有斐閣.

柏木宏
 2007 『指定管理者制度と NPO ——事例研究と指定獲得へのマネジメント——』明石書店.

加登豊
 1999 『管理会計入門』日本経済新聞社（日経文庫）.

金井利之
 2010 『実践自治体行政学——自治基本条例・総合計画・行政改革・行政評価——』第一法規.

金子郁容編
 2005 『学校評価』筑摩書房（ちくま新書）.

神尾真知子
 2008 「男女共同参画計画の事業評価の意義と方法」, 辻村みよ子・河上正二・水野紀子編『男女共同参画のために——政策提言——』東北大学出版会

川喜田好恵
 2005 「フェミニストカウンセリングの導入と『女性センター』における相談事業の変遷」, 河野貴代美編『女性のメンタルヘルスの地平——新たな支援システムとジェンダー心理学——』コモンズ.

河野貴代美編
 1999 『フェミニストカウンセリングの未来』新水社.
 2005 『女性のメンタルヘルスの地平——新たな支援システムとジェンダー心理学

──』コモンズ.
上林陽治
 2009 「地方公務員の臨時・非常勤等職員に係る法適用関係と裁判例の系譜」『自治総研』369.
北大路信郷
 2010 「自治体における公共調達改革の課題──指定管理者制度活用のために──」『ガバナンス研究』(明治大学) 7.
金城清子
 1991 『法女性学──その構築と課題──』日本評論社.
熊倉浩靖
 2011 「都市行政評価ネットワーク会議──自治体業務改善のためのベンチマーキング──」『日本評価研究』11(2).
グループみこし
 2009 「指定管理者制度を導入した男女共同参画センターの調査集計結果」.
桑田耕太郎・田尾雅夫
 1998 『組織論』有斐閣.
国立女性教育会館編
 2012 『女性関連施設の指定管理者導入施設に関する調査報告・事例集』国立女性教育会館 (http://www.nwec.jp/jp/data/H23sisetu_shiteikanri.pdf, 2014年12月26日閲覧).
国立女性教育会館・全国女性会館協議会
 2008 「平成18年度女性関連施設に関する調査研究　女性関連施設における事業評価に関する調査報告書」.
国立女性会館・全国女性会館協議会
 2008 「平成19年度女性関連施設に関する調査研究　女性関連施設における事業評価に関する調査報告書」国立女性教育会館.
小柳茂子
 2005 「フェミニストカウンセリングの誕生と活動」, 河野貴代美編『女性のメンタルヘルスの地平──新たな支援システムとジェンダー心理学──』コモンズ.
桜井陽子
 2005 「地域の社会資源としての女性センター」, 河野貴代美編『女性のメンタルヘルスの地平──新たな支援システムとジェンダー心理学──』コモンズ.
 2008 『女性関連施設における自己評価』全国女性会館協議会.
 2014 「男女センターにおける相談事業への期待──女性問題解決の相談の役割と課題──」『男女平等参画をすすめる相談事業の使命とこれから──名古屋から発信　新たな課題に取り組む支援のあり方とネットワークを考える

　　　　　──』名古屋市総務局男女平等参画推進室.
佐々木亮
　　2010　『評価論理──評価学の基礎──』多賀出版.
志熊敦子
　　1997　「エンパワーメントと女性の教育・学習──国の婦人教育施策の系譜からみる──」『国立女性教育会館研究紀要』1.
静岡市
　　2010　「平成22年　静岡市指定管理者制度の手引き」.
　　2013　「平成24年度　静岡市男女共同参画行動計画進捗状況調査報告書（平成25年度事業計画一覧）」.
　　2013　「平成25年　静岡市指定管理者制度の手引き」.
静岡市生活文化局市民生活部男女共同参画課編
　　2009　「第2次静岡市男女共同参画行動計画　2009-2014」静岡市.
柴建次・宗岡徹・鵜飼康東
　　2007　『公会計と政策情報システム』多賀出版.
柴山恵美子・中曽根佐織
　　2004　『EUの男女均等政策』日本評論社.
渋谷典子
　　2005　「女性によるNPOと名古屋市の協働事業」, 村尾信尚編『日本を変えるプランB』関西学院大学出版会.
　　2008a　「『新たな公共』の担い手と評価のあり方──市民主体で行政をとらえる──」, 参画プラネット編『プラネットの軌跡2007』(http://sankakudo.net/books.html, 2014年12月26日閲覧).
　　2008b　「『境界線上に存在する者』たち──時代の変化と労働法的課題──」, 鶴本花織・西山哲郎・松宮朝編『トヨティズムを生きる──名古屋カルチュラル・スタディーズ──』せりか書房.
　　2009　「NPO活動における『人間発達』」『東海社会学会年報』1.
　　2014　「NPO『活動者』と労働法のあり方──有償ボランティアを手がかりとして──」『年報　中部の経済と社会』2013年版（愛知大学）.
下村美恵子・内藤和美編
　　2005　『女性センターを問う』新水社.
城塚健之
　　2004　「自治体アウトソーシング──地方独立行政法人と指定管理者制度を中心に──」, 西谷敏・晴山一穂編『公務の民間化と公務労働』大月書店.
『女性と女性センター』制作プロジェクト編
　　2005　『女性と女性センター──当事者の視点で考える拠点施設──』

女性のライフプランニング支援総合推進事業連絡協議会・横浜市男女共同参画推進協会
    2010 「男女共同参画センター等における事業評価システムの開発と普及 事業報告書」.
新・日本的経営システム等研究プロジェクト
    1995 『新時代の「日本的経営」——挑戦すべき方向とその具体策——』日本経営者団体連盟.
須藤八千代
    2012 「男女共同参画社会と相談実践——ドメスティック・バイオレンスを軸として——」『愛知県立大学教育福祉学部論集』61.
須藤八千代・渋谷典子編
    2009 『女たちの大学院——社会人が大学院の門をくぐる時——』生活書院.
須藤八千代・土井良多江子・湯澤直美・景山ゆみ子
    2005 『相談の理論化と実践——相談の女性学から女性支援へ——』新水社.
瀬山紀子
    2013 「公立女性関連施設における公務非正規問題を考える」『労働法律旬報』1783-1784.
全国女性シェルターネット編
    2013 『24時間のホットラインと被災地の女性団体への人材提供，雇用創出，財政支援事業報告書』全国女性シェルターネット.
全国地域婦人団体連絡協議会編
    1986 『全地婦連30年のあゆみ』全国地域婦人団体連絡協議会.
    2003 『全地婦連50年のあゆみ』全国地域婦人団体連絡協議会.
髙橋由紀
    2010 「男女共同参画推進のための拠点施設における評価」，山谷清志編『公共部門の評価と管理』晃洋書房.
田中啓
    2012 『業績測定型評価の改善のための論点——評価指標を中心にして——』，評価クオータリー，1.
田端八重子
    2012 「これまでの女性支援事業の蓄積がホットライン開設や買い物代行などに結実」『女も男も』119.
田村明
    2003 『自治体学入門』岩波書店.
男女共同参画政策推進に向けた評価に関する研究会
    2014 「男女共同参画政策の推進に向けた評価に関する調査研究」（科学研究費補助金研究成果報告書）．

辻村みよ子
　　2005　『ジェンダーと法』不磨書房.
辻村みよ子編
　　2011　『壁を超える——政治と行政のジェンダー主流化——』岩波書店.
鉄道弘済会編
　　1983　「特集テーマ・社会福祉実践の評価方法」『社会福祉研究』33.
土井良多江子
　　2009　「男女平等参画をすすめる相談事業の役割」『男女平等参画をすすめる相談事業の役割——名古屋から発信　5年間の実践から切れ目のない支援ネットワークをめざして——』名古屋市男女平等参画推進センター.
外山伸一
　　2003　「プログラム評価・業績測定と我が国都道府県の施策評価」『山梨学院大学法学論集』50.
内閣府男女共同参画局
　　2008　「男女共同参画センター等の職員に関するアンケート」
　　2009a　『地方公共団体における男女共同参画社会の形成又は女性に関する施策の推進状況（平成21年度）（概要）』.
　　2009b　『地方公共団体における男女共同参画社会の形成又は女性に関する施策の推進状況（平成21年度）（都道府県・政令指定都市編）』.
　　2010a　「男女共同参画センターの現状に関する調査」（http://www.gender.go.jp/research/kenkyu/joseicenter/index.html, 2014年12月26日閲覧）.
　　2010b　「第3次男女共同参画基本計画（平成22年12月17日閣議決定）」（http://www.gender.go.jp/about_danjo/basic_plans/3rd/index.html, 2014年7月14日閲覧）.
　　2011a　『地方公共団体における男女共同参画社会の形成又は女性に関する施策の推進状況（平成23年度）（都道府県・政令指定都市編）』.
　　2011b　『地方公共団体における男女共同参画社会の形成又は女性に関する施策の推進状況（平成23年度）（市区町村編）』.
　　2012　「地方公共団体における男女共同参画社会の形成又は女性に関する施策の推進状況　平成25年度」
　　2013　「地方公共団体における男女共同参画社会の形成又は女性に関する施策の推進状況」（http://www.gender.go.jp/research/kenkyu/suishinjokyo/suishin-index.html, 2014年12月26日閲覧）.
　　2014a　「第3次男女共同参画基本計画における成果目標の動向」（http://www.gender.go.jp/about_danjo/seika_shihyo/pdf/numerical_targets.pdf, 2014月12月26日閲覧）.

2014b　「ポジティブ・アクション」．(http://www.gender.go.jp/policy/positive_act/index.html, 2014年12月26日閲覧)．

内閣府男女共同参画局・全国女性会館協議会・横浜市男女共同参画推進協会
　2012　「災害時における男女共同参画センターの役割調査報告書」(http://www.gender.go.jp/policy/saigai/yrep.html, 2014年12月26日閲覧)．

内藤和美
　2009a　「平成19・20年度公募研究成果報告書　女性関連施設事業系熟練職員の実践の分析——発揮されている能力と環境要因——」福島県男女共生センター．
　2009b　「女性・男女共同参画推進センターの使命と機能——これからの相談事業への期待——」『男女平等参画をすすめる相談事業の役割——名古屋から発信 5年間の実践から切れ目のない支援ネットワークをめざして——』名古屋市男女平等参画推進センター．
　2010　「女性関連施設事業系熟練職員の実践の分析——発揮されている能力とその相互関係——」『女性学』17．
　2012a　「『男女共同参画推進施策の実施状況年次報告書』に見る地方自治体男女共同参画計画の進行管理」『群馬パース大学紀要』13．
　2012b　「エンパワーメント」，社会教育・生涯学習辞典編集委員会編『社会教育・生涯学習辞典』朝倉書店．

内藤和美・高橋由紀・山谷清志
　2014　「科学研究助成事業研究成果報告書　男女共同参画政策の推進に向けた評価に関する調査研究」(基盤研究(C)課題番号235103520001)．

中川幾郎
　2009　「公共文化施設のマネジメント」『公営企業』41(7)．

名古屋市市民局編
　1979　『女性の自立を求めて　名古屋市婦人問題懇話会記録』名古屋市市民局．

名古屋市総務局行政システム部行政経営室編
　2003　『行政評価の実施結果——行政評価委員会の外部評価——』名古屋市．

南島和久
　2012　「地方独立行政法人の制度と評価——大阪府の出資法人改革からの考察——」『自治総研』404．

新川達郎
　2008　「指定者管理制度の成果と課題」『地方自治職員研修』580．

西尾勝
　1994　『行政学』有斐閣．
　2000　「行政の評価方式の拡張をめざして」，西尾勝編『行政評価の潮流——参加型評価システムの可能性——』行政管理研究センター．

　　　　2001　『行政学』有斐閣.
西谷敏
　　　　2005　『規制が支える自己決定——労働法的規制システムの再構築——』法律文化社.
21世紀の女性センターを考える会・まつど女性会議
　　　　2006　「学びから実践へPart2　inまつど——私たちと女性センター——フォーラム実施報告書」.
仁平章子
　　　　2010　「女性農業者の形成に関する研究——女性農業者のキャリア形成と支援を視点として——」(博士論文(神戸大学)).
日本ILO協会編
　　　　2008　『雇用平等法制の比較法研究——正社員と非正社員との賃金格差問題に関する法的分析——』労働問題リサーチセンター.
日本経営者団体連盟
　　　　1995　『新時代の「日本的経営」』.
日本YWCA100年史編纂委員会編
　　　　2005　『日本YWCA100年史　日本YWCA100年のあゆみ——女性の自立をもとめて——1905〜2005』日本YWCA.
縫田暁子
　　　　2000　「女性行政推進機構の軌跡　あのとき，この人(5)八〇年前後の各省女性行政　志熊敦子，高橋淳，松本康子元課長に聞く」『女性展望』6月号.
長谷川七重
　　　　2000　「女性センター相談室の役割と援助方法の独自性を求めて」『女性ライフサイクル研究』10.
林やすこ
　　　　2008　「指定管理者事業と評価——市民参加，市民参画から『市民による評価』を考える——」，『プラネットの軌跡2007』参画プラネット(http://sankakudo.net/books.html, 2014年12月26日閲覧).
　　　　2009　「男女共同参画政策を推進する評価システムのあり方　参加とエンパワメントをキーワードに」，『プラネットの軌跡2008』参画プラネット(http://sankakudo.net/books.html, 2014年12月26日閲覧).
原田晃樹
　　　　2010　「NPOと政府との協働」，原田晃樹・藤井敦史・松井真理子『NPO再構築への道——パートナーシップを支える仕組み——』勁草書房.
晴山一穂
　　　　2004　「構造改革下の公務員制度とその改革」，西谷敏・晴山一穂編『公務の民間化

  　　　と公務労働』大月書店.
    2005　「岐路に立つ公務員制度と公務員制度改革の基本方向」,二宮厚美・晴山一穂編『公務員制度の変質と公務労働』自治体研究社.
日高昭夫
    2002　『ローカル・ガバナンスと政策手法』イマジン出版.
藤井敦史
    2010　「NPOとは何か」,原田晃樹・藤井敦史・松井真理子『NPO再構築への道——パートナーシップを支える仕組み——』勁草書房.
松井真理子
    2010　「NPOの財源と自治体との契約の現状」,原田晃樹・藤井敦史・松井真理子『NPO再構築の道——パートナーシップを支える仕組み——』勁草書房.
源由理子
    2003　「エンパワメント評価の特徴と適用の可能性——Fettermanによる『エンパワメント評価』の理論を中心に——」『日本評価研究』3(2).
    2008　「参加型評価の理論と実践」,三好皓一編『評価論を学ぶ人のために』世界思想社.
三野靖
    2014　「公の施設の管理運営における委託制度と指定管理者制度の比較検討」,武藤博己編『公共サービス改革の本質——比較の視点から——』敬文堂.
武藤賀典・楢崎早百合
    2005　「名古屋市の行政評価と経営改革——事務事業評価を中心としたシステム改革——」,石原俊彦編『自治体行政評価ケーススタディ』東洋経済新報社.
森ます美・浅倉むつ子編
    2011　『同一価値労働統一賃金原則の実施システム』有斐閣.
山本清
    2013　『アカウンタビリティを考える』NTT出版.
山谷清志
    1997　『政策評価の理論とその展開　政府のアカウンタビリティ』,晃洋書房.
    2000　「評価の多様性と市民——参加型評価の可能性——」,西尾勝編『行政評価の潮流——参加型評価システムの可能性——』行政管理研究センター.
    2002a　「行政の評価と統制」,福田耕治・縣公一郎・真渕勝編『行政の新展開』法律文化社.
    2002b　「政策評価とNPO——もう一つの実験——」『公共政策研究』2.
    2005　「政策評価は政策責任と行政責任を確保できるか——アカウンタビリティ概念の再確認」『NIRA政策研究』18(11).
    2006　『政策評価の実践とその課題　アカウンタビリティのジレンマ』萌書房.

2012　『政策評価』ミネルヴァ書房.
山谷清志編
　　2010　『公共部門の評価と管理』晃洋書房.
横浜市女性協会編
　　1995　「女性施設の100年史」『女性施設ジャーナル』1.
　　1996　「女性施設の100年史 Part2」『女性施設ジャーナル』2.
　　1998　『女性施設ジャーナル』4.
横浜市女性協会，横浜女性フォーラム編
　　2003　『相談員のための相談実践マニュアル――横浜女性フォーラムにおける男女共同参画を進める相談――』横浜市女性協会.

英語文献

Ammons, D. N.
　　1996　*Municipal Benchmarks: Assessing Local Performance and Establishing Community Standards*, California, SAGE.
Fetterman, D. M.
　　2005　"A Window into the Heart and Soul of Empowerment Evaluation: Looking Through the Lens of Empowerment Evaluation Principles," in D. M. Fetterman and A. Wandersman eds., *Empowerment Evaluation Principles in Practice*, New York: The Guilford Press (「エンパワーメント評価の本質――評価原則のレンズを通して概観する」, 笹尾敏明監訳, 玉井航太・大内潤子訳『エンパワーメント評価の原則と実践――教育, 福祉, 医療, 企業, コミュニティ介入プログラムの改善と活性化に向けて』風間書房, 2014年).
Hatry, H. P.
　　1999　*Performance Measurement: Getting Results*, Washington, D. C.: Urban Institute Press (上野宏・上野真城子訳『政策評価入門――結果重視の業績測定――』東洋経済新報社, 2004年).
Hood, C.
　　1991　"A Public Management for All Seasons?" *Public Administration*, 69(1).
Hunter, D. E. K. and S. B. Nielsen
　　2013　"Performance Management and Evaluation: Exploring Complementarities," *New Directions for Evaluation*, 137.
Lonsdale, J. and M. Bemelmans-Videc
　　2007　"Introduction; Accountability ─ The Challenges for Two Professions," in M. Bemelmans-Videc, J. Lonsdale and B. Perrin eds., *Making Accountability*

Work: Dilemmas for Evaluation and for Audit*, New Brunswick: Transaction Publishers.

Osborne, D. and T. Gaebler
 1992 *Reinventing Government: How the Entrepreneurial Spirit Is Transforming the Public Sector*, Reading: Addison-Wesley（野村隆監修，高地高司訳『行政革命』日本能率協会マネジメントセンター，1995年）.

Parsons, W.
 2007 "Policy Analysis in Britain," F. Fisher, G. J. Miller and M. Sidney eds., *Handbook of Public Policy Analysis: Theory, Politics, and Methods*, New York: CRC Press.

Power, M.
 1997 *The Audit Society: Rituals of Verification*, Oxford: Oxford University Press（國部克彦・堀口真司訳『監査社会――検証の儀式化』東洋経済新報社，2003年）.

Rossi, P. H., M. W. Lipsey and H. E. Freeman
 2004 *Evaluation: A Systematic Approach*, seventh edition, Thousand Oaks, Calif.: Sage Publications（大島巌・平岡公一・森俊夫・元永拓郎監訳『プログラム評価の理論と方法』日本評論社，2008年）.

Talbot, C.
 2010 *Theories of Performance: Organizational and Service Improvement in the Public Domain*, Oxford: Oxford University Press.

ウェブサイト

国立女性教育会館（http://www.nwec.jp/）．
国立女性教育会館　女性関連施設データベース（http://winet.nwec.jp/sisetu/）．
日本基督教婦人矯風会（http://kyofukai.jp/）．
日本女性学習財団ウェブサイト（http://www.jawe2011.jp/index.html）．
名古屋市　男女平等参画推進センター・女性会館（https://e-able-nagoya.jp/）．
日本 YWCA（http://www.ywca.or.jp）．

245

索　　引

〈アルファベット〉

CR（Consciousness Raising 意識覚醒）　56
DV（ドメスティック・バイオレンス）　58，61，62
DV 防止法　57，61，66
evaluation →評価
evaluation models →評価方式
impact evaluation　85
NPM　78，140，141，146，156，159
NPO　162，163，177，178，183，184
NPO 法人→特定非営利活動法人
ODA 評価　91
operationalization →操作化
Reinventing Government　121，123

〈ア　行〉

アウトカム　117，118，131
　──指標　107，128，129，134
アウトソーシング　162-164，167，168
アウトプット　118，131
　──指標　72，128
アカウンタビリティ　72，124，126，145-148，154，158
アセスメント　72
新しい公共　162，165
新しい働き方　177，178
インタビュー調査　213
インテリジェンス・ツール　72
インプット指標　107
ウィングス京都（京都市女性協会）事件　176
影響調査　85
エージェンシー・スラック　117，123
エンパワーメント　49，50，58-60，99，115
　──評価　125

〈カ　行〉

外郭団体　16-18
外部評価　168，178，180
学習　124，126

舵取り　145
家事労働　2，3
価値規準　147，149，159
ガバナンス　138，139，159
官から民へ　168
監査　127
慣習　1-3，7
管理指標　219，220
管理情報　148，156
管理評価　78
規制改革　162
規制手法　11，12
行財政システム改革　168
行政活動指標　219，220
行政評価　71，76，118-121，127，143，144，151，168
業績測定　103，106，113，117，121，126-128，218，219
　──型評価　139，148，151，160
業績マネジメント　128
協働　150，158，159，162
　──事業　184
拠点施設　99，100，107，112-115
経済手法　11，12
形式的な機会の平等　5-7
形成型評価　85
結果の平等　7
検討会議　23，24
公共サービス基本法　186
公契約条例　186
公権力の行使　183
公設公営　40，45
公設民営　40
高度専門能力活用型　166-168
公務　182，183，186
　──の民間化　183
　──労働　184
効率　80
　──化　141，146
効率性　151，152，158
漕ぐ　145

国立女性教育会館　45, 48
コミュニケーション　28, 30, 32
雇用形態　171
雇用柔軟型　166-168
雇用ポートフォリオ　166, 167

〈サ　行〉

財団（法人）　16-18, 25
裁判例　174
サービスの担い手　163
参画プラネット　177, 178, 181
サンセット方式　180, 181
ジェンダー・バイアス　21, 22
ジェンダー（の）主流化　19, 108, 114, 116
ジェンダーの視点　59
指揮命令系統（指示系）　25, 29, 30
指揮命令権　27
事業　8, 10
　——仕分け　99, 152, 153, 168, 181
　——評価　75
自己評価　101, 106, 199, 200, 202, 206
施策　8-10
自助グループ　61
システム・モデル　90
施設（の）評価　152, 158, 181
事前評価　75
自治体アウトソーシング　164, 170, 175
実施庁評価　80
実質的な機会の平等　5-7
実績評価　76
質問紙調査　211, 212, 214, 220
指定管理者　17, 18, 47, 49, 122, 123, 174, 177, 180
　——事業　174, 177, 180, 181
　——制度　40, 47, 122, 123, 139, 141, 150, 151, 157, 163, 164, 169, 171, 174, 189, 190, 192, 194, 207
　——方式　122, 123
指標　213, 217, 219, 220
市民参加　149, 150, 158
市民主体　169, 179
事務事業評価　75, 119
事務プログラム　10
社会資源の男性偏在　3, 4

受益者の視点　114
上級評価士　97
条件の平等　5-7
情報・機会手法　12
情報の非対称性　117, 123, 156
職務評価　185
　——システム　176
女子に対するあらゆる形態の差別の撤廃に関する条約　4, 7
女性関連施設　36-38
女性教育施設　41, 44, 45, 47
女性参政権運動　42
女性施設　36
女性政策室　14, 15, 34
女性センター　46
女性のエンパワーメント・プログラム　174
女性問題　3, 4
事例研究　211, 212, 217
審議会　23
新公共経営　78
「新時代の『日本的経営』」　163, 165
新自由主義的政策　47
進捗管理　8, 9, 213, 214, 217-220
成果指標　219, 220
政策　4, 8-10
政策会計　79
政策学　77, 86, 97
政策過程　88
政策サイクル　88
政策志向　142, 146, 148, 156, 157
　——型評価　139, 142, 154
政策指標　219, 220
政策終了　158
政策手段　89
政策情報　148, 156, 157
政策体系　86, 119, 120
政策提言　50
政策トリアージ　93
政策内容のパフォーマンス　117, 118, 127
政策の三層構造　158
政策の見直し　138, 158, 159
政策（の）評価　71, 143, 144, 149, 158, 181
生産性　80
性別分業　1-3, 8

索　引　*247*

セオリー　88
責任の所在　30
専門性　176
総括型評価　85
総合計画　119, 120
総合評価　76, 193, 194, 204
操作化（operationalization）　84, 87, 118, 119, 129
相補性　126, 128
総務系部局　122, 130-132
組織活動（実施環境）のパフォーマンス　117, 118, 127, 128
組織構成　33, 34
組織評価　79

〈タ　行〉

多元（化・的な評価）　129, 132, 133
脱病理化　56
短時間雇用　174
男女共同参画　98, 99, 108, 110, 114-116
　——行政　26
　——局　19
　——拠点施設　211-214, 217, 220
　——計画　10, 20, 21, 98, 121, 122, 133, 211, 213, 217, 218, 220
　——社会　1, 5, 7
　——社会基本法　5, 7, 8, 13, 14, 21, 71, 98, 115, 121, 132, 133, 211
　——所管課　211-214, 217, 218
　——推進課　16, 18
　——推進関連施設　17-20, 24, 32
　——推進事業　18-21
　——推進本部　19, 34
　——政策　1, 8-10, 98, 99, 113, 211, 217
　——センター　47, 170
　——と関連する政策　8, 9
　——を主目的とする政策　8, 9
男女平等　1, 5
　——参画政策　139, 152, 154, 158
地域婦人会館　44, 45
地域婦人団体　43-45
秩序構成的政策　4
地方自治体　14, 21
長期蓄積能力活用型　166-168

庁内横断的調整機能　22
定員管理　83
定性的評価　68, 69
デートDV　64
同一価値労働同一賃金原則　185
当事者性　163
特定非営利活動法人（NPO法人）　41, 45, 47, 139, 154, 159
独立行政法人評価　80
とよなか男女共同参画推進センターすてっぷ（豊中市，とよなか男女共同参画推進財団）事件　175

〈ナ　行〉

内閣府男女共同参画局　98, 100, 132
内部評価　178, 180
名前のない問題　56
2次被害　55
担い手の評価　181
日本国憲法　1, 4-6
ニュー・パブリック・マネジメント（NPM）　121, 123
年度評価　193, 197
農村婦人の家　46

〈ハ　行〉

配偶者暴力支援センター　58, 61, 66
働く婦人の家　44, 46
バックラッシュ　175, 176
パフォーマンス・レジーム　131
パフォーマンス測定→業績測定
パワハラ　31, 32
ビジョン　21, 22, 34
PDCAサイクル　79
評価　21, 35, 73, 211-214, 218, 219
　——学　73
　——学会　75
　——規準　73
　——結果　103
　——士制度　81
　——指標　68
　——主体　159
　——政策　93
　——のものさし　101, 102

――方式　73
フェミニストカウンセリング　56, 57
フェミニズムの視点　57
福岡市女性センター・アミカス（福岡市女性協会）事件　175
婦人教育　43
プライベート集団　30, 32
フレーミング　89
プログラム　87, 91
　――・アカウンタビリティ　146, 149
　――評価　143, 148, 152, 154, 218, 219
　――予算　92
ベンチマーク　80
ポジティブ・アクション　12

〈マ　行〉

マネジメント
　――・アカウンタビリティ　146
　――・システム　127
　――のツール　122, 125, 130, 131
　――評価　78
ミッション　177, 181

ミレニアム開発目標　80
民間開放　162
民主主義のリテラシー　97
無償ボランティア　172
メンタルヘルス　54, 56, 61
「目標管理型」政策評価　78

〈ヤ　行〉

役割分掌　30
有効性　80, 146, 151
有償ボランティア　172
要保護女子　55
予算査定　81

〈ラ　行〉

労働政策　172, 173
ロジック　88, 113
　――・モデル　107

〈ワ　行〉

ワークシェアリング　174

《執筆者紹介》(執筆順，＊は編著者)

＊内藤和美（ないとう　かずみ）[第1章，巻末資料]
奥付参照.

桂　　容子（かつら　ようこ）[第2章]
1950年生まれ．京都精華大学大学院人文学研究科修士課程修了．現在，京都学園大学非常勤講師．
主要業績
「フェミニズムと男女共同参画の間には，暗くて深い河がある」『女性学年報』30，2009年．

伊藤静香（いとう　しずか）[第3章]
1962年生まれ．現在，名古屋市立大学大学院人間文化研究科博士後期課程在籍，NPO法人参画プラネット常任理事，認定NPO法人ウィメンズアクションネットワーク理事／事務局長．
主要業績
「再チャレンジする女性たちの現状と課題——男女共同参画センターにおける人的資源活用をめざす実践事例から——」『国立女性教育会館研究ジャーナル』11，2007年．「女性関連施設の指定管理者を担うNPOで働く女性のエンパワーメント」『女性学』18，2011年．「新自由主義はジェンダー平等政策にどう影響をあたえたのか」『人間文化研究』19，2013年．

気賀沢葉子（けがさわ　ようこ）[第4章]
1957年生まれ．埼玉大学工学部卒業．埼玉県越谷市男女共同参画支援センター事務局長を経て，現在，女性相談カウンセラー（長野県内の行政機関），長野県男女共同参画審議会委員．

＊山谷清志（やまや　きよし）[第5章]
奥付参照.

高橋由紀（たかはし　ゆき）[第6章]
1959年生まれ．埼玉大学文化科学研究科修了．現在，まつど市民活動サポートセンター副センター長，国立女性教育会館客員研究員．
主要業績
「男女共同参画推進のための拠点施設における評価」，山谷清志編『公共部門の評価と管理』晃洋書房，2010年．

橋本圭多（はしもと　けいた）[第7章]
1989年生まれ．同志社大学大学院総合政策科学研究科博士課程単位取得退学．現在，同志社大学政策学部助手．
主要業績
「政策過程における行政責任論の諸相——原子力政策をめぐる専門家のアカウンタビリティ——」『公共政策研究』12，2012年．「社会的責任の国際標準化過程におけるトランスナショナル・アカウンタビリティの形成」『同志社政策科学院生論集』4，2015年．

林やすこ（はやし やすこ）[第8章]

1953年生まれ．放送大学大学院文化科学研究科修了．現在，同志社大学大学院総合政策科学研究科博士課程後期課程在籍，NPO法人参画プラネット常任理事／事務局長，認定NPO法人ウィメンズアクションネットワーク名古屋オフィス事務局長．

主要業績

「公を担う市民の可能性と課題――指定管理者制度をめぐって――」，渋谷典子・林やすこ・澤昭裕『無名戦士たちの行政改革―― WHY NOT の風――』関西学院大学出版会，2007年．

渋谷典子（しぶや のりこ）[第9章]

1956年生まれ．名古屋大学大学院法学研究科博士前期課程修了．現在，NPO法人参画プラネット代表理事，認定NPO法人ウィメンズアクションネットワーク副理事長，愛知大学地域政策学部非常勤講師等．

主要業績

「NPO『活動者』についての予備的考察――ジェンダー視点を踏まえて――」『ジェンダー研究』10，2007年．「『境界線上に存在する者』たち――時代の変化と労働法的課題――」，西山哲郎・鶴本花織・松宮朝編『トヨティズムを生きる』せりか書房，2008年．「NPO『活動者』と労働法のあり方――有償ボランティアを手がかりとして――」『年報・中部の経済と社会2013年版』2014年．

松下光恵（まつした みつえ）[第10章]

1952年生まれ．日本大学法学部卒業．現在，特定非営利活動法人男女共同参画フォーラムしずおか代表理事．

主要業績

「地域生涯学習システムへの期待と現実――NPO・指定管理者の立場から――」『教育制度学研究』17，2010年．「アイセル女性カレッジと女性の人材育成」『NWEC実践研究』1，2012年．

《編著者紹介》

内藤和美（ないとう　かずみ）
　1957年生まれ．東京大学大学院医学系研究科博士前期課程修了．保健学博士．現在，芝浦工業大学男女共同参画推進室教授．
主要業績
『女性学をつなぐ――女性学研究会アーカイブ――』（共著），新水社，2009年．「女性関連施設事業系熟練職員の実践の分析――発揮されている能力とその相互関係――」『女性学』17，2010年．「女性学／ジェンダー研究博士論文データベースをつくる」『NWEC 実践研究』4，2014年．

山谷清志（やまや　きよし）
　1954年生まれ．中央大学大学院法学研究科博士後期課程単位取得退学．博士（政治学）．現在，同志社大学政策学部・同大学院総合政策科学研究科教授．
主要業績
『政策評価の理論とその展開――政府のアカウンタビリティ――』（単著），晃洋書房，1997年．『政策評価の実践とその課題――アカウンタビリティのジレンマ――』（単著），萌書房，2006年．『政策評価』（単著），ミネルヴァ書房，2012年．

男女共同参画政策
――行政評価と施設評価――

2015年4月20日　初版第1刷発行		＊定価はカバーに表示してあります
編著者の了解により検印省略	編著者	内藤和美 © 山谷清志
	発行者	川東義武
	印刷者	江戸孝典

発行所　株式会社　晃洋書房
〒615-0026　京都市右京区西院北矢掛町7番地
電話　075(312)0788番(代)
振替口座　01040-6-32280

ISBN978-4-7710-2627-8
印刷　㈱エーシーティー
製本　藤原製本㈱

JCOPY　〈(社)出版者著作権管理機構　委託出版物〉
本書の無断複写は著作権法上での例外を除き禁じられています．複写される場合は，そのつど事前に，(社)出版者著作権管理機構（電話 03-3513-6969, FAX 03-3513-6979, e-mail: info@jcopy.or.jp）の許諾を得てください．